OBRAS DRAMATICAS

DE

GUILLERMO SHAKESPEARE.

BIBLIOTECA CLÁSICA.

TOMO CII

OBRAS DRAMÁTICAS

DE

GUILLERMO SHAKESPEARE

VERSIÓN CASTELLANA

DE

GUILLERMO MACPHERSON

CON UN ESTUDIO PRELIMINAR

DE

EDUARDO BENOT

TOMO IV

MADRID
LIBRERÍA DE PERLADO, PÁEZ Y C.ª
(Sucesores de Hernando)
Calle del Arenal, núm. 11.

1907

D.

MADRID. — Imprenta de los Sucesores de Hernando, Quintana, 33.

CORIOLANO.

PRÓLOGO.

El *Coriolano* fué impreso por vez primera en la edición en folio de las obras de Shakespeare del año 1623.

Ulrici considera que este drama debió escribirse en 1608; Malone y Gervinuscreen que en 1610, y Dowden en 1607 ó 1608. Así, pues, los críticos están contestes, como se ve, en que es una de las últimas producciones de Shakespeare; y en realidad basta sólo su lectura para adquirir convencimiento de que pertenece al que se ha dado en llamar tercero ó último período literario de su autor, cuando sus facultades intelectuales se hallaban en su apogeo y resplandecieron en sus obras dramáticas con mayor intensidad y brillo.

De las *Vidas* de Plutarco, traducidas al inglés por North, y publicadas en 1579, tomó Shakespeare los materiales para forjar esta hermosa tragedia, y maravilla ver con qué extraordinario esmero sigue paso á paso en el desarrollo del argumento de obra tan literaria la narración del célebre biógrafo; cómo intercala con arte exquisito en los diálogos de su drama los principales incidentes de aquella historia, y hasta los mismos argumentos y las idénticas frases que Plutarco emplea; y cuán cuidadosamente procura no apartarse un punto de lo que estima que son hechos establecidos y aceptados por la generalidad; ídolos venerandos que deben siempre inspirar hondo respeto por lo menos al poeta, cuya misión no es por cierto la de iconoclasta.

Schlégel, ocupándose en la crítica de los dramas romanos de Shakespeare, es decir, de *Coriolano*, de *Julio César* y de *Antonio y Cleopatra*, dice: «Son la cosa misma. Bajo la candorosa apariencia de adhesión fiel á la historia, oculta el autor arte inmenso»; y añade: «Shakespeare sabe apoderarse de la parte poética de la historia y dar redondez y unidad á una serie de acontecimientos históricos sin cambiar su esencia.»

En realidad, lo que Shakespeare hace para dar tanto realce y tanta vida á sus gigantescas concepciones, es saciar su sed artística en los incorruptos, saludables y clarísimos manantiales que la madre naturaleza por donde quiera nos ofrece, y huir de las aguas que el artificio humano acaso enturbia y vicia.

Shakespeare viste á sus personajes históricos con las ropas que la tradición conserva; pero ante todo cuida de que sus héroes sean hombres de carne y hueso; y suprimiendo y agregando, sin que se advierta apenas que agrega y que suprime, cual Prometeo insufla en la histórica efigie el hálito vital que la humaniza.

En su *Coriolano* Shakespeare nos presenta espejo fielísimo donde se refleja Roma joven todavía, pero contrarrestando ya su colosal ambición y poderío la intestina lucha de los partidos que la dividen.

La idea fundamental de este drama es Roma misma; y el conflicto que en él presenciamos entre el elemento aristocrático y el democrático, representado el primero

por Coriolano, su madre y los patricios, y el segundo
por los tribunos y el pueblo, tiene, aun hoy, aunque tan
vetusto, vitalidad tanta; que, aparte del interés dramático
que tiene esta tragedia, lleva consigo también cierto interés político, que según las ideas conservadoras ó refor-
madoras del espectador arrastran sus simpatías hacia uno
ú otro de los opuestos bandos.

Acusan algunos á Shakespeare de tratar con dureza
extremada al pueblo, y otros de haber retratado á Corio-.
lano, que

> « Un montón á la altura de su lanza
> Con miles de esos siervos formaría »,

con colores por demás repelentes y sombríos.

Shakespeare era demasiado filósofo para no ser impar-
cial, y en este drama, como siempre, lo que hace es encar-
nar en sus obras la realidad, sin permitir que sus personajes sean vehículos de sus especiales simpatías ni de sus
opiniones particulares.

Aunque es verdad que nunca halaga á la plebe, y que
el pueblo aparece en esta tragedia ignorante y veleidoso,
que no se distingue por su bravura, y que se cuida más
de apoderarse del botín que se ofrece á su codiciosa vista
que de asegurar una victoria importante; también es
cierto que ese mismo pueblo trata con generosa justicia
á Coriolano cuando éste pretende ser nombrado Cónsul,
reconociéndole sus méritos y perdonándole sus reiterados
insultos; y sólo cuando tuerce su voluntad la intencio-
nada oratoria de sus tribunos es cuando olvida su promesa, y yendo contra sus naturales impulsos, se decide
á dar muerte á quien tanta gloria proporcionó á su patria;
sentencia que no se cumple porque parece mejor á sus

predilectos jefes exigir únicamente el destierro del acu-
sado.

Por otra parte, si Shakespeare nos presenta á Coriolano enalteciendo sus heroicas cualidades, y nos hace ver
que no le basta ganar una batalla importante, sino que
necesita, para que quede satisfecho su indómito coraje y
la tremenda energía de su carácter, seguir batallando,
aunque cansado y herido, hasta postrar por completo al
enemigo; aunque nos conmueve con su generosidad
cuando rehusa todo premio por su doble victoria, menos
el caballo de su amigo y jefe y el nombre de Coriolano
que éste le da; y aunque nos lo hace aparecer como hijo
ejemplar, amante y fiel esposo y cariñoso padre, sin embargo su feroz orgullo, su irracional odio al pueblo, su
brutal insolencia al considerar que lo único atendible que
hay en la república es lo que redunda en pro de la clase
elevada, constituyen un ser que no podía ser simpático
para Shakespeare, y que reclama, no nuestro afecto, y sí
únicamente nuestra lástima, cuando la envidia de los
tribunos, la veleidad del pueblo y la ingratitud de los patricios, que no se atreven á defenderlo en la hora suprema,
lo fuerzan á abandonar á su patria, y lleno de amargura
y de despecho buscar á los enemigos de Roma para unirse
á ellos y volver furioso á saciar su venganza en la ciudad
que era su orgullo y por la que tan grandes sacrificios
supo hacer desde su más tierna juventud.

El carácter de Coriolano se halla descrito con rasgos
tan precisos, tan bien trazados y vigorosos, que, aun
teniendo en cuenta que es creación shakespeariana, nos
sorprende por su sobresaliente realismo. Nada importa
que Coriolano sea, como sostiene Niebuhr, un personaje
semilegendario; nada que el incidente de Corioli sea
cierto ó no. Si no existió ese Coriolano, pudo haber

existido el de Shakespeare; y como ha dicho no recuerdo quién refiriéndose á la escultura de un célebre personaje: «Se parece al original más que el original mismo.» Paradoja evidente, pero que encierra una gran verdad, pues un artista inspirado puede infiltrar en un retrato alguna transitoria expresión que indique el íntimo ser de la persona retratada, y producir así más genuina representación del representado que el representado mismo. Pues esto pasa con el Coriolano de Shakespeare; es, repitiendo la frase de Schlégel, «la cosa misma». ¡Con qué prodigioso arte se revela constantemente y en todas las variadas condiciones de su existencia dramática la nota saliente de su fiero espíritu! su indómita soberbia; la marca shakespeariana, que extendiéndose y agrandándose invade como irremediable cáncer todo el ser del personaje que en la picota de ese grandioso escenario tiene que expiar un defecto de carácter. Coriolano purga su soberbia no sólo con su ruina material y con su muerte, sino con la ruina moral de su alma generosa y bien templada.

Volumnia, mujer no menos orgullosa que orgulloso su hijo, es, sin embargo, de carácter más flexible y práctico. Transige al fin con el elemento democrático de Roma, y hace extraordinarios esfuerzos para inducir á su hijo á que cumpla, en apariencia al menos, con las prácticas establecidas, y solicite, aunque como mera fórmula, el favor del pueblo para obtener la honra de ser nombrado Cónsul. Más tarde su amor patrio, que en ella no ha quedado obscurecido, como en Coriolano, por el feroz espíritu de la venganza, la induce á recabar de su hijo el que perdone á Roma, el que transija y se vuelva á Antio, y á ser involuntaria, pero necesariamente la inmediata causa de la perdición y de la muerte de su hijo adorado.

Y, como en la generalidad de las obras de Shakespeare
el defecto de carácter que se trata de patentizar aparece
bajo distintas fases, tenemos en esta tragedia otros dos
tipos más de soberbios en Menenio y en Aufidio.

El patricio Menenio desprecia también al pueblo, pero
no lo odia; tiene cierta confianza en sus instintos, se
toma el necesario trabajo para conducirlo por buen camino, y halla la recompensa que merece su llaneza y buen
carácter, pues el pueblo lo aprecia y le llama «el digno
Menenio, el que siempre ha amado al pueblo».

El General de los Volscos es aún más envidioso que
soberbio; y aunque se nos hace hasta cierto punto simpático cuando recibe con los brazos abiertos á Coriolano
en su hogar, pronto su violencia y vileza patentizan que
su pasajera generosidad fué sólo una de esas aparentes
contradicciones de carácter que Shakespeare, tan profundo conocedor del corazón humano, no teme jamás
presentar en sus dramas.

El carácter de Virgilia, dulce, sencillo, tímido y cariñoso, y por excelencia antitético al de la generalidad de
los personajes de esta tragedia, incluso el de la vivaz y
y comunicativa Valeria, está descrito con cuatro rasgos,
puede decirse, pues en todo el transcurso del drama llega
á pronunciar apenas trescientas palabras, y sin embargo,
¡cómo se destaca tan delicada figura, y cuánta vida no
tiene!

En la escena del segundo acto, cuando vuelve Coriolano triunfante á Roma, Virgilia representa importantí-
simo papel, pues Volumnia se dirige marcadamente á
ella, y Coriolano la acoge cariñoso. Ella, sin embargo,
conmóvida y gozosa, derrama abundantes lágrimas, pero
no acierta á pronunciar una sola palabra. Su absoluto
mutismo es mil veces más natural, elocuente y conmo-

vedor que cuantos discursos pudiera poner en sus labios el dramático más hábil. Sólo al colosal genio de
Shakespeare le es dado producir tan maravilloso efecto
con el silencio meramente.

La historia de Coriolano ha dado motivo para numerosas producciones teatrales. En Inglaterra, además de
la de Shakespeare, se cuentan tres. En Francia, princi-
piando por la de Hardy y acabando con la de La Harpe,
diez; en Italia, dos, y en España el gran Calderón escribió sobre el mismo asunto, conjuntamente con Montal-
bán y Coello, la comedia intitulada *El privilegio de las
mujeres*, obra que refundió después y que se publicó con
el nombre de *Las armas de la hermosura*.

CORIOLANO.

PERSONAJES.

CAYO MARCIO, después CAYO MARCIO CORIOLANO.

TITO LARCIO, } generales contra los Volscos.
COMINIO,

MENENIO AGRIPA, amigo de Coriolano.

SICINIO VELUTO, } tribunos del pueblo.
JUNIO BRUTO,

MARCIO, hijo de Coriolano.

UN HERALDO ROMANO.

TULIO AUFIDIO, general volsco.

TENIENTE DE AUFIDIO.

CONSPIRADORES EN FAVOR DE AUFIDIO.

UN CIUDADANO DE ANTIO.

DOS GUARDIAS VOLSCOS.

VOLUMNIA, madre de Coriolano.

VIRGILIA, mujer de Coriolano.

VALERIA, amiga de Virgilia.

Senadores romanos, senadores volscos, patricios, ediles, lictores, soldados, ciudadanos, mensajeros, sirvientes de Aufidio y otros servidores.

La escena : parte en Roma y sus inmediaciones ; parte en Corioli y sus inmediaciones, y parte en Antio.

ACTO PRIMERO.

ESCENA PRIMERA.

Roma.— Una calle.

Entran en tropel CIUDADANOS amotinados, con estacas, mazas y armas.

CIU. 1.º—Antes de seguir más adelante, oidme hablar.

CIUDS.—Habla, habla.

CIU. 1.º—¿Estáis decididos á morir de una vez, antes que de hambre?

CIUDS.—Decididos, decididos.

CIU. 1.º—En primer lugar, ya sabéis que Cayo Marcio es el principal enemigo que tiene el pueblo.

CIUDS.—Lo sabemos, lo sabemos.

CIU. 1.º—Matémosle, y tendremos trigo al precio que nos dé la gana. ¿Es sentencia?

CIUDS.—No se hable más: á hacerlo; vamos, vamos.

CIU. 2.º—Una palabra, buenos ciudadanos.

CIU. 1.º—Nosotros somos pobres ciudadanos; los patricios son los que valen. Lo que ahíta al Gobierno nos aprovecharía. Si nos concedieran, mientras pudiera servirnos, lo que les es superfluo, acaso creyéramos que por razón de humanidad nos socorrían; pero nos juzgan demasiado caros. La delgadez que nos aflige, efecto de nuestra miseria, es á manera de inventario donde se particulariza su abundancia: nuestros padecimientos son ganancias suyas. Venguemos esto con nuestras picas, antes de convertirnos en estacas. Bien saben los dioses que hablo antes con hambre de pan, que con sed de venganza..

Ciu.2.º—¿Atacaréis especialmente á Cayo Marcio?

Ciuds.—Primero á él. Es un perro para el pueblo.

Ciu.2.º—Considerad·los servicios que ha prestado á su patria.

Ciu.1.º—Perfectamente; y gustosos lo celebraríamos, si no fuera porque se paga á sí propio con su orgullo.

Ciu.2.º—No hables con mala intención.

Ciu.1.º—Te digo que lo que hizo digno de fama, con ese fin lo hizo; y, aunque los hombres de blanda condición acaso digan que lo hizo por su patria, dígote que lo hizo para agradar á su madre y para satisfacer su orgullo, que se halla al nivel de sus virtudes.

Ciu.2.º—Lo que evitar no puede por causa de su naturaleza, júzgaslo vicio. No puedes acusarlo de avaricia.

Ciu.1.º—Aunque no pueda tal cosa, no por eso sería estéril en acusaciones. Tiene faltas y sobras cuya repetición nos cansaría. (*Gritos dentro.*) ¿Qué gritos son éstos? ¿Se ha levantado también la otra parte de la ciudad? ¿Por qué nos detenemos aquí charlando? ¡Al Capitolio!

Ciuds.—Vamos, vamos.

Ciu.1.º—¡Silencio! ¿Quién llega?

Ciu.2.º—El digno Menenio Agripa, quien siempre ha amado al pueblo.

Ciu.1.º—Bastante hombre de bien es, y ojalá que los demás fueran lo propio.

Entra MENENIO AGRIPA.

MEN.—Mis convecinos, ¿qué faena traen entre manos? ¿Adónde os dirigís con trancas y con mazas? ¿Qué ocurre? Hablad, os lo ruego.

CIU. 1.º—Nuestro asunto no es desconocido al Senado: hace quince dias que ha tenido indicaciones de lo que pensábamos hacer, y ahora se lo mostrarán nuestros actos. Dícese que los pleitistas pobres tienen gran resuello; ya verán que también tienen grandes puños.

MEN.   Mas, señores, amigos excelentes,
    Honrados convecinos, ¿por ventura
    Buscáis vuestra ruïna?

CIU. 1.º   No es posible,
    Que arruinados estamos.

MEN.   Los patricios,
    Escuchadme, señores, de vosotros
    Con grande afán se cuidan. Tan injusto
    Fuera alzar contra el cielo esas estacas
    Por nuestra angustia en la escasez presente
    Cual lo es contra el Gobierno, cuyo curso
    Tranquilo ha de seguir, desbaratando
    Cien millares de estorbos más potentes
    Que los que nunca le opondréis vosotros.
    En cuanto á esta escasez, no los patricios
    La causaron, los dioses, y con ellos
    Las rodillas valdrán y no las manos.
    ¡Ah! la calamidad os precipita
    Donde os esperan más, y calumniáis
    A hábiles timoneles del Estado
    Que de vosotros como padres cuidan,
    Cuando los maldecís como á enemigos.

Ciu. 1.º—¡Que cuidan de nosotros! ¡vaya en gracia!
Jamás se han cuidado de nosotros. Nos dejan morir de
hambre y tienen atestados de trigo sus graneros. Pro-
mulgan edictos en beneficio de la usura, para mantener
á los usureros: diariamente revocan alguna saludable ley
establecida contra los ricos, y formulan cada día reglas
más severas á fin de encadenar y restringir á los pobres.
Si las guerras no nos devoran, ellos nos devorarán, y
éste es todo el cariño que nos tienen.

Men.   Es necesario
            De gran perversidad quedar convictos,
            O que os acuse de ignorantes. Vaya
            Un cuento que hace al caso, y pues me sirve,
            Un poco más me atreveré á añejarlo.

Ciu. 1.º—Lo oiré; pero no creas que vas á desvirtuar
nuestras quejas con un cuento. Ahora, comienza cuando
gustes.

Men.   Pues sucedió una vez que contra el vientre
            Todos los miembros del humano cuerpo
            Rebeldes lo acusaron de este modo:
            Que él en el centro estaba y golfo era
            Que ocioso atesoraba las viandas
            Sin trabajar como las otras partes,
            Que andan, sienten, inventan ó dirigen,
            Oyen ó ven, y en dependencia mutua,
            Sirvientes de apetitos y de afectos
            Del cuerpo entero son; y el vientre dijo...

Ciu. 1.º Y bien, ¿qué dijo el vientre?

Men.   Oye. Con una especie de sonrisa,
            Que aunque de los pulmones no emanaba
            Sonrisa fué—pues ya lo veis, me es dado
            Hacer que el vientre á más de hablar sonría—
            A los miembros quejosos y rebeldes

Que sus apropiaciones envidiaban
De esta manera contestó con sorna—
Con más justa razón por vuestras quejas
Contra los senadores, á vosotros
Lo propio contestara.

CIU. 1.º   ¿Vuestro vientre
Qué dijo? ¡Vaya! La real corona
Nuestra cabeza, el atalaya ojo,
El consejero corazón, el brazo
Batallador, nuestro corcel la pierna,
Nuestra lengua clarín, los auxiliares
Nuestros y los humildes servidores
De esta fábrica, ¿deben.....

MEN.   Sigue. ¡Vamos!
Éste me quita la palabra. Sigue.

CIU. 1.º   .....por el vientre glotón, que es la sentina
Del cuerpo, ser regidos?.....

MEN.   Bueno, sigue.

CIU. 1.º   ¿Qué contestara el vientre si se alzasen
En queja nuestros miembros?

MEN.   Vas á oirlo,
Si prestas tú—de lo que tienes poco—
Paciencia, mientras da respuesta el vientre.

CIU. 1.º   Ya tardas.

MEN.   Pues escucha, buen amigo.
Con gravedad el vientre y mucha calma,
No cual sus detractores, con enfado,
Así respuesta dió: «Seguramente,
Incorpóreos amigos, les responde,
Que la comida que nos sirve á todos
Llega primero á mí, como es preciso,
Pues almacen y tienda soy del cuerpo.
Pero tened presente que más tarde

Vuestros sanguíneos ríos la reciben,
Yendo del corazón al real palacio
Y del cerebro al tribunal, y gracias
A las concavidades y conductos
Del cuerpo humano, los potentes nervios,
Así como las venas más exiguas,
La competente proporción reciben
Para poder vivir; y aunque de pronto,
Amigos...»—De este modo el vientre hablaba.

Ciu. 1.º   Al grano, al grano.·

Men.   «Aunque de pronto fácil
No os fuese ver qué doy á cada uno,
Os puedo demostrar con cuenta exacta
Que devuelvo la harina que es de todos
Y que el afrecho nada más me resta.»
¿Qué dices?

Ciu. 1.º   ·· Que respuesta fué sin duda.
Mas ¿y su aplicación?

Men.   ·   · · Los senadores
Son el buen vientre, y los rebeldes miembros
Vosotros sois. Si examináis con calma
Sus consejos y afanes, y en las cosas
Pensáis que á la común salud respectan,
Veréis que no hay bien público ninguno
Que de ellos á vosotros no dimane
No de vosotros mismos. ¿Tú qué piensas,
El dedo gordo tú de este concurso?

Ciu. 1.º ¿El dedo gordo yo? ¿Yo el dedo gordo?

Men.   Tú, el más vil, el más bajo y el más pobre,
Que tan discreta rebelión diriges.
·¡Ah truhán! Perro de ruin ralea,
·· Algo piensas ganar yendo el primero. —
·Á blandir esas mazas y garrotes

Roma y sus ratas á la lid se aprestan,
Y un bando ha de perder. ¡Ah noble Marcio!

Entra CAYO MARCIO.

MAR. ¿Qué pretendéis, canalla sediciosa,
Que hurgándoos el sarnoso entendimiento
Una roña os hacéis?

CIU. 1.º   Constantemente
Nos saludas con frases lisonjeras.

MAR. Quien frases lisonjeras os dirija,
Lo abominable excede al adularos.
Perros, ¿qué deseáis, que ni la guerra
Ni la paz os agrada? Os envanece
Lo uno, al par que terror lo otro os infunde.
Encontrará quien en vosotros fíe,
Liebres, donde encontrar deba leones,
Y donde zorros, gansos. Tan estables
Vosotros sois, cual sobre el hielo brasas,
Ó granizos al sol. Achaque es vuestro
Ennoblecer á lo que el vicio humilla,
Y maldecir del fallo que lo juzga.
Merece vuestros odios quien merece
Ser encumbrado, y son vuestros deseos
Cual del enfermo el mórbido apetito
Que más ansía lo que más le daña.
Quien del favor que le brindáis depende,
Con aletas de plomo mares surca,
Y encinas hiende con flexibles juncos.
¡Á la horca! ¡Contar yo con vosotros!
Cada instante mudáis de pensamiento,
Y encumbrando al que ha poco odioso os era,
Vilipendiáis al ídolo que alzasteis.
¿Qué ocurre, que clamáis por estos sitios

De la ciudad contra el Senado excelso,
Quien, con ayuda de los dioses, sabe
El terror infundiros necesario
Para que no os comáis unos á otros?
¿Qué pretenden?

MEN.   Tener trigo barato,
Del que está la ciudad, dicen, repleta.

MAR.   ¡Á la horca con ellos! ¡Dicen, dicen!;
Capaces son, junto al hogar sentados,
De presumir lo que hace el Capitolio:
Quién se encumbra, quién medra, quién declina,
Tomar partido, proponer enlaces,
Bandos fortalecer, y hacerles mella
Á aquellos que en su estima no alcanzaren
La altura de sus calzas remendadas.
¡Dicen que hay trigo suficiente! Á un lado
Dejaran sus escrúpulos los nobles
Y la espada esgrimir me permitieran,
Y un montón á la altura de mi lanza
Con miles de estos siervos formaría.

MEN.   Se encuentran éstos convencidos casi,
Porque, aunque tienen discreción escasa,
Les sobra cobardía. Mas ¿qué dicen
Los de la otra facción?

MAR.   Están disueltos.
¡Ahorcados los vea yo! Desfallecidos
Dijeron que se hallaban, y lanzaron
Suspirando refranes; que altos muros
Suele el hombre allanar; que necesitan
Aun los perros comer; que comestibles
Para las bocas son, y que los dioses
Grano no sólo para el rico envían.
Lanzadas ya sus miserables quejas,

Y al recibir respuesta en que se atiende
Á su súplica anómala, que parte
El corazón de la largueza misma
Y hace palidecer la misma audacia,
Aventaron sus gorros, cual queriendo
Colgarlos en los cuernos de la luna,
Su hostilidad á gritos pregonando.

MEN.   ¿Qué se les concedió?

MAR.   Que elijan ellos
Por sí cinco tribunos, que sus toscos
Conceptos defendieren; Junio Bruto
Y Sicinio Veluto, y..... ni me acuerdo.
¡Voto va! La canalla ni una teja
Dejado sana en la ciudad habría,
Antes que yo cediera hasta ese punto.
Esto fuerza perder hará al Gobierno,
Y servirá de tema poderoso
Con que argüirá la rebelión.

MEN.   Me extraña
Lo ocurrido.

MAR.   ¡Id á casa! á casa ¡andrajos!

Entra apresuradamente un MENSAJERO.

MENS.   ¿Dónde está Cayo Marcio?

MAR.   Aquí. ¿Qué ocurre?

MENS.   Se aprestan, dicen, á la lid los Volscos.

MAR.   Me alegro. De mohosa redundancia
De ese modo podremos descartarnos. —
Nuestros mayores y mejores llegan.

Entran COMINIO, TITO LARCIO y otros SENADORES,
JUNIO BRUTO y SICINIO VELUTO.

SEN. 1.° Tus nuevas ciertas son, Marcio. Los Volscos
      Se aprestan á luchar...

MAR.   Tienen un jefe
      Que trabajo ha de daros, Tulio Aufidio
      Me acusó de envidiar tanta nobleza:
      Si otra cosa yo fuera que yo propio,
      Ser él ansiara.

COM.   Ya os habéis batido.

MAR.   Si en dos bandos el mundo se engrescase,
      Y él de mi bando fuera, por batirme
      Con él, y nada más, me rebelara.
      León es ése que orgulloso cazo.

SEN. 1.° Entonces, noble Marcio, con Cominio
      A estas guerras irás.

COM.   Es tu promesa.

MAR.   Es verdad, y la cumplo. — Tito Larcio,
      Otra vez me verás luchar de frente
      Con Tulio Aufidio. — Pero ¿estás remiso?
      ¿No quieres ir?

TITO.   No: Cayo Marcio. Antes
      De atrás quedar en semejante empresa,
      Mi cuerpo una muleta sostendría,
      Al par que guerreara con la otra.

MAR.   ¡Oh, buena raza!

SEN. 1.°   Ven al Capitolio,
      Que allí nuestros amigos nos esperan.

TITO. (A Cominio.) Ve tú delante. (A Marcio.) Tú á
                  [Cominio sigue,
      Y nosotros después, como es debido.

COM.   ¡Noble Marcio!

SEN. 1.º (A los ciudadanos.) Idos, idos. Id á casa.

MAR.　No tal. Dejad que sigan. Suficiente
Trigo tienen los Volscos. A que roan
Sus graneros llevemos á estas ratas.
Dignos amotinados, ya da fruto
Vuestra bravura. Por favor seguidnos.

(Vanse todos, excepto Bruto y Sicinio. Los ciudadanos se retiran lentamente.)

SICIN.　No hay hombre más soberbio que este Marcio.

BRUTO.　No tiene igual.

SICIN.　Elegidos tribunos por el pueblo.....

BRUTO.　¿Observaste su labio y su mirada?

SICIN.　Y sus insultos.

BRUTO.　　　　　　Si el furor le ciega,
Es capaz de burlarse de los dioses.

SICIN.　Se mofaría de la casta luna.

BRUTO.　¡Consúmalo esta lid! Harto orgulloso
Es para ser tan bravo.

SICIN.　　　　　　　　Tal carácter,
Si la suerte le es próspera, desdeña
Aun la sombra que huella al mediodía.
Extraño yo que su altivez le deje
Bajo Cominio guerrear.

BRUTO.　　　　　　　　La fama,
De que va en pos, y de quien ya favores
Ha recibido, mantener no es fácil
Y agrandar de más cómoda manera
Que en un segundo puesto.—Lo que marre,
Culpa será del general—hiciere
Cuanto un hombre hacer pueda—de seguro
Dirá la vana crítica de Marcio:
¡Oh, si él hubiera dirigido el lance!

SICIN.　Además, si las cosas van en popa,

La pública opinión, de Marcio amiga,
Despojará á Cominio de lo suyo.

BRUTO. Es decir, de las glorias de Cominio
Será Marcio partícipe, aunque Marcio
Ganado no las haya; y los errores
Glorias serán de Marcio, aunque de juro
No'los merezca.

SICIN.   Vamos, ven conmigo
Para ver cómo marchan los aprestos,
Y quién más, además de su persona,
En estas guerras le acompaña.

BRUTO.   Vamos.

(Vanse.)

ESCENA II.

Corioli. — El Senado.

Entran TULIO AUFIDIO y algunos SENADORES.

SEN. 1.º ¿Conque piensas, Aufidio, que conocen
En Roma lo que hacer nos proponemos?

AUF. ¿Y tú no? ¿Cuándo, dime, se ha pensado
En algo realizable aquí, que en Roma
No se hubiese sabido? Cuatro días
Apenas hace que noticias tuve. —
Te diré las palabras; me parece
Que aquí la carta traigo: sí por cierto.
«Tropas han alistado; mas se ignora
Si á Oriente se dirigen ó á Occidente.
Es grande la escasez. Amotinado

El pueblo está. Cominio, según dicen,
Tu constante enemigo Marcio, en Roma
Más odiado que tú, y el animoso
Romano Tito Larcio, á la cabeza
Van de esta expedición contra quien fuere.
Acaso contra tí: medita en ello.»

Sen. 1.º Se encuentra nuestro ejército en campaña.
Jamás pensé que Roma no estaría
Dispuesta á respondernos.

Auf.   Ni creiste
Que fuera necedad que se velasen
Nuestros grandes proyectos, mientras tanto
Que no se demostraban ellos mismos.
Mas Roma al incubarse los conoce:
Nuestro plan de este modo se restringe,
Que fué ganar ciudades diferentes,
Antes que Roma se enterara apenas
De que estábamos prontos.

Sen. 2.º   Noble Aufidio,
Tu nombramiento ten. Busca tus tropas,
Nosotros guardaremos á Corioli.
Tu ejército, si llegan á atacarnos,
Conduce aquí; mas hallarás, presumo,
Que dispuestos no están.

Auf.   ¡Oh! No lo dudes;
Tengo seguridad. Aun más te digo:
Está en campaña parte de su fuerza,
Y hacia aquí vienen. Déjoos ya, señores.
Si Cayo Marcio y yo nos encontramos,
Jurado está, que nuestros mutuos golpes
No han de cesar hasta que el uno caiga.

Todos. Los dioses te protejan.

Auf.   Y á vosotros

Os amparen.

SEN. 1.º   Salud.
SEN. 2.º   Salud.
TODOS.   Salud.

ESCENA III.

Roma.— Habitación en la casa de Marcio.

Entran VOLUMNIA y VIRGILIA. Siéntanse sobre dos
taburetes, y cosen.

VOL.—Te suplico, hija, que cantes, ó habla al menos
con más animación. Si mi hijo fuera mi esposo, más me
regocijaría con la ausencia que le habría de proporciouar
honores, que con las caricias de su leeho cuando mayor
amor me mostrara. Cuando era tierno aún su cuerpo, y
era el único hijo de mis entrañas; cuando su juventud y
su belleza hacia él arrancaban las miradas de todo el
mundo; cuando una madre ni porque un rey se lo suplicara un día entero, vendiera el dejarlo de contemplar ni
por una hora, yo, considerando cuán bien le sentaría la
honra á un ser semejante, que era cual imagen colgada
en la pared si el renombre no le animaba, gustosa le
dejé ir en busca del peligro, allí donde había probabilidad
de hallar la gloria. Á una guerra cruel lo envié, de donde
volvió coronada de encina la frente. Te aseguro, hija,
que no me conmoví más de placer al oir por vez primera
que era varón, que entonces al ver por vez primera que
era hombre.

VIR.—Pero si hubiera muerto en la empresa, señora..... ¿y entouces?

Vol.—Entonces, su buena reputación hubiera sido mi
hijo. En eso habría yo visto á mi progenie. Oyelo que con
toda sinceridad te digo. Si tuviera doce hijos, y amará
á todos igualmente, y á ninguno menos que á nuestro
excelente Marcio, preferiría que once muriesen noblemente por su patria, á que uno solo se ahitara en volup-
tuosa inacción.

Entra una DAMA.

DAMA.   Señora, á verte aquí Valeria llega.
VIR.   Ruego que me permitas retirarme.
VOL.   No tal, de modo alguno.—Me parece
        Que los tambores de tu esposo escucho;
        Que va arrastrando á Aufidio del cabello;
        Que de él los Volscos huyen, cual huirian
        Niños de un oso. Me parece oirle
        Exclamar de este modo, pateando :
        «¡Venid, cobardes, que engendrados fuisteis,
        Aunque en Roma nacidos, en pavura!»
        Que aparta con la diestra de su frente
        La sangre que chorrea, y adelante
        Cual segador camina que el destajo
        Debe acabar, ó su salario pierde.
VIR.   ¡Oh Júpiter! ¡Su frente ensangrentada!
        ¡Sangre no!
VOL.   Calla, necia; más al hombre
        Eso adorna que el oro á sus trofeos.
        Ni amamantando á Héctor, más hermoso
        De Hécuba el seno pareció, que de Héctor
        El rostro al escupir al viento sangre
        Contra griegas espadas batallando.—
        Que dispuestas estamos dí á Valeria.
        (Vase la Dama.)

VIR.   ¡Cielos, á mi señor del fiero Aufidio
Librad!

VOL.   De Aufidio la cabeza á golpes
Humillará al nivel de sus rodillas,
Y su planta pondrá sobre su cuello.

Vuelve á entrar la DAMA con VALERIA y séquito.

VAL.—Buenos días, señoras.

VOL.—¡Dulce amiga!

VIR.—Celebro verte, señora.

VAL.—¿Cómo estáis ambas? Sois evidentemente case-
ras. ¿Qué coses? ¡Bonito dibujo á fe mía! ¿Cómo está
tu pequeñuelo?

VIR.—Gracias. Muy bien, señora mía.

VOL.—Con más gusto mira espadas y oye un tambor,
que contempla á su maestro.

VAL.—¡Hijo de su padre, palabra de honor! ¡Voto va!
Es un chico precioso, te lo juro; lo estuve observando
el miércoles por más de media hora. ¡Qué expresión
tiene tan decidida! Víle coger una mariposa color de
oro, y luego que la coge, déjala volar otra vez, y otra
vez corre tras ella, y pega un batacazo, y se levanta
otra vez y otra vez la coge; y, fuérase que la caída lo
exasperase, ó por lo que fuera, ¡cómo apretó los dientes
y la destrozó! ¡cómo la hizo pedazos!

VOL.—Un arranque de su padre.

VAL.—Sí. ¡Vaya! Es un bravo chico.

VIR.—¡Un loquillo, señora!

VAL.—Vamos, deja tu labor. Preciso es que vengas
á ociar conmigo esta tarde.

VIR.—No, señora. No salgo de casa.

VOL.—Saldrá, saldrá.

VIR.—No, por cierto, con vuestro permiso; no pisaré el umbral hasta que mi esposo vuelva de la guerra.

Vol.— ¡Bah! Te retraes sin motivo. Vamos, ven á visitar á la buena señora que está enferma.

Vir.—Le deseo pronta cura, y la visitaré con mis oraciones. Pero no puedo ir á verla.

Vol.—¿Por qué, dime?

Vir.—No es ni por ahorrarme trabajo, ni por falta de cariño.

Val.—Deseas ser otra Penélope; pero dicen que todo lo que hiló durante la ausencia de Ulises, sirvió sólo para llenar de polilla á Ítaca. Vamos, ojalá que tu lienzo fuera tan sensible como tu dedo, para que de lástima dejaras de picotearlo. Vamos, vas á venir con nosotras.

Vir.—No, mi querida señora, perdóname, pero no salgo.

Val.—¡A fe mía! ¡Bah! Ven conmigo, y te daré excelentes noticias de tu esposo.

Vir.—¡Oh querida señora! No puede haberlas aún.

Val.—Con toda verdad. No me chanceo. Llegaron noticias suyas anoche.

Vir.—¿De verdad, señora?

Val.—Formalmente, es cierto. Oí á un senador decirlo. Es esto. Los Volscos tienen un ejército en campaña, contra el cual va Cominio el General con parte de nuestra fuerza romana. Tu señor y Tito Larcio asedian la ciudad de Corioli. No dudan del éxito, y creen que será corta la guerra. Bajo mi palabra, es verdad, y así te ruego que vengas con nosotras.

Vir.—Perdóname, querida señora. Obedeceré en todo en otra ocasión.

Vol.—Déjala. En el estado en que se encuentra, hará que nuestra alegría enferme.

Val.—A fe mía que lo creo. Adiós, pues. Ven, amiga

mía.—Por favor, Virgilia, echa tu solemnidad á la calle
y vente con nosotras.

Vir.—Terminantemente, no, señora, no debo: que os
divertáis.

Val.—Pues entonces, adios. (Vanse).

ESCENA IV.

Entran con tambores y banderas MARCIO, TITO LARCIO,
jefes y soldados.

MAR.   Un mensajero viene. ¿A que se vieron?
LAR.   ¿Qué apuestas? Mi caballo contra el tuyo.
        A que no.
MAR.   Convenido.
LAR   Concertado.

Entra un MENSAJERO.

MAR.   ¿Ha hablado el General al enemigo?
MEN.   Nada se han dicho aún, aunque se miran.
LAR.   El gran corcel es mío.
MAR.   Te lo compro.
LAR.   Ni lo doy, ni lo vendo; te lo presto
        Por medio siglo.—A la ciudad intimen.
MAR.   ¿Las fuerzas dónde están?
MEN.   A milla y media.
MAR.   Así, pues, su clarín escucharemos
        Y ellos el nuestro. Oh Marte, que aquí pronto
        Concluyamos te ruego, y al auxilio
        De los amigos nuestros en el llano

Marchemos con espadas humeantes.
Suene vuestro clarín.

Se toca á Parlamento.—Entran asomándose á los muros
varios SENADORES y otros.

                              ¿Tras esos muros
Se encuentra Tulio Aufidio?
SEN. 1.º   No, ni nadie
Que por poco que os tema, os tema menos.
          (Oyense tambores á lo lejos).
Oid esos tambores que convocan
A nuestros mozos á la lid. Escombros
Hechas contemplaréis nuestras murallas
Antes que puedan de redil servirnos.
Las puertas que cerradas os parecen,
De juncos nada más tienen cerrojos
Y las veréis abrirse por sí mismas.
          (Toque de ataque á lo lejos).
Oid ese rumor. Es Tulio Aufidio
Que va acosando vuestras rotas filas.
MAR.   Sí, batiéndose están.
LAR.   Esos rumores
De enseñanza nos sirvan. ¡Hola! Escalas.
Los Volscos salen de la ciudad.
MAR.   Salen de la ciudad. Temor no tienen.
Cubran vuestros escudos vuestros pechos,
Y con pechos más rígidos que escudos
Luchad. Avanza tú, valiente Tito.
Tanto desdén imaginar no pude,
Y sudo de furor irrefrenable.
Muchachos avanzad. Quien se retire
Creeré que es Volsco y sentirá mi acero.

Toque de ataque. Vanse todos, Romanos y Volscos luchando. Los Romanos se retiran á sus trincheras. Vuelve á
entrar MARCIO.

MAR.   Del Sur todas las plagas os confundan,
　　　　Escándalo de Roma. Vil rebaño,
　　　　Lepra y tumores vuestro cuerpo empaste
　　　　Para ser de ese modo aborrecidos
　　　　Aunque os pierdan de vista, y contra el viento
　　　　Mutuamente á una milla de distancia
　　　　Os podáis infestar. Almas de liebre
　　　　Que en cuerpo humano estáis ¡cómo os acosan
　　　　Siervos á quienes jimios vencerían!
　　　　¡Pluton y los infiernos! ¡Lastimados
　　　　Huyendo todos! ¡Rojas las espaldas
　　　　Y pálidos los rostros tras la fuga
　　　　Y el espanto febril! A reponeros
　　　　Y á atacar con vigor, ú os lo aseguro
　　　　Por los rayos del cielo, que dejando
　　　　Al enemigo, presa haré en vosotros.
　　　　Sabedlo. Avante. Si tenéis firmeza,
　　　　Les haremos buscar á sus mujeres
　　　　Cual ellos á nosotros nos hicieron
　　　　Buscar nuestras trincheras. ¡A seguirme!

(Otro ataque. Vuelven á entrar los Volscos y los Romanos y
renuévase la lucha. Los Volscos se retiran á Corioli y Marcio
los sigue hasta las puertas).

　　　　Las puertas ya se abrieron. Secundadme.
　　　　Las ensancha la suerte á los que avanzan,
　　　　No á quienes huyen. Ved. Haced cual hago.
　　　　　　(Entra en la ciudad.)

SOL. 1.º ¡Temeridad! Yo no.

SOL. 2.º　　　　　　　　Ni yo tampoco.
　　　(Marcio queda encerrado dentro de la ciudad.)

Sol. 1.º Lo encerraron.

Sol. 2.º   .   Cayóse en la cazuela.
        (Sigue el ataque.)

      Vuelve á entrar TITO LARCIO.

Lar.   ¿Dónde está Marcio?

Todos.   Muerto está sin duda.

Sol. 1.º Los talones pisando al enemigo
     En la ciudad entró; mas cierran luego
     Las puertas de repente, y se halla solo
     Para luchar con la ciudad entera.

Lar.   ¡Ah valiente! ¿Quién es, quién en su juicio
     Su invulnerable espada desafía?
     ¿Quién de pie permanece si la esgrime?
     ¡Perdido, Marcio, estás! ¡Noble carbunclo
     Que tuviera el tamaño de tu cuerpo,
     Tan espléndida joya no sería!
     Soldado fuiste cual Catón ansiaba,
     No terrible y feroz sólo en tus golpes,
     Pues tú con tu mirada amenazante
     Y con tu voz cual trueno rugidora
     A tus contrarios conmover hiciste
     Cual si temblara con la fiebre el mundo.

  Vuelve á entrar MARCIO ensangrentado, y luchando
           contra el enemigo.

Sol. 1.º Ved.

Lar.   ¡Marcio! á su rescate, ó igualarnos.
       (Luchan y entran en la ciudad.)

ESCENA V.

Corioli.—Una calle.

Entran ROMANOS con despojos.

ROM. 1.° Esto me llevo á Roma.
ROM. 2.° Esto yo.
ROM. 3.°   ¡Voto va! Juzguélo plata;
    (Oyese todavía á lo lejos el toque de ataque.)

Entran MARCIO y TITO LARCIO precedidos de un
trompeta.

MAR. . Ya ves cómo estas gentes merodean.
        En una dracma ya borrosa y rota
        Sus jornales estiman. Almohadas,
        Y cucharas de plomo, y hierro inútil,
        Y vestes que el verdugo enterraría
        Con el que los usó, van recogiendo
        Antes de haber la lucha concluído
        Estos esclavos viles.—Aplastadlos.
        Oye el rumor que el General promueve.
        Socorrámosle. Allí se encuentra el hombre
        Que mi alma más odió. Nuestros Romanos
        Aufidio sacrifica. Noble Tito,
        Reserva tú la gente necesaria
        Para que guarde la ciudad, y en tanto
        Con los que aliento tengan, presuroso
        Auxiliaré á Cominio.
LAR.   Sangre viertes.
        Fué por demás violento tu ejercicio

Para luchar de nuevo.

MAR.   No me elogies;
Me ha calentado apenas la faena.
Pásalo bien. La sangre que derramo,
En vez de hacerme mal, me es medicina.
Así al buscarlo me ha de ver Aufidio.

LAR.   Esa deidad hermosa, la Fortuna,
De tí profundamente se enamore,
Y logren sus hechizos inefables
Las espadas torcer de tus contrarios,
Valiente caballero.

MAR.   Tan amiga
Fuere de tí cual del que más estime.
Y así, pásalo bien. (Vase Marcio.)

LAR.   ¡ Oh digno Marcio !
(Al trompeta.)
Suena en la plaza tu clarín, y vayan
Allí de la ciudad los jefes todos
A conocer nuestros intentos. Vete. (Vase.)

ESCENA VI.

Cerca del campo de Cominio.

Entran COMINIO y tropas retirándose.

COM.   Amigos, reposad. Bien os batisteis.
Cual Romanos al fin, ni temerarios
Al resistir, ni al replegar cobardes.
Seremos atacados nuevamente.
Si tal. Mientras luchábamos nosotros,
De los amigos nuestros el ruïdo

De cargas he escuchado, que condujo
A intervalos las ráfagas del viento.
Dioses de Roma, conceded que venzan
Cual ansiamos vencer, y sacrificios
Con gratitud y con alegres rostros
Hagan los dos ejércitos al verse.

Entra un MENSAJERO.

MENS.   Nueva. Los ciudadanos de Corioli
Con Larcio y Marcio á batallar salieron.
Ví á nuestra gente huir á sus trincheras
Y me vine.

COM.   Por más que tus noticias
Fuesen ciertas, son malas. ¿Cuándo ha sido?

MENS.   Hace más de una hora.

COM.   Solamente
Nos separa una milla; y sus tambores
Acabamos de oir. ¿Cómo pudiste
Consumir una hora en una milla
Y así atrasar tus nuevas?

MENS.   Me acosaban
Espías de los Volscos, y á un rodeo
De tres ó cuatro millas me obligaron.
Si así no hubiese sido, mis noticias
Recibierais ha más de media hora.

COM.   ¿Quién es aquel que llega y que aparece
Cual si lo hubieran desollado. ¡Oh dioses!
Lleva de Marcio el sello; y ya lo he visto
Otras veces así.

MAR.   (Dentro.)   ¿Llego ya tarde?

COM.   No distingue el pastor el son del trueno
Del son del tamboril, cual yo distingo
La voz de Marcio de la de otro alguno.

Entra MARCIO.

MAR. ¿Llego ya tarde?

COM.   Sí, si no es de otro
Ese manto de sangre que te viste.

MAR. ¡Oh! deja que te estreche entre mis brazos
Como en mis dias de galante inmune,
Sobre mi corazón, tan placentero
Como me hallaba al terminar la tarde
Del dia de mi boda, y los hachones
A mi lecho nupcial me conducian.

COM. ¡Oh flor de los guerreros! ¿Qué le pasa
A Tito Larcio?

MAR.   Lo que á aquel que tiene
Que decretar. Condena á muerte á varios
Y destierra y rescata, ó bien perdona
Amenazando á otros. En el nombre
De Roma, en su poder tiene á Corioli
Como á humilde lebrel en la traílla,
Para soltarlo á su capricho luego.

COM. ¿Dónde ese siervo está que á las trincheras
Me dijo os arrojaron? ¿Dónde, dónde?

MAR. Déjalo en paz, que la verdad te dijo.
¡A no ser por los nobles!.....—Los plebeyos,
¡Mala peste! ¡Tribunos á esa turba!
No huyó ratón de gato tan aprisa
Cual ellos de otros tunos sus iguales.

COM. ¿Cómo prevalecisteis?

MAR.   ¿Nos alcanza
Para narrarlo el tiempo? No lo creo.
¿Dónde está el enemigo? ¿Son del campo
Dueños? Si no, ¿qué detención es ésta?

COM. Con desventaja, Marcio, nos batimos,

Y nos hemos de intento retirado.

MAR. ¿Cuál es su posición? ¿Sabes en dónde
Se halla su gente de mayor empuje?

COM. En la vanguardia están los Atiates,
Que es su gente mejor, Marcio, presumo,
Y á la cabeza de ellos se halla Aufidio,
Que es corazón de su esperanza misma.

MAR. Yo te ruego, por todas las batallas
Donde entrambos lidiamos, por la sangre
Que hemos vertido juntos, por los votos
Que de amistad inalterable hicimos,
Que al punto contra Aufidio me encamines
Y sus Atiates, y sin más demora
Con enhiestas espadas y con dardos
Llenando el aire, en este mismo instante
Probemos nuestro esfuerzo.

COM.   Desearía
Que á tibio baño conducido fueras
Y te aplicaran bálsamos; mas nunca
Me atreveré á negarte lo que pidas.
A quienes deban secundarte escoge.

MAR. Quienes más lo apetezcan. Si existiese,
Y el dudarlo es pecado, quien amara
Este color que el cuerpo me embadurna;
Quien tema menos por el cuerpo suyo
Que por su honor; quien juzgue que más pesa
Heroica muerte que menguada vida
Que más que vale él, vale su patria.
Ese si es uno — ó cuantos eso piensen —
Hagan así, mostrando sus deseos
Y á Marcio sigan.

(Todos gritan, esgrimiendo sus espadas. Cógenlo entre sus
    brazos y arrojan al aire sus gorros.)

¡Oh, soltadme! ¿Soy lanza, por ventura?
Si estas demostraciones no son falsas,
¿Quién no vale á lo menos cuatro Volscos?
¿Quién no puede oponer al gran Aufidio
Broquel tan resistente como el suyo?
Gracias á todos doy; pero tan sólo
Corto número debe acompañarme.
Los demás lucharán en otro sitio
Al presentarse la ocasión. En marcha,
Y mis mandatos mostrarán muy pronto
Quiénes son los mejores que me siguen.

Com.   Avante, compañeros. Dad la prueba
De que no es vano alarde, y la victoria
Partiréis con nosotros. (Vanse.)

ESCENA VII.

Las puertas de Corioli.

TITO LARCIO, después de dejar guarnecida á Corioli, sale con tambores y clarines al encuentro de COMINIO y CAYO MARCIO.— Entra un TENIENTE, un piquete de soldados y un guía.

Lar.   Que guarden bien las puertas, y cual dije
Cumplid vuestro deber. Esas centurias
Si las pido enviad. Por corto tiempo
Mantener la ciudad el resto puede.
Vencidos en el campo, no es posible
La ciudad defender.

Ten.   Se hará cual mandas.

Lar.   Vete. Al salir nos cerrarás las puertas.
Guíanos al romano campamento. (Vanse.)

ESCENA VIII.

Campo de batalla entre los campamentos de los Romanos
y de los Volscos.

Toque de ataque.—Entran en opuestas direcciones MARCIO
y AUFIDIO.

MAR.   Contigo solo lucharé. Te execro
Más que al que falta á su promesa

AUF.   Odiamos,
Del mismo modo. En Africa no existe
Sierpe á quien más que á tu envidiada fama
Deteste yo. Fija tus pies.

MAR.   Esclavo.
Será del otro aquel que se moviere,
Y que después los dioses lo maldigan.

AUF.   Marcio, si acaso huyo, como á liebre
Persígueme y azuza.

MAR.   No ha tres horas,
Tulio, que entre tus muros de Corioli
Solo luché, sin tasa en mi faena.
La máscara que ves no es de mi sangre.
Véngate, pues, y tu valor encumbra
Hasta el punto más alto.

AUF.   Fueras Hector,
Látigo de esa estirpe de que jactas,
Y escapar á mis manos no podrías.

(Luchan, y algunos Volscos vienen en ayuda de Aufidio.)
Serviles, y no bravos compañeros,
Me avergonzáis con vuestro odiado auxilio.
(Vanse luchando acosados por Marcio.)

ESCENA IX.

El campamento romano.

Toque de ataque. Toque de retirada. Clarines.—Entran por una parte COMINIO y soldados romanos, y por otra MARCIO con el brazo vendado y otros Romanos.

COM. Si tus hazañas de hoy te repitiera,
   Dudaras de tus hechos; mas narradas
   Serán en donde nobles senadores
   Mezclarán con sus lágrimas sonrisas;
   Donde patricios eminentes alcen
   Al principio los hombros, y terminen
   Por admirar; donde aterradas damas,
   Gustosas en temblar, pidan más datos;
   Donde fríos tribunos, que tu gloria
   Odian, como la odia el vil plebeyo,
   Mal su grado dirán: «¡Gracias, oh dioses,
   Que á Roma concedisteis tal soldado!»
   De este festín participar ansiaste,
   Aunque harto ya te hallabas.

Entra TITO LARCIO con sus tropas, después de batir
al enemigo.

LAR. ¡Oh General! Mira al corcel; nosotros
   Arreos somos nada más. ¿Quién viera.....?
MAR. ¡Callad! no más. Mi madre, que permiso
   Tiene para alabar su sangre propia,
   Me apena si alabanzas me prodiga.
   Lo que vosotros hice: lo que pude.
   El vuestro fué mi estímulo: mi patria.

Quien pudo conseguir lo que quería,
Ese sobrepujarme ha conseguido.

Com.   No serás de tu mérito sepulcro.
Roma sabrá lo que lo suyo vale.
Ocultación peor que latrocinio,
Calumnia el encubrir tus hechos fuera,
Y callar lo que alzándose á la cumbre
Y al pináculo mismo del elogio,
Fuera escasa alabanza. Así, te ruego
Que para oir tan sólo lo que eres,
Y no para premiarte, permanezcas
Aquí mientras hablare á nuestras tropas.

Mar.   Tengo algunas heridas: les escuece
Oïrse recordar.

Com.   Las gangrenara
La ingratitud, si así no sucediera,
Y la muerte no más fuera su cura.
De todos, los caballos — y exceléntes
Se han cogido, y gran número — de todo
Lo hallado en la ciudad y sobre el campo,
El diezmo yo te doy, que, si te agrada,
Llevarte puedes desde luego, y antes
Que el general reparto se termine.

Mar.   Mil gracias, General; pero no puedo
Del alma mía recabar que acepte
Soborno alguno que á mi hierro pague.
Rehuso, pues, y aceptaré tan sólo,
Cual los demás, la parte que me toque.

(Clarines. Todos gritan: «¡Marcio! ¡Marcio!», y levantan sus
gorros y lanzas. Cominio y Marcio se descubren.)

Mar.   Que callen de una vez los instrumentos
Que profanáis así. Si aduladores
El tambor y el clarín son en campaña,

En las ciudades y en la corte sólo
La falsa voz de la lisonja viva.
Si el hierro se convierte en fina seda
De parásito, seda vestiremos
Cuando vayamos á la guerra. —Basta:
¡Porque no me he lavado las narices
Que daban sangre, ó por haber vencido
A endeble ser, lo que en silencio muchos
Han hecho aquí también, venirme ahora
Con frases hiperbólicas honrando,
Cual si gustase yo que me adietaran
Con esta pequeñez, en la lisonja
Envuelta y sazonada con mentiras!

Com.   ¡Modesto por demás! Con tu renombre
Más crüel eres tú que agradecido
Con nosotros, que, justos, te aclamamos.
Con tu permiso, pues, si así te enojas
Contigo propio, esposas te pondremos,
Cual si atentar quisieras á tu vida,
Y así podremos razonar contigo.
Sépase, pues, aquí y en todo el mundo,
Que es de Marcio el laurel de esta victoria.
Y de ello en prenda, aquí con sus arneses
Mi buen corcel, de todos conocido,
Le entrego; y desde aquí, por sus proezas
Hoy en Corioli, con aplauso justo
Del ejército entero que lo aclama,
Llámole Cayo Marcio Coriolano,
Título que por siempre le ennoblezca.
    (Clarines y tambores).

Todos. ¡Que viva Cayo Marcio Coriolano!

Cor. Voyme á lavar, y con la cara limpia
Veréis si me sonrojo ó no; no obstante,

Las gracias he dar de todos modos. ·
Tu corcel pienso cabalgar, y siempre
Será tu noble título cimera
De todas las acciones de mi vida.

Com. Ahora á mi tienda, y sin tomar reposo
Á Roma anunciaré nuestra victoria.
Tu, Tito Larcio, vuélvete á Corioli,
Y envíanos á Roma á sus notables,
Con quienes de sus propios intereses
Allí podré tratar, y de los nuestros.

Lar. Lo haré, señor.

Cor.   Los dioses ya comienzan
Á mofarse de mí. Yo que ahora mismo
Regalos tan de príncipe he rehusado,
Debo á mi General pedir limosna.

Com. Toma. Que tuyo es. Dí lo que fuere.

Cor. En la casa de un pobre aquí en Corioli
Dormí una vez. Trátome con cariño.
Hoy, prisionero, reclamó mi amparo;
Pero Aufidio se hallaba ante mis ojos,
Y dominó á mi lástima mi furia.
La libertad te pido de mi huésped.

Com. ¡Oh, noble ruego! Como el aire libre,
Aunque fuera el verdugo de mi hijo.
Tito, entrégalo.

Lar.   Marcio, dí su nombre.

Cor. Lo olvidé, voto á Júpiter. Me siento
Cansado. Sí. Cansada la memoria.
¿No hay vino aquí?

Com.   Marchemos á mi tienda,
Se te seca la sangre sobre el rostro,
Y es tiempo ya de que te curen. Vente.
(Vanse).

ESCENA X.

El campamento de los Volscos.

Clarines. Entran TULIO AUFIDIO herido, y dos ó tres
SOLDADOS.

Auf.—Ganaron la ciudad.

Sol. 1.º—La entregaron con buenas condiciones.

Auf.—¡Condiciones!

Quisiera ser Romano, que no puedo
Siendo quien soy ser Volsco. ¡Condiciones!
¿Qué condiciones da tratado alguno
Á la parte vencida?—Cinco veces,
Marcio, luché contigo y me venciste
Siempre, y me vencerás, aunque luchara
Contigo tantas veces cuantas cómo.
¡Juro á los elementos, que al hallarlo
Otra vez cara á cara, ó él es mío
O suyo yo seré! Perdió la honra
La emulación que tuvo. Quise antes
En lucha igual hundirlo hierro á hierro.
Hoy con sigilo ó de cualquier manera,
Con ira ó con traición.

Sol. 1.º   Es el demonio.

Auf.   Más atrevido sí, menos astuto.
Inficionado mi valor con tachas
Que él le causó, va huyendo de sí mismo;
Y ni asilo sagrado ya, ni sueño,
Dolencia, desnudez, ni capitolio,
Ni templo, ni oración de sacerdote,
Ni la solemnidad del sacrificio,

Impedimentos todos á la furia,
Opondrán sus vetustos privilegios;
Sus usos á mi odio contra Marcio.
Donde lo llegue á ver, aunque lo hallare
Bajo el amparo de mi hermano, en casa,
En ese mismo sitio, y á despecho
De hospitalaria ley, mi mano fiera
En ese corazón me lavaría.
Ve á la ciudad. Entérate de cómo
La tienen defendida, y á quien mandan
Cual rehenes á Roma.

SOL. 1.º   ¿Tú no vienes?

AUF.   Hanme citado al Cipresal. Te ruego—
Al Sur está del público molino—
Que me traigas noticias de la marcha
Del mundo, y á su paso puedo entonces
Espolearme en la jornada.

SOL. 1.º   Bueno. (Vanse).

ACTO SEGUNDO.

ESCENA PRIMERA.

Roma.—Una plaza pública.

Entran MENENIO, SICINIO y BRUTO.

MEN.—Afirma el Augur que tendremos noticias esta noche.

BRUTO.—¿Buenas ó malas?

MEN.— No á gusto del pueblo, que no quiere á Marcio.

SICIN.—Aun á los brutos enseña la naturaleza á conocer á sus amigos.

MEN.— Haz el favor de decirme á quién ama el lobo.

SICIN.—Al cordero.

MEN.—Sí, para devorarlo. Como haría el voraz plebeyo con Marcio.

BRUTO.—Verdaderamente, es cordero que bala como un oso.

MEN.—Verdaderamente, es oso que vive como cordero. Vosotros, que sois ya viejos, responded á una cosa que os voy á preguntar.

AMBOS.— Veamos.

MEN.—¿De qué perversidad carece Marcio que no
tengáis ambos en abundancia?

BRUTO.—No carece de una falta únicamente, pues tiene provisión de todas.

SICIN.—Especialmente de orgullo.

BRUTO.—Y por cima de todas su baladronear.

MEN.—Esto sí que es raro. ¿Sabéis vosotros de qué
manera se os censura aquí en la ciudad? Es decir, ¿cómo os censuramos nosotros los de la derecha? ¿Lo sabéis?

BRUTO.—¿Y cómo nos censuráis?

MEN.—Como que habláis de orgullo..... ¿no os enfa-
daréis?

AMBOS.—Veamos, veamos.

MEN.—Vaya, no importa gran cosa, porque el más
raterillo pretexto os roba muchísima paciencia. Dejad
las riendas libres, y enojaos á vuestras anchas. Á lo
menos, si esto os proporciona algún placer. ¿Inculpáis á
Marcio porque es orgulloso?

BRUTO.—No nosotros solos.

MEN.—Ya sé que solos poco podéis hacer. Si no fuera
porque os ayudan muchos, ¡qué maravillosamente sim-
ples aparecerían vuestros actos! Harto infantiles son
vuestras facultades, para que hagan gran cosa solas.
Habláis de orgullo. ¡Oh, pudierais tornar los ojos hacia
la nuca, ó inspeccionar el interior de vuestras mercedes!
¡Oh, pudierais hacer esto!

BRUTO.—¿Y qué?

MEN.—¡Vaya! Descubriríais una pareja de magistra-
dos sin mérito, orgullosos, violentos y testarudos, alias
dos necios como los mejores de Roma.

SICIN.—También te conocen á tí perfectamente.

MEN.—Saben que soy patricio de buen humor, y porsona que aprecia una copa de vino caliente, sin que la adultere ni una gota del Tíber; que parto de ligero, favoreciendo al primero que se queja; que me enciendo como yesca por trivial motivo, y que más tratos tengo con el rabo de la noche que con la cerviz del alba. Lo que pienso digo, y toda la malicia mía va envuelta en mi aliento. Al encontrarme con repúblicos como vosotros—Licurgos no puedo llamaros—si la bebida que me ofrecen disgusta á mi paladar, tuérzole el hocico. No puede decir que vuestras mercedes hayan dilucidado el asunto, pues veo que el asno se ha entrometido en la mayor parte de vuestras sílabas, y aunque tengo que aguantar á los que afirman que sois hombres graves y dignos de respeto, mienten, no obstante, cuando os aseguran que tenéis buena cara. Si veis todo esto en el mapa de mi microcosmos, ¿síguese que también me conocen perfectamente? ¿Ni qué maldades pueden vuestros cegatos ojos cosechar de este carácter mío, si también me conocen perfectamente?

Bruto.—¡Vamos, vamos! Bastante bien te conocemos.

Men.—Ni á mí, ni á vosotros, ni á cosa alguna. Ambicionáis los vítores y zapatetas de la pobre gente. Empleáis una bendita mañana en oir un litigio entre una naranjera y un vendedor de clísteres, y posponéis la controversia de tres ochavos á segunda audiencia. Cuando oís una cuestión entre parte y parte, si por ventura os apunta un cólico, poneis caras de careta, enarboláis bandera roja contra la paciencia, y dando voces, dejáis la controversia chorreando sangre, más embrollada que antes de seros sometida. Toda la concordia que establecéis es llamar bribones á ambas partes. Rara pareja sois.

Bruto.—¡Vamos, vamos! Se te conoce más como

perfecto charlatán en una mesa, que como necesario consejero en el Capitolio.

MEN.—Nuestros mismos sacerdotes tendrán que burlarse, si encuentran gente tan ridícula como vosotros. Cuando habláis con mejor acuerdo, lo que decís no vale la pena de mesaros la barba, y vuestras barbas no merecen tan honrosa sepultura cual tendrían al rellenar la almohada de un trapero, y ni aun merecen por tumba la albarda de un burro. Pero, no obstante, es fuerza que digáis que Marcio es orgulloso, valiendo, estimándolo por bajo, lo que valían todos nuestros predecesores, desde Deucalión, aunque acaso algunos de entre ellos no eran más que verdugos en línea recta. ¡Malditas sean vuestras mercedes! Mas, conversación con vosotros, pastores del plebeyo rebaño, me inficionara el cerebro. Me atrevo, pues, á despedirme.

(Bruto y Sicinio se apartan á un lado.)

Entran VOLUMNIA, VIRGILIA, VALERIA
y acompañamiento.

Ahora bien, preciosas y nobles damas—y si fuera terrenal la luna no sería más noble—¿adónde tan aprisa seguís á vuestros ojos?

VOL.—Noble Menenio, mi niño Marcio se acerca. Por Juno te ruego que no nos detengas.

MEN.—¡Hola! ¿Marcio vuelve?

VOL.—Sí, Menenio, con aplausos por su éxito.

MEN.—Toma, Júpiter, mi gorro, y gracias. ¡Hola ¡Marcio vuelve?

VIR. y VAL.—Sí; es cierto.

VOL.—Mira. Aquí tengo carta suya. El Gobierno tiene otra, y otra su esposa, y creo que en casa hay una para tí.

MEN. —Haré que mi misma casa esta noche se bambolee. ¡Una carta para mí!

VIR. —Sí, ciertamente. Una carta para tí. La he visto.

MEN. —¡Una carta para mí! Me asegura la salud por siete años, y durante ese tiempo haré muecas al médico. La mejor receta de Galeno es puramente empírica, y comparada á este preservativo, medicina de caballo. ¿No está herido? ¿Solia volver á casa herido?

VIR. —¡Oh, no, no, no!

VOL. —¡Oh! Está herido. ¡Gracias por ello doy á los dioses!

MEN. —Y yo también. Si no lo está mucho. ¿Trae una victoria en el bolsillo? Las heridas le sientan.

VOL. —Sobre la frente, Menenio, trae por tercera vez guirnalda de encina al tornar á su casa.

MEN. —¿Ha zurrado lindamente á Aufidio?

VOL. —Tito Larcio escribe que lucharon juntos, pero que Aufidio huyó.

MEN. —¡Y á tiempo! Me atrevo á asegurarlo: á haber permanecido quieto, no sería yo de él fiduciario por todas las arcas llenas de oro que hubiera en Corioli. ¿Lo sabe el Senado?

VOL. —Vámonos. Sí, sí, sí. El Senado tiene cartas del General, en las cuales concede á mi hijo todos los honores de la guerra. En esta empresa ha excedido en el doble á sus anteriores hazañas.

VAL. —Se dicen cosas de él verdaderamente maravillosas.

MEN. —¡Maravillosas! Por supuesto. Y de fijo, habrán costado caras.

VIR. —Ojalá sean ciertas.

VOL. —Ciertas. ¡Bah! ¡bah!

Men.—Ciertas. De juro que son ciertas. ¿Dónde está
herido? (Á los Tribunos.) Guarde Dios á vuestras mercedes. Marcio vuelve. Tiene mayor motivo para ser orgulloso. ¿Dónde está herido?

Vol.—En el hombro y en el brazo izquierdo. Habrá
grandes cicatrices que mostrar al pueblo cuando pretenda
ocupar el puesto que le corresponde. En la repulsa de
Tarquino recibió siete heridas su cuerpo.

Men.—Una en el cuello y dos en el muslo. Sé que
tiene nueve.

Vol.—Tenía antes de esta expedición veinticinco
heridas.

Men.—Ahora, pues, tiene veintisiete. Cada una fué
sepulcro de un enemigo. Oid; los clarines.

Vol.—Son los que preceden á Marcio. Ante él va el
bullicio; tras él quedan lágrimas.

> La muerte en su nervudo brazo yace.
> Mata si erguirse y si caer le place.

Música. Clarines. Entran COMINIO y TITO LARCIO; entre
ellos CORIOLANO, coronado de encina, con CAPITA-
NES, SOLDADOS y un HERALDO.

HER.　　Sepa Roma que dentro de Corioli
　　　　Marcio ha luchado solo, consiguiendo,
　　　　Á la par de alta fama, unir al nombre
　　　　De Cayo Marcio el apellido honroso
　　　　De Coriolano. ¡ Bien venido á Roma,
　　　　Ínclito Coriolano, bien venido!

TODOS.　¡Ínclito Coriolano, bien venido! (Clarines.)

COR.　　Terminad de una vez. Me hiere el alma.
　　　　Basta; os lo ruego.

COM.　　　　　　　　　Ved á vuestra madre.

COR.　　¡ Oh, bien me consta que á los dioses todos

Has rogado por mí! (Se arrodilla.)

VOL.   ¡ Mi buen soldado!
Levántate, querido Marcio mío,
Noble Cayo, y por hechos que te honran,
Apellidado..... ¿cómo?..... ¿Coriolano?
¿No es ése el nombre, dí, que debo darte?—
Mas tu mujer.....

COR.   Mi bella silenciosa,
¿ Reirás viéndome entrar amortajado,
Pues lloras cuando en triunfo vuelvo á casa?
¡ Ah dulce prenda! semejantes ojos
Ostentan las vïudas de Corioli,
Y las madres que lloran á sus hijos.

MEN.   Ahora bien, que los dioses te coronen.

COR.   ¿Vives aún? (Á Valeria.) Perdon, señora, mía.

VAL.   Ni sé dónde mirar. ¡Oh, bien venido!
Y bien venido, General, y todos
Bien venidos seáis.

MEN.   Una y mil veces
Bien venidos seáis. Llorar pudiera,
Y pudiera reir. Me siento alegre,
Y á la par abrumado. ¡ Bien venidos!
Que la raíz del corazón se pudra
De aquel que no se alegre de miraros.
Roma á vosotros tres mimar debiera;
Pero, por lo que dicen, aquí en casa
Carcomidos peruétanos tenemos,
Que á ese gusto no quieren ingertarse.
Mas ¡qué importa! guerreros, bien venidos.
Ortigas llamaránse las ortigas,
Necedades las faltas de los necios.

COM.   Está muy bien.

COR.   Menenio siempre el mismo.

HER.   Plaza haced, y adelante.

COR.   (A Volumnia y á Virgilia.)
Antes que nuestra casa me cobije,
A los patricios visitar me es fuerza,
Porque no sólo plácemes me envían
Sino cargas de honores.

VOL.   He vivido
Para heredar mis íntimos deseos
Y los palacios que forjó mi mente.
Pero falta vna cosa, sin embargo,
Que te ha de conceder sin duda Roma.

COR.   Has de saber, querida madre mía,
Que servirlos prefiero á mi manera
A gobernar con ellos á la suya.

COM.   Seguid en dirección del Capitolio.
    (Música. Clarines. Sale el cortejo como entró.)

BRUTO y SICINIO se adelantan.

BRUTO. Todas las lenguas lo pregonan. Lentes
Se ponen los miopes para verlo.
La habladora nodriza, si de él charla,
Deja desgañitarse á su criatura;
Se prende la estameña más preciosa
La cocinera á su pringoso cuello
Y para divisarlo se encarama.
Tenduchas y ventanas y cornisas
Llenas están. Se pueblan los tejados,
Monta los caballetes gente varia,
Todos con ansia idéntica de verlo.
Entre la turba popular, bufando,
Se mezclan retraídos sacerdotes
Satisfechos de hallar sitio cualquiera.
Nuestras veladas damas la disputa

Del blanco y del carmín de sus mejillas
Dejan á la lascivia destructora
De los ardientes ósculos de Febo.
El escándalo es tal, que se dijera
Que ese dios ignorado que lo guía,
En su cuerpo mortal para realzarlo
Se introdujo á hurtadillas.

Sicin.   Desde luego
Juro que será cónsul.

Bruto.   Pues entonces
Dormirá, mientras mande, nuestro oficio.

Sicin. No ejercerá sus cargos con templanza,
Ni sabrá dónde empiezan ni terminan,
Y así los perderá.

Bruto.   Consuelo es ese.

Sicin. No lo dudes. El pueblo á quien servimos
Las antiguas rencillas recordando
Olvidará sus títulos presentes
Por la causa más fútil, y de cierto
Él la dará, con vanagloria suya.

Bruto. Le oí jurar que al pretender ser cónsul
A la pública plaza nunca iría
Y que jamás la humilde y vieja toga
Se habría de poner. Ni, cual es uso,
Las heridas mostrando, de la plebe
Los pestíferos votos reclamara.

Sicin. Es verdad.

Bruto.   Sus palabras fueron ésas.
Renunciará más bien, que no alcanzarlo
Por los votos de gente bien nacida
Y á instancias de los nobles.

Sicin.   Sólo espero
Que se atenga á ese plan y lo ejecute.

BRUTO. Es probable.

SICIN. Será para él entonces—
Como lo ansiamos—destrucción segura.

BRUTO. De su poder ó el nuestro. Su constante
Desdén al pueblo encarecer se debe.
Que acémilas, pudiendo, los haría.
Que acallara la voz de sus tribunos
Y secuestrara sus franquicias todas.
Que los juzga en su esencia y en sus actos,
Con relación á cosas de este mundo,
Con almas y aptitudes semejantes
A las de los camellos que empleamos,
A quienes porque cargas nos conducen
Damos pienso adecuado y duros golpes
Cuando por causa de ellas se resbalan.

SICIN. Esto, como tú dices, sugerido
En ocasión propicia en que zahiera
Al pueblo su insolencia prodigiosa
(Y la ocasión no faltará, por poco
Que se le incite, cosa que es tan fácil
Como á un perro azuzar contra un rebaño),
Fuego ha de ser que incendiará la paja
Que debe ennegrecerlo para siempre.

Entra un MENSAJERO.

BRUTO ¿Qué ocurre?

MENS. Que vayáis al Capitolio:
Que será Marcio cónsul se presume.
Sordo-mudos se agolpan para verlo
Y los ciegos acuden para oirlo.
Arrójanle los guantes las matronas,
Las damas y las jóvenes le tiran
Sus tocas y pañuelos cuando pasa.

Se le inclinan los nobles cual si fuera
De Júpiter la efigie, y los plebeyos
Truenos y lluvia cual jamás he visto
Promueven con sus vítores y gorros.

BRUTO. Al Capitolio, pues, y llevaremos
Nuestros ojos y oídos por ahora;
Mas después corazones.

SICIN. Soy contigo. (Vanse.)

ESCENA II.

Roma.—El Capitolio.

Entran dos EMPLEADOS para colocar cojines.

EMP. 1.°—Vamos, vamos. Ya están ahí. ¿Cuántos pretenden el consulado?

EMP. 2.°—Tres, según dicen. Pero créese que Coriolano triunfará.

EMP. 1.°—Es guapo mozo, pero su orgullo es feroz; no ama al pueblo.

EMP. 2.°—¡Á fe mía! Muchos grandes hombres que han halagado al pueblo no lo han amado jamás, y muchos hay á quienes el pueblo ha amado sin saber por qué. Por lo tanto, vese que el pueblo ama sin motivo, y odia sin mejor fundamento. Así, pues, el que Coriolano no se cuide de que lo amen ni de que lo odien, demuestra el exacto conocimiento que tiene de las disposiciones del pueblo; lo que por razón de su noble indiferencia deja claramente traslucirse.

EMP. 1.°—Si no le importara ni su cariño ni su odio,

fluctuaría entre el no hacerles bien ni hacerles daño; pero busca su odio con más empeño que el que pueden poner ellos para concedérselo, y nada deja por hacer á fin de que le reconozcan como contrario. Ahora bien, aparentar satisfacción por la antipatía y enfado del pueblo, tan malo es como lo que le desagrada: adularlos para conseguir su cariño.

EMP. 2.º—Ha merecido bien de su patria, y su encumbramiento no ha sido por gradas tan fáciles como los escalones por donde á fuerza de suavidad y cortesía hacia el pueblo, con el sombrero en la mano y sin ningún otro mérito para elevarse, han subido otros obteniendo su estima y sus favores. Él ha plantado sus triunfos ante los ojos del pueblo, y sus actos ;en los corazones de tal modo que el que ahora callen las lenguas y no lo confiesen es culpable injuria, y el denegarlos maldad, que al desmentirse á sí misma arrancaría el reproche y la protesta de cuantos oídos lo escucharan.

EMP. 1.º—No hay más que hablar. Es un hombre digno. Apártate, que vienen.

Música. Entran precedidos de Lictores, COMINIO, MENE-NIO, CORIOLANO, SENADORES, SICINIO y BRUTO. Los Senadores ocupan sus puestos. Los Tribunos ocupan también los suyos por separado.

MEN. Terminado el asunto de los Volscos,
Y resuelto el llamar á Tito Larcio,
De esta reunión aun falta lo importante,
Que es premiar los servicios eminentes
Del que á su patria defendió. Por tanto,
Venerables é ilustres senadores,
Rogad al Cónsul actual, que ha sido
Jefe también en tan feliz campaña,

Que algunas de las ínclitas proezas
Narre de Cayo Marcio Coriolano,
Á quien aquí tenemos, para darle
Gracias, al par que honores merecidos.

Sen.1.º Habla tú, buen Cominio, y nada omitas.
Mas bien confesaremos que impotente
Es en dar galardones el Estado
Que nosotros remisos en premiarle.

(Á los Tribunos).

Jefes del pueblo, generoso oído
De vosotros reclamo, y con el pueblo
Después vuestra benévola influencia
Para admitir lo que acordar nos toca.

Sicin. Agradable tarea nos reune,
Y nuestros corazones nos impulsan
Á honrar y á enaltecer al que motiva
La reunión actual.

Bruto.   Y la juzgamos
Cual una bendición, si más aprecio
Al pueblo tiene que hasta aquí le tuvo.

Men. Eso no viene al caso. Prefiriera
Que callado te hubieses. Dí, ¿te agrada
Escuchar á Cominio?

Bruto.   ¡ Quién lo duda!
No obstante, más al caso mi advertencia
Fué que el reproche tuyo.

Men.   Quiere al pueblo,
Mas no le exijas que su lecho ocupe.
Habla, noble Cominio.

(Coriolano se levanta y pretende irse).

                            No te vayas.

Sen. 1.º Siéntate, Coriolano. Sonrojarte
No debe que refieran tus proezas.

COR. Perdonadme, señores. Deseara
Tenerme que curar nuevas heridas
A escuchar de qué modo las obtuve.

BRUTO. Confío que mis frases no te hicieron
El puesto abandonar.

COR. De modo alguno:
No obstante, muchas veces, cuando golpes
Me detuvieron, frases me ahuyentaron.
Como no me halagaste no me heriste.
En cuanto á vuestro pueblo, yo lo estimo
Cual se merece.

MEN. Siéntate te ruego.

COR. Rascarme al sol prefiero la cabeza
Cuando suena un ataque, que sentado
Oïr agigantarse mis nonadas. (Vase.)

MEN. Jefes del pueblo: ¿á vuestro inmenso enjambre
Cómo puede adular—donde entre miles
Uno bueno hay no más—quien, lo habéis visto,
Gustoso sacrifica de su cuerpo
Los miembros todos si el honor le guía,
Y ni una oreja si ensalzarlo quieren?—
Sigue, Cominio.

COM. Faltaráme aliento,
Y no con débil voz de Coriolano
Las proezas narrarse deberían.
Se dice que el valor es de los hombres
La principal virtud, la más honrosa
Para quien la posee. Si esto es cierto,
El hombre de quien hablo, en este mundo
No tiene parangón. Cuando Tarquino
Se levantó rebelde contra Roma,
Apenas diez y seis años contaba,
Y entonces guerreó como ninguno.

Viólo luchar quien dictador entonces
Era y enfrente con respeto miro,
Y arrollar, con mejillas de amazona,
Barbudos rostros que ante sí veía.
Á un Romano salvó de apuro grave,
Ante el Cónsul mató tres enemigos,
É hirió á Tarquino mismo en la rodilla.
En esa escena de preclaros hechos,
Donde la parte de doncella pudo
Representar, del campo de batalla
El hombre se mostró de más valía,
Y así la encina circundó su frente.
Él en la juventud entró cual hombre;
Él creció como el mar, y en el tumulto
De diez y siete encuentros, de la gloria
Supo privar á las demás espadas.
Respecto á sus proezas en Corioli,
Que palabras me faltan sólo digo.
Él logró detener á los que huían,
Y su ejemplo animoso en los cobardes
Trocó el terror en mero pasatiempo.
Así, cual cede la marina planta
Ante la nave que los mares surca,
Ante esa proa se humillaron todos.
Su espada, sello de la muerte, en donde
Golpeaba su imagen imprimía.
Sangre ya de los pies á la cabeza,
Al son de sus más leves movimientos
Le acompañaban gritos moribundos.
De la ciudad por las mortales puertas
Penetra solo, y su fatal destino
Pintando en ellas, se retira solo.
Mas de un refuerzo acompañado luego

Cayó sobre Corioli cual planeta.
Todo era suyo; pero escucha entonces
Rumor de lucha su sensible oído,
Y al instante su espíritu animoso,
De su cuerpo el cansancio reanimando,
Al campo de batalla le conduce.
Sobre vidas humanas lo recorre,
Chorreando sudor, como si fuera
Desolación perpetua, y hasta el punto
Que en campo abierto. y en ciudad vencimos,
Ni aun descansó su pecho jadeando.

MEN. Hombre digno.

SEN. 1.º   Sin duda los honores
Indicados le sientan á medida.

COM. El botín repulsó que le ofrecimos,
Y juzgó los objetos más preciados
Como si fueran fango de la tierra.
Menos codicia él de lo que puede
Conceder la miseria, y sus acciones
Se premia ejecutándolas, contento
De que corra su vida de ese modo.

MEN. Nobilísimo es. Que se le cite.

SEN. 1.º Llamad á Coriolano.

EMP. 1.º   Ya se acerca.

    Vuelve á entrar CORIOLANO.

MEN. Coriolano: el Senado, muy gustoso,
Cónsul te nombrará.

COR.   Débole siempre
Mi vida y mis servicios.

MEN.   Sólo falta
Que al pueblo te dirijas.

COR.   Suplicara

Que permitáis que falte á esa costumbre.
No sé ponerme la modesta toga
Y de pie y descubierto suplicarles
Los votos por razón de mis heridas.
Del acto ese dispensadme os ruego.

Sicin. El pueblo ha de votar. Ni en lo más leve
Consentirá mermar la ceremonia.

Men. No los irrites. Ruego que te ciñas
Al uso ; y en la forma en que aceptaron
Otros la misma dignidad, la aceptes.

Cor. Rubor hacer ese papel me causa,
Y de él·privar al pueblo se podría.

Bruto. (Á Sicinio.) ¿Has oído?

Cor.   Jactarme en su presencia·
De hacer tal ó cual cosa..... descubrirles
Unas heridas que ni ya me duelen
Y que tener debiera siempre ocultas,·
Cual si yo las hubiera recibido
Por el mero salario de sus votos !.....

Men. No insistas más. Recomendad, tribunos,
Al pueblo nuestro plan. ¡Y á nuestro Cónsul
Dicha y honra sin fin !

Senads. ¡ Dicha y honra sin fin á Coriolano !

(Clarines.—Vanse todos menos Bruto y Sicinio.)

Bruto. ¡Ya ves cómo tratar al pueblo quiere!

Sicin. ¡Ojalá lo comprendan ! Á rogarles
Va en son de despreciar el que ellos tengan
Poder de conceder lo que les pide.

Bruto. Vamos, pues, y de todo lo ocurrido
Cuenta daremos. Sé que nos esperan
En la pública plaza. (Vanse.)

ESCENA III.

Roma. — El Foro.

Entran varios CIUDADANOS.

CIU. 1.º—Si nos pide nuestros votos, no se los debemos negar.

CIU. 2.º—Podemos, si queremos.

CIU. 3.º—Yace en nosotros ese poder; pero es poder que no tenemos poder de ejercer, porque si nos enseña sus heridas, y nos cuenta sus hazañas, en sus heridas debemos poner las lenguas para que hablen. Así, pues, si nos habla de sus nobles hechos, debemos hablarle de nuestro noble reconocimiento de ellos. La ingratitud es una monstruosidad; considerar á la multitud ingrata, es considerar monstruosa á la multitud; y como nosotros somos sus miembros, fuera reconocernos como miembros monstruosos.

CIU. 1.º—Y para que no se nos tenga en más de eso, con poco bastará. Cuando nos levantamos por causa del trigo, él mismo no se paró en llamarnos la turba de mil cabezas.

CIU. 3.º—Muchos nos han llamado así, y no porque nuestras cabezas sean unas obscuras, otras negras ó rubias ó coloradas, sino por razón de las diferencias de color de nuestros ingenios. Verdaderamente creo que si nuestros ingenios salieran del cráneo, volarían al Este, al Oeste, al Norte y al Sur, y que estarían conformes sólo para volar á un mismo tiempo á todos los puntos de la rosa náutica.

Ciu. 2.º—¿Crees eso? ¿Cómo crees que volaría mi ingenio?

Ciu. 3.º—Francamente, tu ingenio saldría con más retraso que otro alguno, porque está firmemente empotrado en una calabaza; pero, al tener libertad, volaría derecho al Sur.

Ciu. 2.º—¿Por qué hacia allí?

Ciu. 3.º—Para perderse en la niebla; y habiéndose derretido las tres cuartas partes en esos pestilentes vapores, la cuarta parte restante, á impulsos de su conciencia, tornaría para ayudarte á tomar esposa.

Ciu. 2.º—Siempre con tus bromas..... ¡Vaya, vaya!

Ciu. 3.º—¿Estáis todos decididos á conceder vuestros votos? Pero poco importa. Basta la mayoría. Yo afirmo que si se hace amigo del pueblo, no se hallará hombre más digno. Aquí viene y con la modesta toga: observadle. No debemos permanecer todos reunidos, sino ir hacia él uno á uno, dos á dos, ó tres á tres. Debe suplicarnos en particular, y de ese modo será un honor para cada uno prometerle nuestros votos con nuestra propia lengua. Por lo tanto, seguidme. Yo os diré cómo debéis acercaros á él.

Todos.—Bien, bien. (Vanse.)

Entra CORIOLANO y MENENIO.

Men.   ¡Oh! no tienes razón. ¿Los más honrados
No sabes que lo han hecho?

Cor.   ¿Qué les digo?
«Os ruego.....» ¡Mala peste! No podría
A paso tal camino hacer mi lengua.
«Observad..... mis heridas. Las obtuve
Defendiendo á mi patria, cuando algunos
Cofrades vuestros berreando huyeron

Al oir redoblar nuestros tambores.»

MEN.   ¡Oh, válganme los dioses! No hables de eso.
Di que de tí se acuerden.

COR.   ¿Que se acuerden
De mí? ¡Que los ahorquen! Que me olviden,
¡Ojalá! como olvidan las virtudes
Que nuestros sacerdotes les predican.

MEN.   Vas á echarlo á perder. Te dejo solo.
Háblales, te lo ruego, te lo ruego,
En razón.

COR.   Diles que sus caras laven
Y se limpien los dientes. Dos ahí llegan.

Vuelven á entrar dos CIUDADANOS.

Ya sabéis por qué causa aquí me hallo.

CIU. 1.°—Sí tal. Pero di tú, ¿qué te ha traído?

COR.—Mis propios merecimientos.

CIU. 2.°—¿Tus propios merecimientos?

COR.—Sí. Y no mi propio deseo.

CIU. 1.°—¡Cómo! ¿tu propio deseo no?

COR.—No. Nunca he deseado molestar pidiendo limosna al pobre.

CIU. 1.°—Debes pensar que si te damos algo es porque esperamos ganar en ello.

COR.—Pues bien. Os ruego que me pongáis precio
por el consulado.

CIU. 1.°—El precio es solicitarlo con modo.

COR.—¡Con modo! Caballeros, os ruego que me lo
concedáis. Tengo heridas que os puedo mostrar, y que veréis en privado. Vuestros votos caballeros..... ¿qué decís?

CIU. 2.°—Señor, que los tendrás.

COR.—Trato hecho. Van ya mendigados dos dignos
votos. Logré vuestra limosna. Pasadlo bien.

Ciu. 1.º—Algo extraño es esto.

Ciu. 2.º—Si tuviera que hacerse otra vez..... ¡ Pero no importa! (Vanse los dos Ciudadanos.)

Vuelven á entrar otros dos CIUDADANOS.

Cor.—Por favor. Si está en concordancia con vuestros votos el que yo sea cónsul..... Tengo puesta la toga usual.....

Ciu. 3.º—Has merecido bien y no has merecido bien de tu patria.

Cor.—¿Vuestro enigma?

Ciu. 3.º—Azote fuiste de sus enemigos, y látigo de sus amigos. No has querido al vulgo.

Cor.—Por eso debéis juzgarme tanto más virtuoso, puesto que no he sido vulgar en mis afectos. Adularé, caballero, á mis jurados hermanos, la gente del pueblo, para obtener de ellos más cara estima, puesto que amable juzgan este proceder; y, como en su alta sabiduría estiman en más á mi sombrero que á mi corazón, me ejercitaré en insinuantes saludos y hacia ellos me iré fingiendo. Es decir, que imitaré los encantos de algún hombre popular, y se los daré á manos llenas á quienes los deseen. Así, pues, os ruego que me nombréis cónsul.

Ciu. 4.º—Esperamos que seas nuestro amigo, y por lo tanto te prometemos con la mejor voluntad nuestros votos.

Ciu. 3.º—Has recibido muchas heridas defendiendo tu patria.

Cor.—Es inútil poner el sello á lo que ya sabéis, mostrándooslas. Tendré muy en cuenta vuestros votos, y así no os molesto más. (Vanse.)

¡Oh dulcísimos votos!

Mejor morir hambriento, que el ultraje

De mendigar salario merecido.
¿Por qué, pues, yo con tan humilde traje
De éste y aquél sanción inútil pido?
¡Lo exige la costumbre! mas si fuera
A respetarse siempre la costumbre,
El polvo del ayer no se barriera,
Y mostrara el error tan alta cumbre
Que á la verdad la vista interrumpiera.
Antes de farsa tal, dejar debía
Cargos á quien los busque de este modo;
Mas puesto que camino en esa vía
Y anduve la mitad, ándese el todo.
Aquí más votos vienen.

Vuelven á entrar otros tres CIUDADANOS.

Vuestros votos. Luché por vuestros votos,
Velé por vuestros votos. Dos docenas
Y acaso algunas más heridas tuve
Por vuestros votos. He escuchado y visto
Diez y ocho batallas : muchas cosas,
Unas más grandes y otras más pequeñas
Hice por vuestros votos. ¡Vuestros votos!
Os diré la verdad : cónsul ser quiero.

Ciu. 1.º—Se ha portado noblemente, y ningún hombre honrado puede dejar de darle su voto.

Ciu. 6.º—Por lo tanto, que sea cónsul. ¡Que los dioses lo protejan y lo hagan fiel amigo del pueblo!

Los tres Ciud.—Amén, amén. Salve, noble cónsul.

Cor.—¡Dignísimos votos!

Vuelve á entrar MENENIO con BRUTO y SICINIO.

Men.   Cumpliste tu misión ; y los Tribunos
Con los votos del pueblo te sostienen.

Falta que las insignias oficiales
Te vistas, y que acudas al Senado.

COR. ¿Se acabó?

SICIN. Ya cumpliste la costumbre
De suplicar. El pueblo te ha admitido,
Y á que confirme tu elección lo llaman.

COR. ¿Dónde, al Senado?

SICIN. Ahí mismo, Coriolano.

COR. ¿Este vestido, pues, puedo mudarme?

SICIN. Sí tal.

COR. Pues he de hacerlo sin demora,
E iré al Senado, lo que soy ya siendo.

MEN. Voy contigo. ¿Venís?

BRUTO. Nos es forzoso
Aquí al pueblo esperar.

SICIN. Id en buen hora.

(Vanse Coriolano y Menenio.)

Ya lo ha logrado, y por su rostro veo
Que arde su corazón.

BRUTO. La humilde veste
Se revistió con corazón altivo.
¿Despedimos al pueblo?

Vuelven á entrar CIUDADANOS.

SICIN. Conque, vamos,
Señores, ¿elegisteis á ese hombre?

CIU. 1.° Tiene los votos nuestros.

BRUTO. Pedimos á los dioses que merezca
Vuestra amistad.

CIU. 2.° Amén. Al reclamarnos
Nuestros votos, según mi escaso juicio,
Se mofó de nosotros.

CIU. 3.° Ciertamente.

   Se burló de nosotros por completo.

Ciu. 1.º Es su modo de hablar: no se burlaba.

Ciu. 2.º Tú tan sólo entre todos aseguras
   Que con desdén no nos trató. Debiera
   Las tumbas de su gloria haber mostrado,
   Las heridas por causa de su patria.

Sicin. De fijo las mostró.

Todos.   No, no se han visto.

Ciu. 3.º Dijo tener heridas que en privado
   Mostrar podría, y dijo con escarnio,
   Agitando el sombrero, así: «Ser cónsul
   Quisiera yo; pero anticuados usos
   Sin tener vuestros votos me lo impiden:
   Por tanto, concededme vuestros votos.»
   Y oid, al concederlos, lo que dijo:
   «Gracias por vuestros votos, muchas gracias
   Por vuestros lindos votos; pero ahora
   Que me habéis vuestros votos concedido
   No tengo más asunto con vosotros.»
   ¿Esto no fué burlarse?

Sicin.   ¿Cómo fuisteis
   Tan torpes en no verla, ó tan sencillos
   Que, viéndolo, le disteis vuestros votos?

Bruto. ¿Por qué así, no dijisteis—como estabais
   Aleccionados—que cuando era sólo
   Del estado sirviente miserable
   Y sin poder, vuestro enemigo era,
   A vuestras libertades y franquicias
   En el cuerpo social opuesto siempre,
   Y que ahora al ocupar puesto tan alto
   Y al ser en el gobierno poderoso,
   Si con dañado intento persistiese
   Implacable enemigo del plebeyo,

Maldiciones serían vuestros votos
Contra vosotros mismos? Necesario
Era decirle que sus altos hechos
Su noble pretensión justificaban;
Y su buen natural de esa manera
Habría agradecido vuestros votos,
Su hostilidad trocándose en cariño,
Y vuestro protector de hoy más sería.

SICIN. A haber así como se os dijo hablado,
Se hubiera conmovido, y sus tendencias
Pudierais sondear, ó conseguido
Promesa de amistad arrebatarle
Que en un momento dado le obligara;
Ó herido así su natural adusto,
Que no tolera condición alguna
Que á nada le sujete, y de este modo
Al encolerizarlo, de su ira
Aprovechándoos, nunca le eligierais.

BRUTO. Le visteis desdeñaros francamente,
Cuando vuestra amistad necesitaba.
¿Y creéis que su desdén no ha de ofenderos
Cuando tenga poder para aplastaros?
¿No existe corazón en vuestros cuerpos,
O vuestras lenguas solamente os sirven
Para oponerse á lo que ordena el juicio?

SICIN. Rehusasteis complacer á pretendientes
Antes de hoy; mas hoy no al que suplica
Vuestros votos cedéis, al que se burla.

CIU. 3.º Aun no está confirmado, y lo podemos
Todavía rehusar.

CIU. 2.º   Yo lo rehuso,
Y cuento siempre con quinientos votos.

CIU. 1.º Doble número yo con mis amigos.

Bruto.   Al punto id, y á los amigos vuestros
          Decir debéis que han elegido un cónsul
          Que les va á arrebatar sus libertades
          Y á dejarles la voz como á los perros
          A quienes dan de palos porque ladran,
          Para ladrar habiéndolos criado.

Sicin.   Reuníos, pues, y, con mejor acuerdo,
          Que esta elección imbécil se revoque.
          Su orgullo y su desprecio de vosotros
          Recordad, y también haced presente
          Su desdén al vestir la humilde toga
          Y su escarnio al pedir que le apoyasen.
          Mas que vuestro cariño, sus proezas
          Al recordar, os impidió fijaros
          En su actitud, que por el odio intenso
          Que siempre os profesó fué moldeada.

Bruto.   Nos echaréis la culpa á los tribunos,
          Que todos los obstáculos quitamos
          Para que fuese electo por vosotros.

Sicin.   Decid que lo elegisteis más por causa
          De las órdenes nuestras, que al impulso
          De vuestro propio afecto; y preocupados
          Con mandatos, más bien que con aquello
          Que era oportuno hacer, cónsul le hicisteis
          Casi á regañadientes.——A nosotros
          Nos echaréis la culpa.

Bruto.   Sí, sin miedo,
          Que en arengas decid os informamos
          De que sirvió á su patria casi niño,
          Del tiempo que al servicio de ella estuvo;
          De qué familia es él—de la muy noble
          Casa de Marcio de la cual naciera
          Ese Anco Marcio, hijo de la hija

De Numa y rey después del gran Hostilio;—
Que fueron de su estirpe Quinto y Publio,
Que aquí el más puro manantial nos trajo,
Y que Censorio —el de tan digno nombre,
Porque censor del pueblo fué dos veces—
Era su antecesor.

SICIN.   A quien unía
A alcurnia tal, también merecimientos
Para encumbrarse así recomendamos,
A vuestra gratitud; mas que habéis visto,
Pesando su pasado y su presente,
Que él es vuestro enemigo encarnizado
Y revocáis vuestra elección insana.

BRUTO. Jamás, afirmaréis, la hubierais hecho—
Herid siempre esa cuerda—á no haber sido
Por nuestra instigación; y todos juntos
Idos al Capitolio de seguida.

TODOS. Así lo haremos, porque casi todos
Están de esta elección arrepentidos. **(Vanse.)**

BRUTO. Déjalos ir. Este motín de ahora
Mejor será que otro mayor más tarde,
Pero también dudoso. Si se irrita,
Y en él es natural que así acontezca,
Observemos los dos y sacaremos
Ventajas de su cólera.

SICIN.   Conmigo
Al Capitolio ven. Lleguemos antes
Que la corriente popular acuda,
Y así parecerá, y en parte es cierto,
Que obran libres y no por nuestro impulso.
             (Vanse.)

ACTO TERCERO.

ESCENA PRIMERA.

Roma.— Una calle.

Clarines.— Entran CORIOLANO, MENENIO, COMINIO, TITO LARCIO, senadores y patricios.

Cor. ¿Tulio Aufidio así, pues, vuelve á la lucha?

Lar. Sí, señor; y por eso con presteza
Convine en un arreglo.

Cor. Los Volscos, pues, están como al principio,
Dispuestos otra vez para el ataque
En ocasión propicia.

Com.   Tan cansados,
Noble cónsul, están, que en largo tiempo
No ondearán sus pendones.

Cor.   ¿Viste á Aufidio?

Lar. Con un salvoconducto vino á verme,
Y maldijo á los Volscos, porque, viles,
Cedieron la ciudad. Se encuentra en Antio.

Cor. ¿Habló de mí?

Lar.   Sí tal.

Cor.   ¿Cómo? ¿qué dijo?

LAR.   Las veces que luchasteis hierro á hierro.
        Que lo que más odiaba en este mundo
        Eras tú; que gustoso su fortuna
        Sin poder rescatarla empeñaría
        Si de tí vencedor lo declararan.

COR.   ¿En Antio vive?

LAR.   En Antio.

COR.   ¡Ojalá que ahí pudiera visitarle
        Para oponerme á su furor! Bien vengas.

        Entran SICINIO y BRUTO.

        Ved. Ahí vienen del pueblo los Tribunos,
        Las lenguas de la boca de la plebe.
        Me causan tedio. Del poder se adornan
        Poniendo á prueba la nobleza misma.

SICIN.   Detente.

COR.   ¡Ah! ¿qué es eso?

BRUTO. Es peligroso el avanzar. Detente.

COR.   ¿Qué motiva este cambio?

MEN.   Di, ¿qué ocurre?

COM.   ¿No le han votado nobles y plebeyos?

BRUTO. Cominio, no.

COR.   ¿Votáronme, pues, niños?

SEN.1.º Tribunos, apartad. Irá á la plaza.

BRUTO. El pueblo está furioso en contra suya.

SICIN. Deteneos, no acabe en un tumulto.

COR.   ¿Vuestro rebaño es ése? ¿Daisles votos
        A quienes ahora mismo los conceden
        Y al instante á sus lenguas contradicen?
        Vuestro oficio, ¿cuál es? Si sois sus bocas,
        ¿Por qué no gobernáis también sus dientes?
        ¿Los habéis azuzado?

MEN.   Calma, calma.

COR. Es concertado plan, y trama urdida
Para ajar el poder de la nobleza.
Si tanto soportáis, vivid unidos
De hoy más á gente que mandar no sabe,
Ni permite que nadie la gobierne.

BRUTO. No has de decir que es plan. El pueblo afirma
Que de ellos te burlaste; que hace poco
Al reparto del trigo te opusiste,
Y que á los que su súplica llevaban
Difamaste, y llamaste aduladores,
Veletas y enemigos del Senado.

COR. Eso ya se sabía.

BRUTO.   No entre todos.

COR. Se lo habrás dicho, pues.

BRUTO.   ¡Qué! ¡yo decirlo!

COR. Capaces sois de hacerlo.

BRUTO.   Sí, capaces
De mejores acciones que las tuyas.

COR. ¿A qué, pues, ¡vive el cielo! ser yo cónsul
Que merezca lo poco que vosotros?
Y así, tribuno y compañero hacedme.

SICIN. Harto demuestras lo que al pueblo irrita.
Si has de llegar al fin de la jornada,
Pregunta por la senda que perdiste
Con templanza mayor, porque sin eso
Jamás alcanzarás el consulado
Ni cual tribuno te uncirán á Bruto.

MEN. Calma.

COM.   Engañan al pueblo, lo seducen
(De Roma indigno es este subterfugio),
Ni ha merecido nunca Coriolano
Que se le ponga tan infame estorbo
De sus merecimientos en la vía.

Cor. ¡Venirme á hablar de trigo! Mi discurso
Fué entonces éste y repetirlo quiero.

Men. Ahora no, ahora no.

Sen.1.º   No en este instante
Que acalorado estás.

Cor.   Por vida mía,
Lo voy á repetir. Nobles amigos,
Concededme perdón. En cuanto á esa
Voluble y apestosa muchedumbre,
Que se miren en mí, que nunca adulo,
Y verán el reflejo de si mismos.
Sostengo que al tratar de conciliarlos,
Contra el Gobierno la fatal cizaña
Nutrimos del motín, de la insolencia
Y de la rebelión, con nuestras manos
Cavándole la tierra, y su semilla
Sembrando y esparciendo, al permitirles
Que alternen con nosotros, con los nobles,
A quienes faltan sólo cualidades
Y poderío que á mendigos damos.

Men. Bueno, basta.

Sen.1.º   No más, te lo suplico.

Cor. ¡Cómo no más! Así como mi sangre
Vertí en provecho de la patria mía
Sin calcular jamás fuerzas extrañas,
Acuñarán palabras mis pulmones,
Hasta no poder más, contra esa lepra
Cuya infección odiamos, y no obstante
De ella vamos en pos.

Bruto.   Del pueblo hablas
Cual si fueras un dios para humillarlo,
Y no un mortal con sus defectos mismos.

Sicin. Bueno fuera informar de todo al pueblo.

MEN.   ¡Cómo, cómo! ¿de un rapto de coraje?

COR.   ¡Coraje!
        Tranquilo cual el sueño á media noche,
        Lo mismo ¡voto á Júpiter! pensara.

SICIN. Pensamiento que en tí, con su ponzoña,
        Es forzoso que quede, y no emponzoñe,
        Si ha de cundir más lejos.

COR.   «¡Es forzoso!»
        ¡Miren este tritón de la morralla!
        ¡Su absoluto «es forzoso!» ¡Tomen nota!

COM.   Hablaste fuera de la ley.

COR.   «¡Forzoso!»
        ¡Oh excelentes, mas cándidos patricios,
        Sabios, mas temerarios Senadores!
        ¿Cómo poder así dais á la Hidra
        Para escoger á un jefe que, aunque es solo
        El clarín de ese monstruo y el estruendo
        Con su «es forzoso» perentorio, osa
        Deciros que desvía la corriente
        De vuestra autoridad á su piscina
        Y que vuestro canal de hoy más es suyo?
        Si tiene ese poder, á él humillaos;
        Si no lo tiene, despojaos entonces
        De esa benevolencia peligrosa.
        No cual necios obréis, si sois juiciosos;
        Si no lo sois, cojines ofrecedles
        Á vuestro lado, porque sois plebeyos
        Si ellos son senadores; que á eso llegan
        Si al paladar, unidos vuestros votos,
        Su sabor sobre el vuestro sobresale.
        Nombran un magistrado, magistrado
        Cuyo «es forzoso», el popular «forzoso»,
        A tribunal tan varonil se opone,

Cual nunca á Grecia dirigió su ceño.
¡Vive Jove! ¡ser cónsul es vileza!
Me duele el alma contemplar lo pronto
Que, si dejáis crecer á dos poderes,
Los dos rivales, cundirá el desorden
Por la ancha brecha, destruyendo á entrambos.

COM. Bien. A la plaza, pues.

COR.   Los que opinaban
Del público granero trigo gratis
Distribuir, cual se estilaba en Grecia
Tiempos atrás.....

MEN.   Bien, bien. Dejemos eso.

COR. Aunque allí el pueblo más poder tenía,
Digo que fomentaban el desorden,
Buscando la ruina del Estado.

BRUTO. ¿Sus votos, pues, por qué ha de dar el pueblo
Á quien se expresa así?

COR.   Daré razones
Que serán de más peso que sus votos.
Que no era el trigo galardón sabían,
Pues servicio ninguno confirieron.
Heridas del Estado las entrañas,
Y al reclutarse tropas, esquivaron
De la ciudad atravesar las puertas:
No mereció tal acto trigo gratis.
Llegó la guerra á declararse luego
Y entonces sus revueltas y motines
(En lo que más se demostró su brío)
No abogaron por ellos. Sus calumnias
Sin nata causa y siempre repetidas,
No es fácil aducir como motivo
De nuestra franca donación. Pues bueno,
¿De qué modo esa ciega muchedumbre

Digerirá el obsequio del Senado?
Lo que piensan sus actos claro dicen.
«Lo exigimos. Los más somos nosotros,
Y han accedido á la demanda nuestra
De puro miedo.» Así prostituímos
La esencia de estos puestos que ocupamos,
Y hacemos que la turba considere
Terror nuestros afanes, y que logre,
Andando el tiempo, las herradas puertas
Del Senado forzar, y entrarnos grajos
Que á águilas picoteen.

MEN.   Vamos, basta.
BRUTO. Basta, y con colmo.
COR.   No, más todavía.
Lo que puedo jurar ante cualquiera
Divino ó humano tribunal, que sellen
Mis últimas palabras. Doble mando
Donde una parte con razón desdeña,
Y la otra parte sin razón insulta;
Donde el noble, el insigne y el discreto
Tienen que atemperar sus decisiones
Al sí ó al no del ignorante vulgo,
Omitirá cumplir lo necesario,
Accediendo á volubles ligerezas;
Y de tamaña oposición el fruto
Será dejar de hacer lo conveniente.
Por lo tanto, requiero de vosotros,
Que tenéis menos miedo que cautela,
Que á las instituciones del Estado
Amáis más que os espanta el que vacilen,
Que á larga preferís honrada vida,
Que no teméis atormentar el cuerpo
Con una medicina peligrosa

Si el enfermo morir sin ella debe;
Que arranquéis de una vez la lengua al pueblo
Y no lama la miel que lo envenena.
Tal deshonor enturbia nuestro juicio,
Quita al Estado la unidad que es suya,
Y para hacer el bien queda impotente,
Por motivo del daño que le estorba.

BRUTO. Bastante has dicho.

SICIN.   Cual traidor hablaste,
Y cual traidor responderás.

COR.   Menguado,
Muérete de despecho. ¡ Necesita
El pueblo á estos imbéciles tribunos!
Su obediencia, por ellos inducidos,
Á ese Supremo Tribunal rehusan.
En fatal rebelión, donde la fuerza
Fué ley, no la justicia, los nombraron.
Digamos ya, que es fuerza la justicia,
Y su poder por tierra derribemos.

BRUTO. ¡ Traición patente!

SICIN.   ¡ Ser él cónsul, nunca!

BRUTO. ¡ Ediles, hola, de él apoderaos!

Entra un EDIL.

SICIN. Al pueblo llama. (Vase el Edil.)
                    Arréstote en su nombre,
Cual novador rebelde y enemigo
De la común salud. Presta obediencia,
Y ven á dar razón de tus acciones.

COR.   ¡ Vil cabra, atrás!

SEN. y PAT.   Garantes suyos somos.

COM.   ¡ No le toques, anciano!

COR.   ¡ Atrás, escuerzo,

Ó te he de sacudir hasta que salten
Tus huesos á través de tus vestidos!

SICIN.   ¡Ciudadanos, favor!

Entra un tropel de CIUDADANOS *con los* EDILES.

MEN.   ¡Por ambas partes
Más respetos mostrad!

SICIN.   ¡Ved al que quiere
Todo poder quitaros!

BRUTO.   ¡Á él, Ediles!

CIUDS.   ¡Muera! ¡Muera!

SEN. y PAT., ETC.   ¡Á las armas! ¡Á las armas!
                  (Todos rodean á Coriolano.)

            ¡Eh, tribunos, patricios, ciudadanos,
            Sicinio, Bruto, Coriolano! ¡Cómo,
            Ciudadanos! ¡Callad, callad! ¡Teneos!

MEN.   ¿Qué va á ocurrir? ¡Aliento tengo apenas!
          Se acerca el fin del mundo. Voz me falta.
          Al pueblo hablad, tribunos. Coriolano,
          Calma ten. Habla tú, noble Sicinio.

SICIN.   ¡Oye, pueblo! ¡Callad!

CIUDS.   Nuestro tribuno
          Hablar quiere. Callad. Habla, pues, habla.

SICIN.   De perder vuestras sacras libertades
          Á punto estáis. Os las quitara Marcio;
          Marcio, al que habéis nombrado ha poco cónsul.

MEN.   ¡Qué oprobio! De ese modo no se apaga
          El incendio: se aviva.

SEN. 1.°   De ese modo
          Á la ciudad y á todo echáis por tierra.

SICIN.   ¿Y no es el pueblo la ciudad?

CIUDS.   Es cierto,
          El pueblo es la ciudad.

BRUTO. Por unánime voz, representantes
Del pueblo designados hemos sido.....

CIUDS. Y lo sois.

MEN.   Y quizá por tiempo largo.

COM. La ciudad de ese modo echáis por tierra.
Así juntáis techumbres y cimientos,
Y enterráis lo que aun firme se levanta
En montones de escombros y ruïnas.

SICIN. Esto muerte merece.

BRUTO.   Ó defendamos
Ó nuestra autoridad abandonemos.
Declaremos aquí, del pueblo en nombre,
Por cuyos votos fuimos elegidos,
Que Marcio es digno de inmediata muerte.

SICIN. De él, pues, apoderaos, y llevadlo
Á la roca Tarpeya, y de su altura
Lanzadlo á su ruïna.

BRUTO.   ¡ Á él, ediles !

CIUDS. ¡ Ríndete, Marcio, ríndete !

MEN.   Dejadme
Decir una palabra. Yo os suplico,
Tribunos, que me oigáis una palabra.

EDILES. ¡ Callad, callad !

MEN.   Sed lo que en vos se ostenta,
De vuestra patria amigos verdaderos.
Por tanto, proceded con más templanza,
En vez de corregir con tal violencia.

BRUTO. Esos fríos consejos, que parecen
Prudentes paliativos, ponzoñosos
Remedios son para violentos males.
¡ Prendedle, y á la Roca conducidle!

COR. (Desenvainando la espada.)
¡ No: quiero aquí morir ! — Entre vosotros

Algunos hay que pelear me vieron.
Venid. Probad sobre vosotros mismos
Lo que en otros hacer antes me visteis.

MEN.   ¡Quieta esa espada ten!—Breves instantes,
Tribunos, ruego os retiréis.

BRUTO.   ¡Prendedle!

MEN.   ¡Favor, favor á Marcio! ¡Todo noble,
Joven ó viejo, á su socorro acuda!

CIUDS. ¡Que muera! ¡Muera, muera!

(Vanse los Tribunos, los Ediles y el pueblo, arrollados
en la lucha.)

MEN.   ¡Huye! ¡Vete á tu casa, vete, vete,
Ó todo está perdido!

SEN.2.º   ¡Vete!

COR.   ¡Firmes!
Tantos amigos hay como enemigos.

MEN.   ¿Se hace la prueba?

SEN.1.º   ¡Líbrennos los dioses!
Ruégote, noble amigo, que te vayas,
Y deja que este daño remediemos.

MEN.   Porque esta llaga nuestra piel corroe,
É ignoras tú cómo se cura. ¡Vete,
Te lo suplico!

COM.   Vente con nosotros.

COR.   Ojalá fueran bárbaros, cual juzgo
Que lo son, aunque en Roma los parieran,
Y no Romanos, cual sin duda alguna
Juzgo que no lo son, aunque engendrados
Bajo el pórtico estén del Capitolio.

MEN.   Vete, y tu noble cólera en tu lengua
No coloques. Tendremos el desquite.

COR.   En buena lid, me atrevo con cuarenta.

MEN.   Yo me encargo de un par de los mejores

Sí, de los dos tribunos.

COM.   Pero excede
De toda proporción la diferencia,
Y necedad nuestro valor se torna
Al sustentar muralla que se cae.
Vete, pues, ya. No vuelva la canalla,
Cuyo furor, cual agua detenida,
Rompe á veces robustos valladares.

MEN. Te ruego que te vayas; y veremos
Si mi ingenio vetusto prevalece
Con los que poco alcanzan. Es preciso
Con paño de cualquier color echarle
Un remiendo al asunto.

COM.   Con que vamos.
(Vanse Coriolano, Cominio y otros.)

PAT. 1.º Este hombre ha despreciado la fortuna.

MEN. Es para el mundo demasiado noble.
Él ni por el tridente de Neptuno
Ni los rayos de Jove adularía.
Su boca es su corazón; su lengua
Lanza jamás lo que en su pecho forja,
Y ya enojado olvida que la muerte
Tiene siquiera nombre. (Ruido dentro.)
                 ¡Buen negocio!

PAT. 2.º ¡Ojalá que estuvieran en sus lechos!

MEN. ¡Ojalá que estuvieran en el Tiber!
Y ¿por qué ¡voto va! no habló con calma?

Vuelven á entrar BRUTO y SICINIO con el tropel
de ciudadanos.

SICIN. ¿En dónde está esa víbora que quiere
Despoblar la ciudad y serlo todo?

Men.   Dignos tribunos.....

Sicin.   Justicieras manos
Lo han de arrojar de la Tarpeya roca.
A la ley resistió; la ley por eso
Sin otras formas al rigor lo entrega
Del público poder que desafía.

Ciu. 1.º Ahora comprenderá que son las bocas
Del pueblo los tribunos, y nosotros
Sus manos.

Ciuds.   Por supuesto.

Men.   Oid.

Sicin.   ¡Silencio!

Men.   No jaleéis, porque tan sólo os toca
Moderación en esta cacería.

Sicin. ¿Cómo á ayudar su fuga te prestaste?

Men.   Óyeme hablar: así como conozco
Los méritos del Cónsul, sé sus faltas.

Sicin. ¡El Cónsul! ¿Cuál?

Men.   El cónsul Coriolano.

Bruto. ¡El Cónsul!

Ciuds.   No, no, no.

Men.   Si me dan su permiso los tribunos,
Y si me dais permiso, buena gente,
Para hablar, os diré cuatro palabras
Que todo el daño que podrán haceros
Será el perder el tiempo en que las diga.

Sicin. Habla y sé breve, que hemos decidido
Aplastar esa víbora traidora.
Hoy desterrarlo peligroso fuera,
Y es nuestra destrucción que aquí se quede;
Por lo tanto, morir debe esta noche.

Men.   No permitan los dioses bondadosos
Que nuestra excelsa Roma, que registra

Su gratitud hacia sus nobles hijos
De Jove en los anales, madre fiera
Devore sin piedad á su familia.

SICIN. Es tumor que extirpar es necesario.

MEN. Ese cuerpo un tumor tiene tan sólo:
Extirparlo es mortal, curarlo fácil.
¿Para morir que daño le hizo á Roma?
Matar sus enemigos. Por su patria
La noble sangre que ha vertido, en peso
Excede á la que hoy tiene en muchas onzas.
Pues que su patria la restante vierta
Será, para nosotros que lo hacemos
O que lo toleramos, indeleble
Sello de oprobio.

SICIN. Puros disparates.

BRUTO. No hablas al caso. Cuando amó á su patria
Esta le supo honrar.

MEN. Si se gangrena
El pie, pronto se olvidan sus servicios.

BRUTO. No escuchamos ya más. Id á su casa
Y aquí luego traedlo. Que no cunda
Más lejos este mal que es contagioso.

MEN. Una palabra más, una palabra.
Esta ferocidad de pies de tigre,
Al contemplar los males que acarrea
Su impremeditación, querrá, ya tarde,
Pesas de plomo atar á sus talones.
Proceded legalmente, no se irriten
Parciales que lo estiman, y destruyan
Romanos mismos á la excelsa Roma.

BRUTO. Si acaso fuera así.....

SICIN. Pero ¿qué dices?
¿Pruebas de su obediencia no hemos visto?

¿No ha maltratado á los ediles nuestros?
¿No se ha burlado de nosotros? ¡Vamos!

MEN. Esto considerad. Desde que pudo
Tener la espada se crió en las guerras,
Y nada entiende de pulidas frases.
Sin distinción, conjuntamente arroja
La harina y el afrecho. Yo me obligo,
Con el permiso vuestro, á hacer que acuda
Á responder ante la ley con calma
Y á sufrir sus más duras consecuencias.

SEN. 1.º Esta la senda es, nobles tribunos.
Sangrienta por demás otra sería,
Y nos llevara á un término imprevisto.

SICIN. Como emisario, pues, noble Menenio,
Del pueblo actúa. Deponed, señores,
Las armas vuestras.

BRUTO.   No os vayáis á casa.

SICIN. En la plaza reuníos. Estaremos
Allí también. Si no nos traes á Marcio,
Obraremos cual antes hemos dicho.

MEN. Os lo traeré. Que os pida permitidme
(A los Senadores.)
Vuestra compaña. Personarse debe,
Ó lo peor vendrá.

SEN. 1.º   Contigo iremos. (Vanse.)

ESCENA II.

Entran CORIOLANO y PATRICIOS.

Cor. Cuélguense sin cejar de mis orejas,
Con morir en el potro me amenacen,
Ó á la cola de indómitos caballos,
Ó sobre la Tarpeya roca apilen
Diez montes más, de modo que la vista
Se pierda contemplando el precipicio,
Cual he sido seré para con ellos.

Pat. 1.º Mayor nobleza mostrarás.

Cor.   Me extraña
Que mi madre no apruebe mi conducta,
Cuando los ha llamado tantas veces
Esclavos con su lana. Creadas cosas
Para comprar, para vender á ochavos,
Para ostentar cabezas descubiertas
En cualquiera reunión, desperezarse,
E inmóviles quedar y atolondrados
Al levantarse alguno de mi alcurnia
Para tratar cuestión de paz ó guerra.

Entra VOLUMNIA.

Hablo de tí. ¿Por qué mayor templanza
Que empleara quisiste? ¿Pretendías
Que hiciera yo traición á mi carácter?
Dime más bien que lo que soy parezca.

Vol. ¡Hijo mío, hijo mío! Deseaba

Del poder revestido contemplarte,
Antes de ver el traje estropeado.

Cor. Déjalo ir.

Vol.   Bastante lo que eres
Hubieras sido con mostrarlo menos.
Menores contratiempos hoy tendrías
Si no hubieras mostrado cuáles eran
Las intenciones tuyas hasta tanto
Que no pudieran ellos atajarte.

Cor. Que los ahorquen.

Vol.   Justo, y que los quemen.

Entran MENENIO *y* SENADORES.

Men. Vamos, vamos. Muy brusco, demasiado
Brusco estuviste. Retornar es fuerza
Y enmendarlo.

Sen. 1.º   Es preciso, si no quieres
Que nuestra gran ciudad en dos mitades
Se divida y perezca.

Vol.   Sus razones
Te suplico escuchar. Tengo, cual tienes,
Un corazón indómito; no obstante,
Tengo un cerebro que en provecho mío
Encauza de mi cólera el impulso.

Men. ¡Bien dicho, noble dama!..... Si no fuera
Porque lo exige tan violenta crisis
Cual medicina, en vez de él humillarse
Á esa vil grey, gustoso vestiría
Mi armadura, que apenas ya soporto.

Cor. ¿Qué debo hacer?

Men.   Buscar á los tribunos.

Cor. Bueno. ¿Después? ¿después?

Men.   Arrepentirte

De lo que has dicho.

Cor.   ¿Ante ellos? No podría
Ante los dioses. ¿Lo he de hacer ante ellos?

Vol.   Te muestras por demás intransigente,
Y pecar por exceso de nobleza
En esto no es posible, sino cuando
Alza el riesgo su voz. Tú mismo dices
Que el honor y el ingenio juntos andan;
Cual íntimos amigos, en la guerra.
Concedido. Ahora bien, en paz viviendo,
¿Qué recíproco daño se ocasionan
Para eludir entonces combinarse?

Cor.   ¡Bah, bah, bah!

Men.   Discretísima pregunta.

Vol.   Si engañar en la guerra no deshonra,
Y se aguza el ingenio para el caso,
¿Por qué en la paz igual compañerismo
No han de tener también honor é ingenio,
Si en ambos casos á lo propio tienden?

Cor.   ¿Por qué arguyes así?

Vol.   Porque hoy te toca
Hablar al pueblo no según lo entiendas
Ni como el corazón á ello te induzca,
Sino con frases que en tu lengua sólo
Tengan raíces: sílabas bastardas
Que tu pecho leal nunca prohije.
Ahora bien, esto en nada te deshonra,
Cual no deshonra con gentiles frases
Ganar una ciudad, si de otro modo
Toca á la suerte decidir el caso
O raudales de sangre derramarse.
Con mi carácter transigir supiera,
Pidiéndolo mi honor, comprometida

Mi suerte al ver, ó en riesgo á mis amigos.
Ahora en este momento soy tu esposa,
Tu hijo, los senadores y los nobles.
¿Prefieres enseñar á esos menguados
Tu entrecejo, á mostrarles cortesía,
Y obtener su amistad, fortaleciendo
Sin duda así lo que arruinar pretenden?

MEN. ¡Noble señora! Ven, ven con nosotros.
Háblales en razón. Así el conflicto
No sólo evitarás de lo presente,
Sino que ganarás cuanto perdiste.

VOL. Hijo mío, te ruego que los veas,
Y llevando en tu mano este sombrero,
Y habiéndolo extendido de esta suerte
Aúnate con ellos. Tus rodillas
Besen las piedras —porque en estos casos
Elocuencia es la acción, y por los ojos,
Más que por el oído, el vulgo entiende.—
Meneas la cabeza, y á menudo
Así el robusto corazón castigas,
Tan blando ya como madura mora,
Que no consiente apenas que la toquen;
Y les dirás que su soldado eres,
Que educado en los campos de batalla,
Privado estás de las flexibles formas
Que —lo confiesas— emplear es justo,
Cual justo es que las exija el pueblo
Si sus favores piden, mas que intentas
De hoy más —sí tal— captar sus voluntades
Hasta donde tus fuerzas lo permitan.

MEN. Si haces esto, cual ella te lo dice,
¡Vaya! serán sus corazones tuyos.
Porque dan el poder tan fácilmente,

Si se es pide, como frases necias.

VOL.　Déjate convencer, te lo suplico,
Aunque sé que seguir preferirías
Á tu enemigo á un piélago de fuego,
Que á instarle en un verjel.—Cominio llega.

Entra COMINIO.

COM.　De la plaza ahora vengo, y·es preciso
Gran fuerza prevenir, ó con la calma
Ó con tu ausencia defenderte.—Grande
Es contra tí el enojo.

MEN.　　　　　　Bondadosas
Palabras bastarán.

COM.　　　　　　Acaso sirvan,
Si su espíritu á tanto se doblega.

VOL.　Debe hacerlo, y lo hará. Yo te suplico
Que digas que lo harás, y á hacerlo vayas.

COR.　¿Con la cabeza al aire presentarme
Ante ellos debo, pues, mi indigna lengua
Dando el mentís al noble pecho mío,
Y que él lo sufra?—Bien. Consiento en ello,
Mas si sólo esta masa miserable,
Este molde de Marcio pereciera,
Á polvo reducido y arrojado
Antes fuera á los vientos.—¡Á la plaza!
Papel representar me hacéis que al vivo
No haré jamás.

COM.　　　　　Ven, ven, te apuntaremos.

VOL.　Ahora te ruego yo, prenda querida,
Que así cual mis elogios -- tú lo dices —
Valiente te formaron, el deseo
De seguir alcanzándolos te induzca
Hoy á hacer un papel que nunca hiciste.

COR. Bien. Lo he de hacer. ¡Atrás, carácter mío!
¡Alma de meretriz mi ser posea!
Mi bélica garganta, que hizo coro
Con mi tambor, en caramillo agudo
De eunuco se convierta, ó en el canto
De la virgínea voz que aduerme al niño.
La sonrisa del vil more en mi rostro;
Del chicuelo las lágrimas ocupen
Los vidrios de mis ojos. Del mendigo
Agítese la lengua entre mis labios;
Y mis férreas rodillas, que tan sólo
Incliné en mis estribos, cual las suyas
Se doblarán al recibir limosna.—
Tal no haré yo. No cese de ufanarme
Cual hoy con mi lealtad, y al alma mía
Tal vileza se pegue.

VOL.   Como quieras.
Más me deshonro yo con suplicarte,
Que al suplicarles tú. Piérdase todo;
Más tu madre sentir tu orgullo quiere,
Que sentir miedo por tu terca audacia.
Con tan gran corazón cual el que tienes,
La muerte afronto. Haz, pues, lo que te plazca.
Es mío tu valor, tú lo mamaste
De mí, pero tu orgullo de tí solo.

COR. Te ruego que te calmes, madre mía.
Voy á la plaza. De reñirme cesa.
Á escamotar su amor estoy dispuesto,
Á atraparles iré los corazones,
Y á mi hogar tornaré con el cariño
De cuantos menestrales Roma tiene.
¿Lo ves? Me voy. Recuérdame á mi esposa.
Cónsul tú me verás, ó nunca fíes

         De lo que pueda conseguir mi lengua
         Pretendiendo adular.

VOL.   Haz lo que gustes.
          (Vase.)

COM.   Vamos. Te esperan los tribunos. Cuida
         De contestar humildemente. Dicen
         Que cargos aún mayores van á hacerte
         De los que ya te hicieron.

COR.   ¿Humildemente es la consigna?—Vamos,
         Te lo suplico. Déjales que forjen
         Acusaciones; cual mi honor lo exija,
         Contestaré.

MEN.   Sí, mas humildemente.

COR.   Humildemente, pues, humildemente.
         (Vanse.)

ESCENA III.

Roma.— El Foro.

Entran SICÍNIO y BRUTO.

BRUTO. Acúsalo, insistiendo en este tema:
         Que al despotismo va. Si excusas diere,
         Habla de su odio al pueblo, y de que nunca
         El botín que ganó de los Atiates
         Distribuído fué.

          Entra un EDIL.

         Y bien, ¿vendrá?

EDIL.   Sí tal.

BRUTO.   ¿Y con quién viene?

EDIL. Con el viejo Menenio y esos otros
Senadores que siempre lo ampararon.

SICIN. ¿La lista de los votos que tenemos
Arreglada por nombres has traído?

EDIL. Sí tal.

SICIN. ¿Por tribus?

EDIL. Sí.

SICIN. Reune al punto
Al pueblo aquí. Cuando decir me oigan
«Ha de ser en virtud de los derechos
Del pueblo y su poder», ya muerte sea,
Ó bien multa ó destierro, luego griten
«Multa», multa al decir «Muerte», si muerte,
Viejas prerrogativas recordando
Y su poder para fallar tal causa.

EDIL. Se lo diré.

BRUTO. Cuando á gritar comiencen
No cesarán. Con algazara grande
Insistan en que es fuerza que se cumpla
Al punto la sentencia pronunciada.

EDIL. Está bien.

SICIN. Los tendrás aleccionados
Para seguir indicación cualquiera.

BRUTO. Arréglalo. (Vase el Edil.) Su cólera provoca;
Acostumbrado se halla á la conquista,
Y á la contradicción paga en el acto.
Si en ira se desboca, no es posible
Poderle refrenar en la templanza.
Su corazón entonces es quien grita,
Y en él existe—así lo imaginamos—
Lo que le hará que se quebrante el cuello.

SICIN. Bien, aquí viene.

Entran CORIOLANO, MENENIO, COMINIO, Senadores
y Patricios.

MEN.   Calma te suplico.
COR.   Como un mozo de cuadra, que un volumen
De insultos por un óbolo soporta.—
Los venerandos dioses velen siempre
Por la salud de Roma, y á hombres dignos
De la justicia á los sitiales traigan.
Entre nosotros el amor implanten;
Con pacíficas fiestas gentes llenen
Nuestros templos grandiosos, no con luchas
Nuestras calles.
SEN. 1.º   ¡Amén!
MEN.   ¡Noble deseo!

Vuelve á entrar el EDIL con CIUDADANOS.

SICIN.   Pueblo, acércate más.
EDIL.   A los tribunos
Escuchad. Atención. Silencio, digo.
COR.   Dejadme hablar primero.
SIC. y BRUTO.   Bien. Silencio.
COR.   ¿No se me acusará más adelante?
¿Acaba todo aquí?
SICIN.   Yo te pregunto
Si al dictamen del pueblo te sometes,
Si á sus jefes aceptas, y si admites
Sufrir legal censura por las faltas
Que puedan contra tí probarse.
COR.   Acepto.
MEN.   Ved, ciudadanos; que lo acepta dice.
Considerad sus bélicas hazañas,
De su cuerpo pensad en las heridas,

Sépulcros de un sagrado cementerio.

Cor. Arañazos de espinas. Cicatrices
Que provocan á risa solamente.

Men. Considerad también que si no os habla
Cual ciudadano, os habla cual soldado,
Y no toméis sus ásperos acentos
Por frases de rencor, que no os ofenden
Y cuadran á un guerrero.

Com.   Bien, bien. Basta.

Cor. ¿Por qué razón habiéndome nombrado
Por unánime voz cónsul, la afrenta
Me hacéis de retirarme vuestros votos
Al momento siguiente?

Sicin.   Tú responde.

Cor. Habla, pues. Es verdad. Hacerlo debo.

Sicin. Te acusamos de haber querido en Roma
Derribar el poder constituído
Y autoridad tiránica arrogarte,
Y por tanto, traidor eres al pueblo.

Cor. ¡Cómo traidor!

Men.   ¡Templanza! ¡Tu promesa!

Cor. ¡Á las llamas del báratro profundo
Pábulo el pueblo dé! ¡Traidor llamarme!
Insolente tribuno, si en tus ojos
Veinte mil muertes viera y en tus manos
Otros tantos millones empuñaras,
Y ostentara tu lengua calumniosa
Entrambas sumas, «mientes» te diría,
Impávida mi voz cual si á los dioses
Rezara.

Cicin.   Pueblo, ¿escuchas?

Ciuds.   ¡Á la Roca,
Á la Roca con él!

Sicin. ¡Silencio! Inútil
Es agregar más cargos. Lo que visteis,
Lo que le habéis oído es suficiente.
El maltratar á los ministros vuestros,
Maldeciros, coartar la ley con golpes,
Y aquí desafiar á los que tienen
Omnímodo poder para juzgarle,
Crímenes todos son y tan atroces
Que merecen el último suplicio.

Bruto. Mas puesto que ha servido bien á Roma....

Cor. ¿Y de servicios tú para qué charlas?

Bruto. Hablo de lo que sé.

Cor. ¿Tú?

Men. ¿La promesa
Es esta, dime, que á tu madre hiciste?

Com. Has de saber.....

Cor. Saber ya más no quiero.
Condénenme al abismo Tarpeyano,
Á vagar desterrado por el mundo,
Que me desuellen, que me adieten preso
Con un grano de trigo cada día
No he de comprar su gracia, si es á cambio
De una frase cortés, ni mi coraje
Contendré, si me ofrecen cuanto tienen
Debiéndoles de dar los buenos días.

Sicin. Por haber conspirado contra el pueblo
Con todo tu poder y varias veces,
Su autoridad queriendo arrebatarle;
Por desacato y oponer la fuerza,
Y ante la austera faz de la justicia,
Á sus propios ministros; en el nombre
Del pueblo, y en virtud de los poderes
Que tenemos, nosotros, los tribunos

De esta nuestra ciudad te desterramos
Desde ahora, so pena de arrojarte
De la roca Tarpeya, y nunca tornes
Por las puertas á entrar de nuestra Roma.
Cúmplase, en nombre yo del pueblo, digo.

CIUDS. Cúmplase. Huya. Ha sido desterrado.
Cúmplase pues.,

COM.   Amigos y señores,
Oidme, os ruego.

SICIN.   Desterrado ha sido;
Nada hay más que decir.

COM.   Dejad que os diga.
He sido cónsul, y en mi cuerpo Roma
Ve de sus enemigos las señales.
Amo el bien de mi patria, con respeto
Más dulce, más sagrado y más profundo
Que el que tengo á la vida, de mi esposa
Al buen nombre, á los frutos de su vientre
Y tesoros al par de mis entrañas.
Ahora bien, si os dijera.....

SICIN.   Comprendemos
Dónde vas. Si dijeras.....

BRUTO.   Es inútil
Hablar ya más. Ha sido desterrado
Cual del pueblo enemigo y de su patria.
Cúmplase la sentencia.

CIUDS.   Que se cumpla.

COR. Jauría de plebeyos miserable,
Cuyo aliento detesto cual detesto
El hálito del fétido pantano,
Cuya amistad estimo cual estimo
Insepultos cadáveres que el aire
Que respiro corrompen, yo os destierro.

Quedad aquí con la inconstancia vuestra;
El más leve rumor temblar os haga,
Y el vaivén de penachos enemigos
El desaliento á vuestras almas lleve.
Conservad el poder que á protectores
Os deja desterrar, hasta el momento
Que esa fatal torpeza (que admitida
, Será sólo al doleros) condiciones
Para vosotros nada más pactando
(Hasta en eso enemiga de vosotros),
Misérrimos cautivos os entregue
Á una nación que sin lidiar os rinda.
Menospreciando, pues, por causa vuestra
Esta ciudad, mi espalda así le vuelvo.
Hay mundo en otras partes.

(Vanse Coriolano, Menenio, Cominio, Senadores y Patricios.)

EDIL.   ¡Fuése del pueblo el enemigo, fuése!
CIUDS.   Se halla nuestro enemigo desterrado.
          ¡Fuése ya! ¡Muera, muera!
          (Gritando y echando al aire sus gorros.)
SICIN.   Id, pues, y acompañadle hasta las puertas.
          Cual os ha perseguido rencoroso,
          Vosotros perseguidle, y el castigo
          Reciba que merece. Gente armada
          Por la ciudad nos acompañe.
CIUDS.   Vamos.
          Vamos á acompañarle hasta las puertas.
          Vamos, pues, vamos. Proteged, oh dioses,
          Á nuestros nobilísimos tribunos. (Vanse.)

ACTO CUARTO.

ESCENA PRIMERA.

Roma.—Ante una de las puertas de la ciudad.

Entran CORIOLANO, VOLUMNIA, VIRGILIA, MENE-
NIO, COMINIO y varios jóvenes Patricios.

COR.   Vamos, pues, esas lágrimas enjuga,
Y pronto despidámonos. La fiera
De múltiple testuz de sí me arroja.
¿Y tu valor de siempre, madre mía?
Estilabas decir que era del alma
Crisol la adversidad; que hombres vulgares
Vulgares penas soportar podían;
Que hallándose tranquilo el Océano
Cualquier bajel sin zozobrar flotaba;
Mas que, para sufrir de la fortuna
Los más certeros golpes, noble esfuerzo
Precisaba ejercer, y acostumbrabas
Hartarme de preceptos que invencible
Al corazón con su recuerdo hicieran.

VIR.	¡Cielos!
COR.	Vamos, mujer, te lo suplico.
VOL.	Hiera la peste al menestral romano
	Y los oficios todos se confundan.
COR.	¡Bah, bah! Ya me amarán cuando haga falta.

Vamos, madre, ese espíritu recobra
Con que decir solías que á haber sido
De Hércules la mujer, hubieras hecho
Tú seis de sus trabajos, evitando
Ese sudor inútil á tu esposo.—
Queda con Dios, Cominio.—No te abatas.
Adiós, esposa mía.—Madre mía,
Aun saldré bien.—Viejo y leal Menenio,
Esas lágrimas tuyas más amargas
Son que en la juventud, y venenosas
Para tus ojos.—Con semblante austero,
Mi antiguo general, bastantes veces
Te contemplé espectáculos mirando
Que el alma traspasaban. Ahora diles
Á estas pobres mujeres que tan necio
Es lamentar inevitables golpes
Cual dë ellos reirse.—Madre mía,
Mis aventuras, bien lo sabes, fueron
Tu constante solaz. Ten hoy certeza—
Por más que parto solo, y solitario
Dragón me he de mostrar que de su charca
Infunde más pavor y más lo nombran
Porque oculto allí está —de que tu hijo
Ha de humillar al pueblo, ó de traiciones
Ser víctima y morir entre asechanzas.

VOL.　¿Dónde irás, primogénito querido?
Que algún tiempo Cominio te acompañe,
Y una senda escoged que no conduzca

Á tropezar con los azares todos
Que de tí van en pos.

Cor.   ¡Dioses potentes!

Com. Iré contigo un mes, y convendremos
Donde has de residir, porque podamos
Tener así recíprocas noticias:
Y de ese modo, si el momento llega
De anular tu destierro, no es preciso
Buscar á un hombre por el ancho mundo
Y perder proporciones que se enfrían
Cuando se desperdician con la ausencia.

Cor. Adiós. Eres ya viejo, y demasiado
Gozaste ya de bélicas harturas
Para vagar con quien se encuentra ileso.
Hasta las puertas ven conmigo. Vamos.—
Mi dulce esposa. Mi querida madre.
Mis amigos de ley. Cuando me vaya
Me daréis vuestro adiós entre sonrisas.
Os lo suplico. Vamos. Mientras quede
Sobre la tierra, oiréis de mí, mas nunca
Nada que no igualare á mi pasado.

Men. ¡Quién escuchó jamás tan nobles frases!
Vamos. Dejemos de llorar. Pudieran
Mis viejas piernas y mis brazos viejos
Siete años sacudir; ¡juro á los dioses
Que paso á paso yo te acompañara!

Cor. Tu mano dame. Vamos.

ESCENA II.

Roma.—Calle cercana á las puertas de la ciudad.

Entran SICINIO, BRUTO y un Edil.

SICIN.   Mándalos á sus casas. Se ha marchado
    Y no iremos más lejos. La nobleza
    Se decidió por él y está ofendida.

BRUTO.   Patente ya nuestro poder, podemos
    Aparentar más humildad ahora.

SICIN.   Mándalos á sus casas. Que ya es ido
    Su enemigo les dices; y que brilla
    Incólume su antigua prepotencia.

BRUTO.   Despídelos. (Vase el Edil.)
             Aquí su madre viene.

SICIN.   Evitémosla.

BRUTO   ¿A qué?

SICIN.   Loca la juzgan.

BRUTO.   Ya nos han visto. Tu camino sigue.

Entran VOLUMNIA, VIRGILIA y MENENIO.

VOL.   ¡Bien llegados seáis! ¡Las plagas todas
    Que atesoran los dioses os lo paguen!

MEN.   Calla. Calla. No grites de ese modo.

VOL.   Ya me oyeras si el llanto no me ahogara.....
    (Á Bruto).
    Pero algo vas á oir. ¿Quieres marcharte?

VIR.   (Á Sicinio). Quédate tú también. Poder tuviera
    Para decir lo propio á mi marido.

Sicin. ¿Sois de la especie humana?

Vol.   ¡Sí, por cierto!
Imbécil, ¿es oprobio? ¡Ved qué imbécil!
¿No era tu padre hombre? ¿Zorrería
La tuya es tal, que desterrar lograste
Al que por Roma supo dar más golpes
Que frases supo pronunciar tu boca?

Sicin. ¡Benditos cielos!

Vol.   Golpes más gloriosos
Que tú discretas frases, y en provecho
De Roma todos..... Te diré..... mas, vete.....
No..... permanece aquí. Sólo quisiera
Que en Arabia á tu tribu mi hijo hallase
Su mano al empuñar la noble espada.

Sicin. ¿Y bien?

Virg.   ¡Y bien! Bien pronto concluiría
Con tu posteridad.

Vol.   ¡Ni aun los bastardos
Se salvaran!—¡Valiente! ¡Ah! ¡Cuánta herida
No recibió por Roma!

Men.   Vamos, calla.

Sicin. ¡Ojalá que cual antes era hubiese
Continuado, y nunca el noble lazo
Que á su patria lo unía desatara!

Bruto. ¡Ojalá, sí!

Vol.   ¡Ojalá! Vosotros fuisteis
Los que el furor del vulgo fomentasteis.
¡Garduñas! Tan capaces de entenderlo
Cual los arcanos yo que no permiten
Manifestar los cielos á la tierra.

Bruto. Déjanos ir.

Vol.   Idos, sí tal. Hicisteis
Brava hazaña. Esperad. Esto yo os digo.

Cual en grandeza el Capitolio excede
Á la más vil mansión que tiene Roma,
El hijo mío—esposo de esta dama,
De ésta que veis —que desterrado ha sido,
Á todos os excede.

BRUTO.   Bien. Partamos.

SICIN. ¿A qué permanecer aquí sufriendo
Que nos acose quien está demente?

VOL. Mis oraciones vayan con vosotros.

(Vanse los tribunos.)

¡Ojalá que los dioses se ocuparan
No más que en confirmar mis maldiciones!
¡Si una vez cada dia los hallase,
Peso del corazón me quitarían!

MEN. Les has hablado con dureza, y tienes
Justa causa en verdad. ¿Cenas conmigo?

VOL. La ira es mi alimento. De mí misma
Ceno, y á fuerza, pues, de alimentarme,
De hambre me moriré. Vamos pues. Vente.
Deja ese miserable lloriqueo.
Cual Juno airada, quéjate iracunda
Como yo. Vamos, vamos.

MEN.   ¡Ay! ¡ay! ay!

(Vanse.)

ESCENA III.

Camino entre Roma y Antio.

Entran un ROMANO y un VOLSCO en opuestas direcciones.

ROM.—Te conozco y me conoces. Creo que tu nombre
es Adriano.

Vols.—Es cierto. Francamente, no sé quién eres.

Rom.—Soy Romano, y sirvo, como tú, contra ellos. ¿Me conoces ya?

Vols.—Nicanor, ¿no es cierto?

Rom.—El mismo.

Vols.—Tienes más barbas que cuando te ví la última vez, pero tu voz garantiza á tu semblante. ¿Qué noticias traes de Roma? Tengo orden del Gobierno volsco de buscarte allí. Me ahorras una jornada.

Rom.—Raros motines han ocurrido en Roma. El pueblo contra los senadores, los patricios y los nobles.

Vols.—¿Han ocurrido? ¿Han terminado por ventura? Nuestro Gobierno no lo cree así. Se hacen grandes preparativos bélicos, y se confía en caer sobre ellos en el calor de sus disensiones.

Rom.—La gravedad del incendio pasó; pero lo más leve volverá á animarlo, porque los nobles han tomado tan á pecho el destierro del digno Coriolano, que están en plena madurez para quitar al pueblo todo su poderío y despojarlo para siempre de sus tribunos. Brasas son éstas, permíteme que te diga, prontas á convertirse en violento incendio.

Vols.—¡Coriolano desterrado!

Rom.—¡Sí, desterrado!

Vols.—Te agradecerán, Nicanor, esta noticia.

Rom.—La época les es favorable. He oído decir que el tiempo mejor para seducir á una casada es cuando ha' reñido con el marido. Vuestro noble Tulio Aufidio hará gran papel en estas guerras, ahora que su temible adversario Coriolano no se halla al servicio de su patria.

Vols.—Seguramente. Es suerte haberte encontrado. Has terminado mi misión, y alegremente ahora te acompañaré á casa.

Rom.—Desde ahora hasta la hora de cenar, te contaré extrañas cosas de Roma. Todas en ventaja de sus enemigos. ¿Tenéis, decís, un ejército dispuesto?

Vols.—Magnífico. Los centuriones y sus soldados, en alojamiento fijo, y asalariados, prontos se hallan para partir con una hora de aviso.

Rom.—Celebro saber que tan dispuestos están, y seré, me parece, quien los ponga en inmediato movimiento. Así, pues, me felicito de haberte encontrado, y me alegro de ir en tu compañía.

Vols.—Me arrebatas mi papel. Yo soy quien más motivos tengo de alegrarme de ir en la tuya.

Rom.—Corriente. Vamos juntos. (Vanse.)

ESCENA IV.

Antio.—Ante la casa de Aufidio.

Entra CORIOLANO humildemente vestido, disfrazado y embozado.

Cor.   ¡Antio, ciudad bellísima te ostentas!
Ciudad, fuí yo quien hizo tus viudas.
A muchos que antes de mis guerras fueron
Señores de edificios tan hermosos,
Entre gemidos ví caer. Por tanto,
De tí me debo recatar, no ocurra
Que armadas tus mujeres de asadores
Y de piedras tus niños, acabaren
En lidia vil conmigo.

Entra un CIUDADANO.

COR.	Bien llegado.
CIU.	Y tú también.
COR.	Dirígeme, si gustas,

Donde esté el gran Aufidio. ¿En Antio vive?

CIU.. Sí tal, y del Estado á los magnates
En su mansión obsequia en esta noche.

COR. ¿Cuál es?

CIU. Ésta de enfrente.

COR. Adiós y gracias.

(Vase el Ciudadano.)

COR. ¡Oh cuán rápidos son, mundo, tus cambios!
Dos amigos leales, que hoy parecen
Tener un corazón para dos pechos,
Cuyo hogar, dormitorio, ocupaciones
Y alimento comparten cual si fueran
Mellizos y en afecto inseparables,
A la siguiente hora, por motivo
De una disputa mísera, se tienen
Feroz enemistad. Del mismo modo,
Enemigos crueles, cuyo sueño
Las pasiones é intrigas acosaron,
Por mero azar ó efímero capricho,
Se tornarán amigos entrañables
Y sus hijos serán una familia.
Así me pasa á mí. Téngole odio
A mi ciudad natal, y mi cariño
En la ciudad de mi enemigo he puesto.
Entraré. Si me mata, con justicia
Procederá. Si amigo me recibe,
Util seré á su patria. (Vase.)

ESCENA V.

Antio.—Atrio de la casa de Aufidio.

Música dentro. Entra un SIRVIENTE.

SIR. 1.º—¡Vino, vino, vino! ¡Qué manera de servir es ésta! Paréceme que todos duermen. (Vase.)

Entra otro SIRVIENTE.

SIR. 2.º—¿Dónde está Coto? Mi amo lo llama. ¡Coto! (Vase.)

Entra CORIOLANO.

COR.—Buena casa. Bien huele el festín, pero yo no me asemejo á un convidado.

Vuelve á entrar el SIRVIENTE 1.º

SIR. 1.º—¿Qué se te ofrece, amigo? ¿De dónde eres? Este no es lugar para tí. Haz el favor de tomar la puerta. (Vase.)

COR.—No merezco que me reciban mejor, siendo Coriolano.

Vuelve á entrar el SIRVIENTE 2.º

SIR. 2.º—¿De dónde eres? ¿No tiene el portero ojos en la cara, que deja entrar á tales gentes? Haz el favor de irte.

COR.—¡Fuera!

SIR. 2.º—¡Fuera! Vete fuera de aquí.

Cor.—Me estás incomodando.

Sir. 2.º—¡Tan bravo eres! Ahora hablarán contigo.

Entra el Sirviente 3.º; el 1.º sale á su encuentro.

Sir. 3.º—¿Quién es ése?

Sir. 1.º—El ser más raro que ví jamás. No lo puedo echar de la casa. Ve y llama al amo.

Sir. 3.º—¿Qué tienes que hacer aquí? Por favor, vete de esta casa.

Cor.—Déjame aquí de pie. No estropearé tu hogar.

Sir. 3.º—¿Quién eres?

Cor.—Un noble.

Sir. 3.º—Maravillosamente pobre.

Cor.—Es verdad.

Sir. 3.º—Pues, pobre noble, haz el favor de irte á otra parte. Aquí no hay sitio para tí. Por favor. Vamos. Lárgate. Vamos.

Cor.—Cumple tu obligación y engorda con desperdicios. (Le empuja.)

Sir. 3.º—Qué, ¿no quieres? Por favor dí al amo cuán extraño huésped tenemos aquí.

Sir. 2.º—Sí que iré.

Sir. 3.º—¿Dónde vives?

Cor.—Bajo la bóveda.

Sir. 3.º—¡Bajo la bóveda!

Cor.—Sí.

Sir. 3.º—¿Dónde es?

Cor.—En la ciudad de los milanos y de los cuervos.

Sir. 3.º—¡En la ciudad de los milanos y de los cuervos! ¡Qué necio soy! Entonces vives también con los buhos.

Cor.—No. No sirvo á tu amo.

Sir. 3.º—¿Cómo es eso? ¿Te metes tú con mi amo?

Cor.—Sí. Más honrada ocupación es ésa que meter-
me con tu ama. Charlas y charlas. Sirve platos. Vete.

(Le golpea.)

Entran AUFIDIO y el Sirviente 2.º

Aufid.—¿Dónde está ése?

Sir. 2.º—Aquí está. Hubiérale agarrado como á un
perro, si no hubiera temido molestar á los señores que
están allá dentro. (Vanse los dos Sirvientes.)

Aufid. ¿De dónde vienes? ¿Qué pretendes? ¿Tu
nombre?

  ¿Por qué no hablas? Hombre, habla. Di tu
nombre.

Cor. (Desembozándose) Si no me reconoces todavía
Y, viéndome, quien soy no sabes, Tulio,
Mi nombre pronunciar por fuerza debo.

Auf. Di tu nombre.

Cor.   Mal suena al volsco oído,
Y ásperamente al tuyo.

Auf.   Di tu nombre.
Terrible es tu apostura, y tu semblante
Respeto inspira; y aunque rotas mire
Tus jarcias todas, eres noble buque.
Tu nombre di.

Cor.   Pues frunce el entrecejo.
¿No me conoces ya?

Auf.   No sé quien eres.
Tu nombre di.

Cor.   Me llamo Cayo Marcio,
Qué á tí en particular y á todo Volsco
Causó grandes desdichas y perjuicios,
Como de Coriolano el sobrenombre
Que llevo lo atestigua. Mis afanes,

Mis audaces empresas y las gotas
Que dí de sangre por mi ingrata patria
Cancela meramente un sobrenombre,
Testimonio y recuerdo del encono
Y enemistad que profesarme debes.
Ese nombre tan sólo ya me queda.
Del pueblo la crueldad y vil envidia,
Que nobles pusilánimes sufrieron
Abandonando unánimes mi causa,
Ha devorado lo demás. Consienten
Que los votos de esclavos predominen,
Lanzándome de Roma con sus gritos.
Pues ahora bien: tribulación tan grande
Me conduce á tu hogar, no con la idea—
No así me juzgues—de salvar mi vida.
Si temiera morir, á tí el primero
De entre todos los hombres evitara.
Ante tí, de rencor repleto, acudo;
Que con esos que así me desterraron
Saldar mis cuentas quiero. Si conservas
Ira en tu corazón que de tus propios
Males vengarse quiera, y si ambicionas
Curar esas heridas que de oprobio
Cubren tu patria, con presteza acude
Y aprovéchate hoy de mi desdicha.
Empléala de modo que se torne
Mi auxilio vengador ventaja tuya;
Pues con la rabia de infernales genios
Yo lucharé contra mi infecta patria.
Pero si á empresa tal no te avinieres
Y te hallas harto de probar fortuna,
Yo, francamente, de vivir me encuentro
Harto también, y á tu rencor antiguo

Presento el cuello mío. No cortarlo
Sin duda fuera confesarte necio.
Mi furor te ha seguido á todas partes;
Del pecho de tu patria toneladas·
He vertido de sangre, y es oprobio
Mi vida para tí, como no sea
Que te pueda servir.

Auf.   ¡Oh Marcio, Marcio!
Cada palabra tuya, de mi pecho
Una raíz del odio antiguo escarda.
Si de Jove la voz divina hablase
Desde la nube aquélla, y me dijese
«Es verdad», más que á tí no la creyera,
¡Oh Marcio nobilísimo! Mis brazos
Permíteme que estrechen ese cuerpo
Contra el cual de mi lanza el hierro duro
He partido cien veces, sus astillas
Espantando á la luna. Yo te abrazo,
¡Oh yunque de mi espada!, y tu cariño
Con idéntico ardor é igual nobleza
Con que antes disputé tu valentía,
Envidiando tu esfuerzo, te disputo.
Sabe, en primer lugar, que á la doncella
Que fué mi esposa amé; jamás suspiros
Hombre alguno ha lanzado más sinceros.
Pues ahora al verte el corazón me late,
¡Oh noble ser!, con ímpetu más grato
Que cuando ví á mi amor por vez primera
De mi hogar franqueando los umbrales.
Émulo tú de Marte, ten sabido
Que un ejército ya listo së halla;
Que otra vez el propósito tenía
De zafar de tus músculos tu escudo

O mi brazo perder en la faena.
Doce veces seguidas me venciste,'
Y desde entonces sueño cada noche
Que luchamos los dos. En mis ensueños
A tierra nos caemos enlazados;
Y, desprendido el yelmo, nos asimos
Con furia la garganta de uno el otro,
Y exánime de nada me despierto.
¡ Oh excelso Marcio! Si motivo alguno
Tuviésemos de queja contra Roma,
El ser tú desterrado bastaría
Para reunir á todos, desde doce
Hasta setenta años, y cual rauda
Catarata inundarla con la guerra
Hasta llegar á sus entrañas mismas.
Entra tú. Ven, darás tu amiga mano
A nuestros senadores ahí reunidos,
Que de mí en este instante se despiden,
Dispuestos ya para invadir tu patria,
Mas no para atacar á Roma misma.

COR. ¡Dioses, me bendecís!

AUF.   Y por lo tanto,
Omnímodo señor, si te acomoda,
Dirigirás tú mismo tu venganza.
Del mando mío la mitad te cedo,
Y toma, con arreglo á tu buen juicio —
Pues conoces la fuerza y la flaqueza
De tu país — la senda que te cuadre:
Si á las puertas de Roma golpeamos,
O invadimos sus límites remotos
Y antes de destruirlos los cohibimos.
Mas entra, y dejarás que te presente
A quienes « sí » dirán á tus deseos.

Bien venido mil veces. Más amigo
Hoy que enemigo ayer, aunque lo fuiste,
Marcio, muy grande tú. — Dame tu mano.
(Vanse Coriolano y Aufidio.)

Los dos SIRVIENTES se adelantan.

SIR. 1.° — ¡Vaya un cambio!

SIR. 2.° — ¡Por mi vida! pensé apalearlo, y, sin embargo, me asaltó la idea de que sus vestidos lo calumniaban.

SIR. 1.° — ¡Qué brazo tiene! Con el índice y el pulgar me hizo dar vueltas como una perinola.

SIR. 2.° — ¡Vaya! Por su cara comprendí que era algo. Tiene una especie de cara que parece..... no sé cómo decirlo.

SIR. 1.° — Es verdad. Parecía como si..... ahórquenme si no creí que había más en él de lo que imaginé.

SIR. 2.° — Y yo también. Capaz soy de jurarlo. Es el hombre más raro del mundo.

SIR. 1.° — Así lo creo. Pero tú conoces á quien es mejor soldado.

SIR. 2.° — ¿Quién? El amo.

SIR. 1.° — ¡Vaya! Ni compararse pueden.

SIR. 2.° — Vale por seis.

SIR. 1.° — ¡Vaya! Tampoco es eso. Pero creo que es mejor soldado.

SIR. 2.° — A fe mía. Mira tú, no sabe uno cómo explicarse. Para la defensa de una ciudad nuestro general es excelente.

SIR. 1.° — Y también para un asalto.

Vuelve á entrar el SIRVIENTE 3.°

SIR. 3.° — ¡Oh esclavos! Noticias os traigo. Noticias, tunantes.

Sir. 1.º y 2.º-- ¿Cuáles, cuáles, cuáles? Desembucha.

Sir. 3.º—No fuera yo Romano si á escoger me dieran de entre todos los pueblos. Tanto me valdría como estar condenado.

Sir. 1.º y 2.º—¿Por qué? ¿por qué?

Sir. 3.º—¡Vaya! Aquí está ése que solía zurrar á nuestro general: Cayo Marcio.

Sir. 1.º—¿Por qué dices «zurrar á nuestro general»?

Sir. 3.º—No digo «zurrar á nuestro general», sino que se solía defender bastante bien.

Sir. 2.º—Vamos, somos compañeros y amigos. Siempre pudo más que él. Se lo he oído decir á él mismo.

Sir. 1.º—Decididamente podía más que él, hablando en plata. Ante Corioli lo pinchó y sajó como si fuera picadillo.

Sir. 2.º—Y si hubiera sido dado al canibalismo, pudiera haberlo asado y aun comido.

Sir. 1.º—Pero, ¿y tus noticias?

Sir. 3.º—Pues allá dentro lo consideran cual si fuese el hijo y heredero de Marte. Lo han colocado á la cabecera de la mesa. Senador alguno le pregunta. Todos ante él permanecen mudos. Nuestro mismo general lo trata como á una novia. Le coge con cariño la mano, y pone los ojos en blanco al oirle. Pero el fondo de la noticia es que han partido en dos á nuestro general, y no es más que la mitad de lo que era ayer, porque la otra mitad es el otro, á ruego y concesión de todos los huéspedes. Irá, dice, y tirará de las orejas al portero de Roma. Segará cuanto se ponga por delante, y su camino quedará raso.

Sir. 2.º—Y capaz es de hacerlo como el mejor.

Sir. 3.º—¡Hacerlo! Lo hará. Porque ya ves, tiene tantos amigos como enemigos, y estos amigos, por decirlo así, no se atreven, ya ves, á mostrarse, como si dijéramos, amigos suyos mientras que se hallare en descrédito.....

Sir. 1.º—¡Descrédito! ¿Qué es eso?

Sir. 3.º—Pero cuando vean que alza otra vez la cresta, y lo contemplen en carne y hueso, saldrán de sus madrigueras como conejos después de la lluvia, y se divertirán juntos.

Sir. 1.º—¿Pero cuándo va á ocurrir esto?

Sir. 3.º—Mañana, hoy, ahora mismo. Tocarán el tambor esta noche. Es, como si dijéramos, una parte del festín, y debe celebrarse antes que se limpien los labios.

Sir. 2.º—¡Vaya! Pues entonces otra vez va á haber gresca en el mundo. La paz sirve sólo para enmohecer el hierro, para el aumento de sastres y para criar romanceros.

Sir. 1.º—Venga la guerra, digo yo. Aventaja á la paz, como aventaja el día á la noche. Es animación, movimiento, ruido y absoluta libertad. La paz es verdadera apoplejía, letargo, abotargamiento, silencio, somnolencia é insensibilidad, y engendra más bastardos que destruye hombres la guerra.

Sir 2.º—Es verdad. Y así como puede decirse de la guerra, hasta cierto punto, que es estupradora, de la paz puede afirmarse que es fabricante de cabrones.

Sir. 1.º—Sí tal, y hace que los hombres recíprocamente se detesten.

Sir. 3.º—Razón de ello. Porque entonces se necesitan menos. Por la guerra pagaré yo mi dinero. Espero que los Romanos se pongan tan baratos como los Volscos.—Ya se levantan, ya se levantan.

Los tres. - Adentro, adentro, adentro.

ESCENA IV.

Roma.—Una plaza.

Entran SICINIO y BRUTO.

Sicin. Ni se oye de él hablar, ni hay que temerle.
Su proceder con esta paz se anula,
Con la calma del pueblo, que vivía
Antes en el desorden. De este modo
Hacemos sonrojar á sus amigos,
Al ver que el mundo marcha, pues prefieren
Aunque padezcan ellos, perturbadas
Contemplar nuestras calles con motines,
A que los menestrales en sus tiendas
Canten, ó en paz á sus quehaceres vayan.
Bruto. A tiempo lo atajamos.—¿Es Menenio?
Sicin. Sí tal, sí tal. Se muestra bondadoso,
Ahora.

Entra MENENIO.

Salud.
Bruto. Salud.
Men. Salud á entrambos.
Sicin. A nuestro amigo Coriolano sólo
Sus íntimos recuerdan. Bien segura
La República está, cual lo estaría
Aunque hubiera mayor sido su enojo.
Men. Está bien; y mejor hubiera sido,
Si contemporizar sabido hubiera.

Sicin. ¿En dónde está, lo sabes?

Men.   No sé nada.
Ni tampoco su madre ni su esposa.

Entran tres ó cuatro CIUDADANOS.

Ciuds. Que los dioses os guarden.

Sicin.   Buenos días,
Vecinos.

Bruto.   Buenos días os deseo.
A todos buenos días.

Ciu. 1.º   Pues nosotros,
Nuestras mujeres é hijos de rodillas
Por entrambos rezar debemos siempre.

Sicin. Vivid y prosperad.

Bruto.   Salud, vecinos.
Ojalá que os mostrara cual nosotros
Coriolano amistad.

Ciuds.   Los altos dioses
Os conserven.

Ambos ⎫
Tribs. ⎰   Salud. (Vanse los Ciudadanos).

Sicin.   Son otros tiempos
Que cuando recorrían nuestras calles
Estas gentes gritando alborotadas.

Bruto. Fué en la guerra buen jefe Cayo Marcio,
Pero insolente y de arrogancia henchido,
Y ambicioso sin límite, egoísta.....

Sicin. Y ansioso de ocupar único trono
Sin encontrar rivales.

Men.   No lo creo.

Sicin. Ya lo hubiéramos visto á nuestra costa
Si hubiera sido cónsul.

Bruto.   Mas los dioses

A tiempo lo evitaron, y ahora vive
Roma sin él pacífica y segura.

Entra un EDIL.

EDIL.   Dignos tribunos, un esclavo—preso
Se halla en la cárcel—dice que los Volscos
Formando dos ejércitos, avanzan
En tierra de Romanos, destruyendo
Con belicosa furia cuanto encuentran.

MEN.   ¡Aufidio es! que en el destierro Marcio
Sabiendo está, los cuernos, que en su concha
Ocultos no sacaba ni á hurtadillas,
Ahora otra vez vuelve á asomar al mundo.

SICIN. ¿Qué dices tú de Marcio?

BRUTO.   Di que azoten
Al charlatán. Que rompan con nosotros
Los Volscos no es posible.

MEN.   ¿No es posible?
De que es posible darte puedo pruebas.
Tres ejemplos he visto yo en mis años.
Antes de castigar, hablad al hombre,
Y diga dónde ha oído lo que dice,
O acaso fustiguéis noticias ciertas
Y al mensajero castiguéis que os viene
A precaver contra inminente riesgo.

SICIN. Bien lo sé. Ser no puede.

BRUTO.   No es posible.

Entra un MENSAJERO.

MENS.   Los nobles todos al Senado acuden
Con grande afán, y con ceñudo rostro
Las noticias los traen.

SICIN.   ¡Ese esclavo!—

Que á la vista del público lo azoten—
Sus patrañas! Su dicho solamente!

MENS. Pues del esclavo el dicho se confirma,
Y aun más terribles nuevas han llegado.

SICIN. ¿Más terribles?

MENS.   Hay muchos que aseguran—
No sé con qué verdad—que Marcio guía,
A Aufidio unido, fuerzas contra Roma,
Y venganza tomar jura tan amplia,
Cual la distancia entre lo viejo y joven.

SICIN. ¡Verosímil noticia!

BRUTO.   Que fabrican
A fin de que los tímidos deseen
Que Marcio torne.

SICIN.   ¡La añagaza es esa!

MEN. Inverosímil es que se una á Aufidio.
Fuera unirse las cosas más contrarias.

Entra MENSAJERO segundo.

MEN.2.º En el Senado os llaman. Imponente
Ejército que Cayo Marcio guía,
En compaña de Aufidio, nuestras tierras
Arrasan, y camino van haciendo
Quemando y devastando cuanto hallan.

Entra COMINIO.

COM. ¡Oh! ¡buena la habéis hecho!

MEN.   ¿Qué sucede?
¿Qué sucede?

COM.   Ayudado habéis vosotros
A la prostitución de vuestras hijas;
A derretir el plomo de los techos
Para que os caiga luego sobre el cráneo;

Al deshonor de las esposas vuestras
Ante vuestras narices.

MEN. ¿Qué sucede?

COM. A incendiar vuestros templos anchurosos
Hasta su base; á ver vuestras franquicias,
Que defendisteis tanto, disipadas.

MEN. Mas ¿qué sucede? ¡Buena la habéis hecho!
Temiéndomelo estoy. Dí, ¿qué sucede?
Si acaso Marcio, unido con los Volscos.....

COM. ¿Si acaso? Él es su dios. Él los conduce
Cual ser que otra deidad forjado hubiere,
No cual ser que forjó naturaleza,
Y siguiéndole van tras nuestras turbas
Cual niños mariposas persiguiendo,
O cual matando carniceros moscas.

MEN. ¡Oh! ¡la habéis hecho buena, vuestra gente
De mandil y vosotros! Sí, vosotros,
Que escuchasteis la voz de menestrales
Y la opinión de gente harta de ajos.

COM. Hará que vuestra Roma encima os caiga.

MEN. Cual Hércules la fruta ya madura,
A sacudidas. ¡Buena la habéis hecho!

BRUTO. ¿Pero es verdad?

COM. . Y pálido el semblante
Se te pondrá sin encontrar que es falso.
Las ciudades se entregan sonriendo,
Y motejados son los que resisten
Por su necio valor, y al fin sucumben
Víctimas de su estúpida entereza.
¿Quién los puede culpar? En él ven algo
Los enemigos nuestros y los suyos.

MEN. ¡Perdidos nos hallamos si no tiene
Piedad ese alma noble!

Com.   ¿Quién la exige?
De eso se avergonzaran los tribunos,
Y el pueblo de él la lástima merece
Que el lobo del pastor. Por lo que toca
A sus fieles amigos, si le dicen:
«Con Roma blando muéstrate», le increpan
Cual las gentes que su odio merecieron
Y se mostraran enemigos suyos.
Men.   Es verdad. Si en mi casa colocase
La tea que debiera consumirla,
No tuviera el descaro de decirle:
«Detén tu mano.» ¡Buena la habéis hecho!
Vosotros y la gente del trabajo!
¡Buen trabajo habéis hecho!
Com.   Sobre Roma
Calamidad cual ésta que se os debe
Nunca jamás cayó.
Ambs. Trib.   Decir no es justo
Que se nos debe.
Men.   ¿Qué? ¿Fuimos nosotros?
Lo amábamos nosotros; mas cedimos
Cual acémilas viles, cual cobardes,
A vuestras tribus, que con gritos fieros
De la ciudad lo echaron.
Com.   Es posible
Que rujan nuevamente cuando torne.
Tulio Aufidio, segundo entre los bravos,
Cual subalterno suyo le obedece.
La desesperación es la defensa,
La fuerza y la política que Roma
Puede oponer tan sólo en contra suya.

Entra un tropel de Ciudadanos.

Men.   Las turbas ved.—¿Está con él Aufidio?
La atmósfera vosotros corrompisteis
Cuando apestosos y grasientos gorros
Lanzasteis á los aires, y el destierro
De Coriolano á aullidos reclamasteis.
Mas pronto va á llegar. De sus soldados
Un látigo será cada cabello.
Por cada gorro que subió, que baje
Hará una calabaza; y vuestros votos
Así sabrá pagaros. Mas, no importa,
Aunque en tizón á todos nos convierta,
Lo tenemos ganado.

Ciuds.   Las noticias
¡Voto va! malas son.

Ciu. 1.º   Yo, por mi parte
Cuando clamé por su destierro dije
Que era lástima.

Ciu. 2.º   Y yo dije lo propio.

Ciu. 3.º—Lo propio yo; y, para decir verdad, lo propio otros muchos. Lo que hicimos, lo hicimos creyén-
dolo lo mejor; y, aunque voluntariamente consentimos
n que lo desterraran, fué, sin embargo, contra nuestra
voluntad.

Com.   ¡Valiente cosa sois! ¡Valientes votos!

Men.   Un negocio magnífico habéis hecho
Vosotros, y á la par vuestros aullidos.
¿Vamos al Capitolio?

Com.   ¿Y qué otra cosa?
(Vanse Cominio y Menenio)

Sicin.   ¡No desmayéis, á vuestras casas! Gentes
Hay que vieran con gusto confirmadas

Noticias que temer tanto aparentan.
¡A casa, pues, y no mostréis recelo!

Ciu. 1.º—¡Téngannos los dioses de su mano! Vamos,
señores, á casa. Siempre dije que hacíamos mal en desterrarlo.

Ciu. 2.º—Y todos después lo mismo. Pero vámonos á
casa. (Vanse los ciudadanos.)

Bruto. No me agrada, por cierto, la noticia.

Sicin. Ni á mí.

Bruto   Vámonos, pues, al Capitolio.
¡Ojalá la mitad de mi fortuna
En mentira pudiera transformarla!

Sicin. Vámonos, te lo ruego. (Vanse.)

ESCENA VII.

Un campamento á corta distancia de Roma.

Entran AUFIDIO y su Teniente.

Auf. ¿Al Romano persiguen todavía?

Ten. No sé cuál es su hechizo, mas su nombre
Es para tus soldados voz sagrada
Que al dar comienzo á su comida emplean,
Y al comer y después de haber comido;
Y así, señor, te dejan á la sombra
Aun los tuyos.

Auf.   No puedo ya evitarlo,
Porque los medios que emplear pudiera
A ese fin, lisiarian mis proyectos.
Aun hacia mí se muestra más altivo
De lo que nunca imaginarme pude

Cuando hace poco lo estreché en mis brazos.
Su natural en eso no es tornátil,
Y debo perdonar lo incorregible.

TEN. Fuera mejor, en tu interés lo digo,
Que con él no te hubieras concertado,
Y que el poder omnímodo tú asumieras,
Ó que quedara á cargo de él tan sólo.

AUF Te comprendo. Mas tenlo por seguro
Que ya será cuando arreglemos cuentas,
Que algo puedo aducir en contra-suya.
Aunque parece, y él así lo juzgue,
Y los ojos del vulgo así lo miren,
Que obra con probidad, y que demuestra
Interés por la causa de los Volscos,
Que lucha cual dragón, y la victoria
Logra tan sólo con sacar la espada,
Ha dejado de hacer lo que, no obstante,
Le ha de romper el cuello, ó bien el mío
Comprometer cuando arreglemos cuentas.

TEN. ¿Piensas, señor, que va á ganar á Roma?

AUF. Aun antes de sitiarlas, las ciudades
Se entregan todas. Suya es la nobleza
Romana, y senadores y patricios
También le tienen amistad. Soldados
Los tribunos no son, y en cuanto al pueblo,
Tan prontos estarán para que vuelva
Cual listos anduvieron para echarlo.
Se lanzará, me pienso, sobre Roma
Cual sobre el pez el águila marina,
Por soberano y natural derecho.
Fiel servidor al comenzar mostróse,
Pero perdió, subiendo, el equilibrio.
Fuera ya por orgullo—que por causa

Del favor cotidiano de la suerte
Constantemente al ser feliz mancilla —
Fuera escaso criterio, que le hizo
Ventajas despreciar de su fortuna,
Ó fuese su tenaz naturaleza,
Indómito lo mismo con el casco
Que si sentado está sobre cojines,
Y con igual austeridad rigiendo
En épocas de paz como de guerra,
Una falta de esas, pues si tiene
Sabor de todas, no las tiene todas —
Que no quiero acusarle hasta ese punto—
Le hizo temido ser, por tanto, odiado
Y desterrado luego. Sus palabras
Cuanto hay en él de meritorio ahogan:
Así nuestras virtudes siempre viven
Como las quiere interpretar el mundo,
Y el mérito, por más que se pregone,
Nunca podrá tener tumba más fija
Que el sitio desde donde se alardea.
El fuego al fuego ataca,
El clavo al clavo saca,
Con un derecho otro derecho muere,
La fuerza da la fuerza al poderío.
¡Oh Mareio, cuando Roma tuya fuere,
Pobre entonces serás, y entonces mío!

ACTO QUINTO.

ESCENA PRIMERA.

Roma.—Una plaza pública.

Entran MENENIO, COMINIO, SICINIO, BRUTO
y otros.

MEN.   No, no, no voy. Ya veis lo que responde
     A quien fué jefe suyo en otro tiempo
     Y de quien pruebas de cariño obtuvo.
     Sí,.. Me llamaba padre... Mas ¿qué importa?
     Vosotros, que de Roma le expelisteis,
     A una milla distantes de su tienda
     A buscar su perdón id de rodillas.
     No. Si á Cominio con desdén ha oído,
     Me quedaré en mi hogar.

COM.   Aparentaba
     Ni acordarse de mí.

MEN.   ¿Lo estáis oyendo?

COM.   Pero una vez me llama por mi nombre.
     Recuerdo yo nuestra amistad antigua
     Y las gotas de sangre que vertimos

Conjuntamente. Contestar rehusa,
Coriolano al llamarle, y me prohibe
Usar de nombres. Que era cual un nada,
Ni título tenía, hasta que al fuego
De Roma se forjara nuevo nombre.

MEN. ¡Ya lo veis! ¡Buena hazaña fué la vuestra!
¡Vaya un par de tribunos! ¡arruinasteis
A Roma para hacer carbón barato!
¡Dejáis buena memoria!

COM.   Recordéle
Que es régio don usar de la clemencia
Cuando se espera menos. Respondióme
Que extrañaba que al propio sentenciado
Súplicas el Gobierno dirigiese.

MEN. Está bien. ¿Y decir pudiera menos?

COM. Despertar su interés por sus amigos
Quiero yo. Me responde que no puede,
Ante un montón de paja corrompida
Y fétida, pararse á separarlos:
Que por uno ó dos granos infelices
Locura fuera no pegarle fuego
Y tolerarle que apestando siga.

MEN. ¡Uno ó dos granos infelices! Uno
De esos granos soy yo. También su madre
Y su esposa y su hijo y este bravo.
Estos los granos son; la corrompida
Paja, vosotros; y á la luna sube
El hedor que exhaláis. Por causa vuestra
Hemos de arder nosotros.

SICIN.   Vamos, calma.
Ya que rehuyes en tan fiero lance
Prestar tu auxilio, la desdicha nuestra
No nos reproches. Pero estoy seguro

De que si por tu patria tú abogaras
Más que á las tropas que reunir de pronto
Ahora podemos, á tu fácil lengua
Nuestro compatrïota cedería.

Men. No quiero intervenir.

Sicin.   Ve, te lo ruego.

Men. Pero ¿qué puedo hacer?

Bruto.   Lo que te dicte
Tu amor por Roma á pretender de Marcio.

Men. Bien. Suponed que Marcio me despida,
Cual hizo con Cominio, sin oirme.
¿Qué importa, qué, si, despreciado amigo,
De sí me arroja, y muerto de tristeza
Quedo al ver su crueldad? —¿No dices eso?

Sicin. Tu buena voluntad por lo que hicieres
Agradecida te será por Roma.

Men. Iré. Quizá me escuche. Mas... no obstante...
Que se mordiera el labio y que bufara
Ante el noble Cominio, me perturba.
Inoportuna acaso fué la hora—
En ayunas estaba.—Nuestra sangre
Con venas no repletas yerta corre,
Y hacemos muecas aun al alba, y prontos
Ni para dar ni perdonar estamos.
Mas cuando los canales y conductos
De nuestra sangre, de comida y vino
Llenos están, el alma es más flexible
Que al mantener sacerdotal ayuno.
Debo espiarle, pues, y al verle harto
Mis súplicas haré que entonces oiga.

Bruto. El camino real á su ternura
Conoces bien. No marrarás la senda.

Men. A fe, lo he de probar. Dentro de poco

Sabréis de mi misión el resultado. (Vase.)

Com. No le oirá.

Siorn. ¿No?

Com. Sentado en áureo asiento
Y rojas sus dos órbitas, parece
Cual si incendiar á Roma pretendiera.
Es de su compasión cárcel su enojo.
Ante él me arrodillé; con voz callada
«Alza», me dijo, y sin hablar, su mano
Me despidió. Más tarde, por escrito
Me dijo lo que haria y qué no haría,
Porque su juramento le obligaba
A aquellas condiciones. De manera
Que esperanza no existe
Sino en su noble madre y en su esposa,
Quienes, según entiendo, se disponen
A pedirle perdón para su patria.
Vámonos, pues, de aquí. Les rogaremos
Encarecidamente la premura. (Vanse.)

ESCENA II.

Avanzada del campamento de los Volscos ante Roma.—Centinelas
en sus puestos.

Entra MENENIO dirigiéndose hacia ellos.

Cen. 1.º Detente; dí, ¿de dónde vienes?

Cen. 2.º Alto,
Y atrás.

Men. Cumplís cual hombres vuestra guardia;
Obráis muy bien.—Mas, con permiso vuestro,
Del Estado emisario soy, que viene

Con Coriolano á hablar.

Cen. 1.º   ¿De quién en nombre?

Men.   En el nombre de Roma.

Cen. 1.º   Pues no hay paso.
Vuélvete atrás. El General no quiere
Que le hablen más de allí.

Cen. 2.º   Verás á Roma
Arder antes de hablar con Coriolano.

Men.   Si á vuestro General, amigos míos,
De Roma hablar le oisteis y de hombres
Que allí amigos le son, probablemente
Sonó mi nombre en los oídos vuestros.
Menenio yo me llamo.

Cen. 1.º   No lo dudo.
Vuélvete atrás. Tu nombre no es consigna.

Men.   Mi íntimo es tu General, muchacho;
Libro yo fuí de sus gloriosos hechos
Donde todos leyeron sus hazañas,
Quizás exageradas, porque siempre
A mis amigos—y él es el primero—
Engrandezco hasta el punto que se deja
Estirar la verdad sin ser pecado.
Es más, á veces, como bocha corre
En un terreno falso, fuí más lejos
Del golpe que apuntaba, y en su elogio
Casi una falsedad he resellado.
Es fuerza, pues, muchacho, que yo pasé.

Cen. 1.º—Te aseguro que aunque hayas dicho más falsedades en su elogio que palabras en el tuyo, no pasarás. No, aunque fuera mayor virtud mentir que vivir castamente. Por lo tanto, atrás.

Men.—Hombre, te lo suplico. Acuérdate de que me llamo Menenio. Constante partidario de tu General.

CEN. 2.º—Por más que hayas sido, como dices, su mentidor, yo soy uno que, hablando á sus órdenes la verdad, te dice que no hay paso. Por lo tanto, atrás.

MEN.—¿Podréis decirme si ha comido? No quisiera hablar con él sino después de que hubiera comido.

CEN. 1.º—Eres Romano, ¿no es cierto?

MEN.—Sí, como vuestro General.

CEN. 1.º—Entonces debes odiar á Roma como él. ¿Cómo podéis vosotros, que en un arrebato de popular ignorancia habéis lanzado de las puertas de la ciudad al que las defendía, que habéis entregado vuestro escudo al enemigo, imaginar que haréis frente á su venganza con los míseros plañidos de viejas, con las virginales palmas de vuestras hijas, ó con la paralítica intercesión de un viejo chocho como tú? ¿Imagináis apagar el incendio que se prepara para que arda vuestra ciudad, con tan débiles soplos? No. Estáis equivocados. Por lo tanto, vuélvete á Roma, y prepárate para morir. Estáis condenados. Nuestro General juró ya que no os alcanzaría ni prórroga ni perdón.

MEN.—Oye tú. Si tu Capitán supiera que estaba yo aquí, me trataría con cariño.

CEN 2.º—Vamos, mi Capitán no te conoce.

MEN.—Quiero decir tu General.

CEN. 1.º—Mi General no se cuida de tí. Atrás, digo. Vete. No sea que derrame tu medio cuartillo de sangre. Atrás. Nada más puedo darte. Atrás.

MEN.—¡Pero hombre, hombre!

Entran CORIOLANO y AUFIDIO.

COR.—¿Qué ocurre?

MEN.—Ahora, compañero, daré un recado de tu parte. Ahora sabrás lo que me estima. Conocerás que un miserable centinela no puede desalojarme del afecto de mi hijo Coriolano. Calcula por el recibimiento que me hará si no estás á punto de ser ahorcado, ó de una muerte de más dilatado espectáculo y de más prolongados sufrimientos. Contémplalo y desmáyate pensando en lo que va á ser de tí. (Á Coriolano.) Que los dioses gloriosos en perpetuo sínodo congregados se ocupen en tu particular obsequio, y que no te amen menos de lo que te ama Menenio, tu anciano padre. ¡Oh hijo mío, hijo mío! Nos preparas fuego; pues mira, agua traigo para apagarlo. Trabajo les costó el que te viniera á ver; pero seguros de que sólo yo podía convencerte, sus suspiros me aventaron á través de las puertas de tu ciudad. Y ahora te conjuro que perdones á Roma y á tus compatriotas suplicantes. Los bondadosos dioses sacien tu ira, y arroja sus heces sobre este miserable aquí presente que se opuso á que yo te viera.

Cor.— Vete.

Men. —¿Cómo vete?

Cor. Ni hijo, ni madre, ni mujer conozco.
Puse en servicio ajeno mis asuntos;
Es mi venganza mía, pero yace
En el pecho del Volsco mi clemencia.
Envenene más bien mi olvido ingrato
A nuestra intimidad que su constancia
La compasión en mi recuerdo avive.
Vete. Más que tus puertas á mis tropas,
Resisten á tus ruegos mis oídos.
Mas, pues te quiero, ten, toma esta carta,
Que es para tí, y escrita te tenía.
            (Le da una carta.)
Ni una palabra más te oiré, Menenio.
Aufidio, mi mejor amigo en Roma

Es este hombre, y sin embargo, mira.

Auf. Tu carácter mantienes.

(*Vanse Coriolano y Aufidio.*)

Cen. 1.º—Ahora bien. ¿Te llamas Menenio?

Cen. 2.º—Ya habrás visto que es talismán muy poderoso. ¿Conoces el camino de vuelta á tu casa?

Cen. 1.º—¿Has visto cómo nos han sacado los colores á la cara por detener á tu grandeza?

Men.—Nada me importa el mundo ni vuestro General. Cosas como vosotros apenas creo que existen; tan fútiles son. Quien tiene voluntad propia de morir, no teme que otro le dé la muerte. Que haga tu General lo que quiera. En cuanto á vosotros, sed lo que sois, por largo tiempo, y vuestra pequeñez aumente con vuestra edad. Os digo como me dijisteis. Atrás. (*Vase.*)

Sen. 1.º—Este, ¡voto va! es un hombre de bien.

Sen. 2.º—El hombre digno es nuestro General. Es la roca, la encina que el viento no abate. (*Vanse.*)

ESCENA III.

La tienda de campaña de Coriolano.

Entran CORIOLANO, AUFIDIO y otros.

Cor. Mañana acampemos ante Roma.
Tú, en estas guerras compañero mío,
De mi lealtad en los negocios debes
Noticias dar á los magnates volscos.

Auf. Tan sólo su interés has consultado,
Y á súplicas unánimes de Roma
Cerraste tus oídos; ni escuchaste

.Secreta petición, ni aun del amigo
Que de tí más seguro se creía.

COR. Ese anciano infeliz á quien á Roma
Pedazos hecho el corazón envío,
Me amaba aun más que con amor de padre.
Sí. Me divinizaba. Su postrero
Recurso fué mandarlo. Por su causa,
Aunque aspereza le mostré, de nuevo
Ofrezco las primeras condiciones
Que ya rehusaron y aceptar no pueden.
Por él, que imaginó que más podría,
Ese poco cedí. Ni del Estado,
Ni de amigos á nuevas embajadas
O súplicas prestar oídos quiero.
        (Grito dentro).
¿Pero qué grito es ese? Por ventura
Será posible que mi voto infrinja
Apenas formulado? No he de hacerlo.

Entran enlutadas VIRGILIA y VOLUMNIA conduciendo
al niño MARCIO, VALERIA y acompañamiento.

Precede mi mujer. Viene tras ella
El noble molde donde el tronco mío
Fraguado fué, llevando de la mano
Al nieto de su sangre. ¡Atrás afectos!
Privilegios y lazos naturales,
Estallad, y virtud ser terco sea.
¿Qué vale ese saludo reverente?
¿Ni esos ojos de tórtola que harían
Renegar de los dioses? ¡Me enternezco!
Soy cual los otros barro deleznable.
Mi madre me saluda, cual si fuese
Preciso que el Olimpo se inclinara

Al montículo vil que forma el topo.
Madre naturaleza «no rehuses»
Por medio de mi niño suplicante
Me grita á voces.—¡Sobre Roma el Volsco
Arados lleve y rastros sobre Italia!
Cual ansarino estúpido no quiero
A instinto ciego obedecer. Firmeza
Yo mostraré como si el hombre fuese
Autor de sí sin prójimo ninguno.

VIR.　¡Señor y esposo mío!

COR.　　　　　　　　　¡ Diferentes
De los que en Roma usaba son mis ojos!

VIR.　El dolor que tan otros nos conduce
Te lo hace así creer.

COR.　　　　　　　Cómico torpe,
Mi papel he olvidado, y me he perdido
Para mi oprobio. Tierna carne mía,
Perdona mi rigor, mas no por eso
Me contestes : «Perdona á los Romanos.»
¡Oh! toma un beso, largo cual mi ausencia,
Cual mi venganza dulce. Yo te juro
Por la celosa Reina de los cielos
Que fué, querida, el que al partir me diste
Virgen entre mis labios desde entonces.
¡Dioses, cual charlo! y mientras, á la madre
Más noble de este mundo ni saludo.
Húndete en tierra ya, rodilla mía;
　　　　　(Se arrodilla.)
Aquí estampar, cual hijo alguno debes
De tu profunda sumisión el sello.

VOL.　(Levantándolo.)
Alza y bendito seas, mientras tanto
Que yo ante tí de hinojos permanezca

Sin almohadón más blando que estos guijos
Trastrocando mi anómalo homenaje
De padres y de hijos los deberes.

COR. Pero ¿qué es esto? ¿Tú ante mí de hinojos?
¿Ante el hijo que un tiempo reprendiste?
Lance sus piedras, pues, á las estrellas
La famélica playa, y desatados
A los cedros altísimos arrojen
Contra el ardiente sol los huracanes,
Logrando así matar á lo imposible
Y haciendo fácil lo que hacer no es dado.

VOL. Mi soldado eres tú. Para formarte
Yo te ayudé. ¿Conoces á esta dama?
        (Mostrando á Valeria).

COR. La hermana de Publícola intachable,
Luna de Roma. Casta cual cuajado
Purísimo carámbano de nieve
Que pendía del templo de Diana
Y la escarcha esculpió. ¡Cara Valeria!

VOL. Este breve compendio de tí mismo,
Al descifrarlo el porvenir, acaso
Valga lo que tú vales.

COR.   Con la venia
De Jove excelso, el dios de los guerreros
En tus ideas la nobleza infiltre
Para ser al oprobio invulnerable,
Y cual glorioso faro en las batallas
Cualquier embate soportar, á todos
Los que te puedan distinguir salvando.

VOL. De rodillas. (Al niño Marcio.)

COR.   ¡Valiente niño mío!

VOL. Él, tu esposa, esta dama y yo venimos
A pretender de tí.

Cor.   Callad os ruego.
Ó si habéis de pedir, tened presente
Que lo que ya juré que no daría,
No debéis entender que ahora os rehuso.
No pidáis que licencie á mis soldados,
No exijáis, otra vez que capitule
Con el Romano menestral, ni os oiga
Desnaturalizado apellidarme.
No pretendáis apaciguar mi furia
Ni mis vengazas con razones frias.

Vol.   ¡Oh, basta, basta! Dices que no quieres
Nada otorgarnos, pues tenemos sólo
Que pedir lo que ya nos has negado.
Pero lo pediremos. Si fracasa
Mi petición, acháquese la culpa
A tu rigor no más. Por tanto, oye.

Cor.   Aufidio, Volscos, escuchad. De Roma
Nada en privado oiré.—¿Vuestra demanda?

Vol.   Silenciosas y mudas, nuestros trajes
Y nuestra delgadez declararían
Cuál nuestra vida fué desde tu ausencia.
Párate, y reflexiona que nos trae
Infortunio mayor que el que han sufrido
Cuantas mujeres en el mundo existen;
Pues tu presencia, que en los ojos nuestros
Hacer manar debiera la alegría
Y estremecer al corazón de gozo,
De terror nos obliga y honda pena
A temblar, á llorar, madre y esposa
Y niño viendo al hijo, esposo y padre
Destrozar las entrañas de su patria.
Para nosotros es, pobres mujeres,
Más fiero tu rigor, porque nos veda

Aun rezar á los dioses, el consuelo
Que todos gozarán menos nosotras.
¿Cómo es posible? Sí, ¿cómo es posible
Rezar por nuestra patria cual debemos,
Si debemos rezar por tu victoria?
¡Ay tristes! es forzoso que perdamos
A esta patria, nodriza cariñosa,
O á tí, dulce consuelo en nuestra patria.
Es la desdicha nuestra inevitable;
Aunque elegir nos fuera concedido
Quién debiera vencer, porque es forzoso
Que tú, cual extranjero y renegado,
Recorras con esposas nuestras calles,
Ó en triunfo hollar ruiñas de tu patria,
Palmas ganando, porque sangre fiero
De tu esposa y tus hijos derramaste.
En cuanto á mí, de la fortuna esclava
He de ser, hijo, hasta acabar tal lucha.
Si no te puedo persuadir que vale
Más usar de clemencia con entrambos
Que la ruina procurar de uno,
Cuando al asalto de tu patria marches:
En ese instante mismo, no lo dudes,
Hollarás de tu madre las entrañas
Que te dieron á luz.

VIR.   También las mías,
Que este niño engendraron, porque fuera
Tu nombre eterno.

NIÑO MAR.   A mí no habrá de hallarme;
Me escaparé para luchar de mozo.

COR.   Mostrar es fuerza femenil ternura,
Viendo faz de mujer ó de criatura.
Me he detenido asaz.

Vol.   No, no te vayas.

Si la súplica nuestra te obligase
A salvar al Romano, destruyendo
Al Volsco á quien tú sirves, condenarnos
Pudieras por querer herir tu honra.
No. Pedimos que tú los reconcilies,
Y de este modo exclamarán los Volscos:
«Clementes hemos sido», y los Romanos:
«Clementes fueron»; y los dos partidos
Te aclamarán unánimes diciendo:
«Tú que hiciste esta paz, bendito seas.»
Ya sabes, hijo excelso, cuán dudosa
La guerra es. Mas lo seguro es esto:
Si conquistas á Roma, el beneficio
Que coseches será llevar un nombre
De maldiciones acosado siempre.
La historia escribirá: «Nobleza tuvo,
Mas la borró su hazaña postrimera;
Él destrozó á su patria, y las edades
Oyeron luego con horror su nombre.»—
Háblame tú.—Tuviste á gala siempre
Exagerar toda cuestión de honra
Y querer imitar aun á los dioses:
Romper con el relámpago, del cielo
Las hinchadas mejillas y su azufre
Con un rayo cargar que solamente
Hienda una encina.—Mas ¿por qué no hablas?
¿Consideras que es justo que no olvide
Un noble sus ofensas?—Habla, hija.
No le importa que llores.—Habla, niño.
Quizás tus niñerías más le muevan
Que mis razones.—Nadie en este mundo
Debe más á una madre que él le debe,

Y sin embargo, aquí deja que charle
Cual si en el cepo me encontrara. Nunca:
En tu vida tuviste cortesía
Con tu amorosa madre, mientras ella,
Pobre gallina, amándote á tí solo,
Cacareando te llevó á tus luchas,
Y salvo á casa, y de laureles lleno.—
Despídeme si injusta es mi plegaria;
Pero si no lo es, no eres honrado,
Y los dioses habrán de castigarte
Porque asi me rehusas la obediencia
Que prestar á una madre corresponde.
La espalda vuelve.—Damas, prosternaos.
Avergüéncese al vernos de rodillas.
Su nombre Coriolano en él despierta
Más orgullo que lástima estos ruegos.
Prosternaos.—No más.—Ha concluído.
Volvámonos á Roma, y perezcamos
Con nuestros convecinos.—Mas contempla
A esta criatura que expresar no puede
Lo que quisiera, y que de hinojos alza
Sus manos, por razón de simpatía.
Mi petición confirma con más fuerza
De la que tienes tú para negarla.
Vamos. Venid. Su madre fué una Volsca;
Su esposa está en Corioli, y fué su hijo,
El hijo del azar cual él.—No obstante,
Una respuesta exijo. Silenciosa,
Hasta arder la ciudad, tendré mi lengua.
Algo diré después.

COR.   (Después de coger la mano de Volumnia y de per-
       manecer un rato silencioso.) ¡Oh madre, madre!
       ¿Qué hiciste? Mira desgarrarse al cielo;

Los dioses me contemplan, y se ríen
De esta escena cruel. ¡Oh madre mía!
¡Oh madre! Gran victoria has conseguido
Para Roma.—Tocante al hijo tuyo,
Tenlo, tenlo por cierto, tu influencia
Le habrá de acarrear peligros grandes,
Si no la muerte.—Pero nada importa.
Si dura guerra, Aufidio, hacer no puedo,
Haré paz favorable.—Noble Aufidio,
¿Si en mi puesto estuvieras, escucharas
Menos que yo á tu madre, ó dieras menos?

Auf. Conmovido me ví.

Cor.   Lo juraría.
Y no es pequeña cosa el que se logre
Hacer sudar de lástima á mis ojos.
Mas, noble amigo, tú las condiciones
De esta paz aconséjame. No quiero
Entrar en Roma. Volveré contigo,
Y te ruego que tomes mi defensa
En este asunto.—¡Oh madre! ¡esposa mía!

Auf. (Aparte.) Celebro que tu lástima y tu honra
Ahora en conflicto estén, pues de ese modo
Recuperar me es dado mi fortuna.

(Las damas hacen señas á Coriolano.)

Cor. Sí tal. Después. Mas beberemos juntos.
Retornaréis, llevando un testimonio
En lugar de palabras, resellado,
Fijando las posibles condiciones.
Damas, un templo merecéis vosotras.
Ni todas las espadas de la Italia,
Ni todos sus ejércitos reunidos,
Lograran estas paces. (Vanse.)

ESCENA IV.

Roma.—Una plaza pública.

Entran MENENIO y SICINIO.

MEN.—¿Ves esa esquina del Capitolio, esa piedra rectangular?

SICIN.—Sí. ¿Y qué?

MEN.—Si la puedes mover con tu dedo meñique, esperanzas hay de que las damas, particularmente su madre, lo convenzan. Pero digo que no hay esperanza alguna. Sentenciadas están nuestras gargantas, y esperan el fatal instante.

SICIN.—¿Es posible que en tan corto tiempo cambie así el carácter de un hombre?

MEN.—Diferencia hay entre una oruga y una mariposa, y sin embargo, la mariposa fué oruga. Marcio, de hombre, se ha convertido en dragón. Tiene alas. Ya no es sér rastrero.

SICIN.—Amaba á su madre entrañablemente.

MEN.—Es verdad; y ahora se acuerda de ella como si fuera un penco de ocho años. La aspereza de su fisonomía agría un racimo de maduras uvas. Cuando anda, se mueve como una máquina, y el suelo se hunde bajo sus pies. Capaz es de perforar un coselete con su vista. Habla como si doblaran por los difuntos, y una exclamación suya es un asalto. Se asienta bajo su dosel como si fuera Alejandro. Lo que manda, con su mandato queda cumplido. Para ser un dios le falta sólo ser eterno y un cielo donde entronizarse.

Sicin.— Y misericordia además, si lo describes con exactitud.

Men.— Lo pinto como es. Ya verás la misericordia que su madre logrará inspirarle. Tanta misericordia tiene como leche un tigre macho. Esa es la que hallará nuestra desdichada ciudad. Y todo por causa vuestra.

Sicin.— Los dioses tengan piedad de nosotros.

Men.— No, en este caso los dioses no la tendrán. Cuando lo desterramos no los respetamos, y ahora, al volver él para aniquilarnos, ellos no nos respetarán tampoco.

Entra un MENSAJERO.

MENS.   Señor, si has de salvarte, vé á tu casa;
          Que á tu colega los plebeyos cercan
          Y le acosan, jurando que si vuelven
          Las señoras de Roma sin consuelo,
          Le quitarán la vida por pulgadas.

Entra MENSAJERO 2.º .

Sicin.   ¿Qué nuevas?

Men 2.º   Buenas nuevas, buenas nuevas.
          Lograron su propósito las damas.
          El Volsco se desbanda, y Marcio es ido.
          Jamás Roma gozó más grato día,
          Ni cuando á los Tarquinos expulsamos.

Sicin.   ¿De que es verdad seguro estás, amigo?
          ¿Es fijamente cierto?

Men. 2.º   Tan seguro
          Cual lo es el que el sol nos ilumina.
          ¿Dónde has estado tú que así lo dudas?
          Jamás arco de puente la marea
          Tan presto atravesó como las gentes

Atravesaron hoy, ya consoladas,
De la ciudad las puertas. Pero escucha.

(Suenan trompetas y otros instrumentos, y se oyen
gritos dentro.)

Címbalos, sacabuches y trompetas,
Pífaños, tamboriles y salterios,
Y del pueblo el clamor, al sol conmueven.
Escuchad. (Gritos dentro.)

MEN.   Buenas son estas noticias.
Iré al encuentro de las damas. Vale
Una entera ciudad de senadores,
De patricios y cónsules Volumnia;
De tribunos cual tú cuantos cupieren
En la tierra y el mar.—Hoy tú rezaste
Con devoción.—No hubiera esta mañana
Dado yo por diez mil gargantas tuyas
Ni una dracma. Escuchad el regocijo.

(Gritos y música dentro.)

SICIN. Primero, que los dioses te bendigan
Por tus nuevas; después, te doy las gracias-

MEN.2.º Para darlas, señor, todos tenemos
Motivo grande.

SICIN.   ¿Dí, se encuentran cerca
De la ciudad?

MEN.2.º   Ya van á entrar.

SICIN.   Pues vamos
A verlas y á aumentar el regocijo. (Vanse.)

ESCENA V.

Roma.—Una calle contigua á las puertas de la ciudad.

Entran en procesión VOLUMNIA, VIRGILIA, VALERIA,
acompañadas de SENADORES, PATRICIOS y CIUDADANOS.

SEN. 1.º Ved. Nuestro numen tutelar. De Roma
La vida. Congregad á vuestras tribus,
Bendecid á los dioses, y triunfantes
Fogatas encended. Ante ellas flores
Esparcid. Revocad el clamoreo
Que á Marcio desterró. Tornar hacedle,
La bienvenida dándole á su madre.
Exclamad: ¡Bienvenidas, bienvenidas!
TODOS. ¡Bienvenidas, señoras, bienvenidas!
(Suenan trompetas y tambores.—Vanse.)

ESCENA VI.

Corioli. — Una plaza pública.

Entran AUFIDIO y SERVIDORES.

AUF. Decid á los magnates que he llegado.
Dadles este papel. Cuando lo lean,
Que acudan á la plaza, porque ante ellos
Probaré y ante todos cuanto digo.
Ya en la ciudad se encuentra á quien acuso.
Quiere ante el pueblo aparecer, y espera
Sincerarse con frases. —Id ligeros.
(Vanse los Servidores.)

Entran tres ó cuatro CONSPIRADORES del partido de Aufidio.

Bienvenidos seáis.

Cons. 1.º   Y nuestro jefe
¿Cómo está?

Auf.   Como aquel que al dar limosna
Se envenena y con lástimas se mata.

Cons. 2.º Noble señor, si insistes en tu intento,
Para el cual nuestra ayuda reclamaste,
Te podremos salvar de ese peligro.

Auf.   Nada puedo decir. Obrar es fuerza
Según se encuentre el pueblo.

Cons. 3.º   Pues el pueblo
Se mostrará indeciso, divididos
Creyéndoos á los dos; mas la caída
Del uno hará que el otro todo herede.

Auf.   Lo sé, y admite explicación perfecta
Que ahora matarlo quiera. Lo he elevado,
Mi honor de su lealtad salió garante,
Y él, encumbrado al verse, con rocíos
De adulación regó sus nuevas plantas,
Sedujo á mis amigos, doblegando
Esa naturaleza, que fué siempre
Tan áspera, inflexible é indomable.

Cons. 3.º Su terquedad al pretender ser cónsul,
Lo que no fué porque ceder no quiso.....

Auf.   De eso también hablara.—Desterrado
Llegó á mi hogar, y presentó su cuello
A mi cuchillo. Le abracé, le hice
Compañero del cargo que tenía,
Y satisfice sus deseos todos.
Más aún. Permitíle que eligiera,

Para que así cumpliese sus proyectos,
De entre mis tropas lo mejor. Yo mismo
Con mi persona le serví. La fama
Que obtuvo, con mi auxilio ha cosechado
Y á gala tuve que en mi daño fuera.
Yo al fin su subalterno parecía
Y no su compañero, y me pagaba
Con ademán soberbio, cual si fuese
Yo mero mercenario.

CONS. 1.º   Con asombro
De las tropas, es cierto; y, en resumen,
Dueño de Roma ya, cuando no menos
Botín juzgamos alcanzar que gloria.....

AUF.   Es verdad, y mis músculos por tanto
Le oprimirán. ¡Por gotas miserables
De femeniles lágrimas, baratas
Como la falsedad, haber vendido
La sangre y los esfuerzos de esta lucha!
Por eso morirá, con su caída
Quedando yo repuesto. Mas ¿qué ocurre?

(Se oyen trompetas y tambores y el vocerío del pueblo.)

CONS. 1.º Pisasteis vos vuestra ciudad nativa
Sin vítores, cual triste mensajero;
Él entra, y el clarín los aires hiende.

CONS. 2.º Y necios miserables, cuyos hijos
El mató, la garganta envilecida
Rompen glorificándole.

CONS. 3.º   `   Por eso
Aprovechad el tiempo; y antes que hable,
Y á la gente conmueva su palabra,
Que nuestro hierro sienta. Ayudaremos,
Y cuando en tierra yazga, vos su historia
Narráis á vuestro modo, y sus razones

Quedarán con su cuerpo sepultadas.

AUF. No digas más. Los Senadores llegan.

Entran los MAGNATES *de la ciudad.*

MAG.1.° Bien venido seáis.

AUF.   No lo merezco.

Pero, dignos señores, ¿con cuidado
Lo que escribí leisteis?

MAG.2.°   Sí.

MAG.1.°   Con pena.

Sus faltas anteriores condonarse
Juzgo yo que podrían; pero punto
Dar en eso que ser debió principio,
Las ventajas así de nuestras levas
Sacrificar, é inútiles ahora
Los dispendios que hicimos, y un tratado
Con el vencido hacer, no admite excusa.

AUF. Ya se acerca. Lo oiréis.

Entran CORIOLANO, *con banderas y tambores, y un tropel*
de CIUDADANOS *siguiéndole.*

COR.   ¡Salve! Vuestro soldado ved, señores,
Tan poco con cariño patrio infecto,
Como cuando partió, siempre acatando
Vuestras excelsas órdenes sumiso.
Sabed que fuí feliz en esta empresa,
Y á vuestras tropas por sangrienta vía
Llevé de Roma ante los muros mismos.
El botín que traemos sobrepuja
De la guerra los gastos con un tercio,
É hice una paz que á los Atiates honra
Al par que á los Romanos avergüenza,
Y os presento, suscrito por patricios

Y cónsules, con sello del Senado,
Lo que pacté.

AUF.   No lo leáis, señores.
Mas decid al traidor que en grado inmenso
Del poder abusó que le otorgasteis.

COR.   ¡Traidor! ¡Cómo!

AUF.   Traidor, sí, Marcio.

COR.   ¡Marcio!

AUF.   Sí, Marcio, Cayo Marcio. ¿Que te adule
Con un hurto pretendes? ¿Con el nombre
Coriolano, que hurtaste tú en Corioli?
Nobles señores, del Estado jefes,
Con pérfida traición os ha vendido.
Por unas cuantas lágrimas cediendo
Vuestra ciudad de Roma (así la llamo)
A su esposa, á su madre, su promesa
Rompiendo y juramentos cual si fuesen
Pasada seda, y sin tomar consejo,
De su nodriza al llanto, nuestro triunfo
Cedió al son de plañidos y de aullidos,
Ruborizando á pajes, y á los hombres
Haciendo que se miren con asombro.

COR.   ¡Oyes, Marte!

AUF.   No nombres al dios ese,
Llorón rapaz.

COR.   ¡Ah!

AUF.   Basta.

COR.   Embustero sin límites, que estalle
Mi corazón harás dentro del pecho.
¡Rapaz! ¡oh esclavo! Perdonad, señores,
Es la primera vez que yo disputo.
Dignos señores, el mentís sin duda
Dará á este perro vuestro recto juicio,

Y aun su conciencia misma—pues que lleva
Impresos mis porrazos, indelebles
Sellos de mi poder hasta el sepulcro—
Tendrá también que unirse, para darle
En su faz el mentís.

MAG.1.º   Callad y oidme.

COR.   Hacedme trizas. Volscos, hombres, niños,
Todos en mí teñid vuestras espadas.
¡Rapaz! ¡vil can! Si fueron tus anales
Escritos con lealtad, verás en ellos
Que águila fuí que en palomar metida
Revoleó tus Volscos en Corioli.
Lo hice solo. ¡Rapaz!

AUF.   Nobles señores,
¿Que recuerde dejáis su suerte ciega
Y nuestro oprobio al jactancioso indigno
En la presencia nuestra?

CONSP.   Dadle muerte.

CIUDS.—Hacedlo trizas. Pronto. Mató á mi hijo. Á
mi hija.—Mató á mi primo Marco.—Mató á mi padre.

MAG.2.º Calma. Silencio. Con mesura. Calma.
Es un valiente, y con su fama cubre
El ámbito del mundo. Examinada
Será con atención su última ofensa.
Detente Aufidio, y más la paz no turbes.

COR.   ¡Oh! cogiéralo yo con seis Aufidios,
Y más aún, ó con su tribu entera
Mi espada al esgrimir.

AUF.   ¡Vil insolente!

CONSP. Matar, matar, matar, matar, matarlo.

(Aufidio y los conspiradores desenvainan y matan á Coriolano
    que cae.—Aufidio pone su pie sobre el cuerpo.)

MAGNS. ¡Tened, tened, tened!

Auf.   Nobles señores,
Permitidme que os hable.

Mag.1.º   ¡Oh Tulio!

Mag.2.º   ¡Hiciste
Hazaña que al valor lágrimas cuesta!

Mag.3.º No lo huelles. Señores, todos quietos.
        Envainad las espadas.

Auf. Señores, al saber (lo que no es fácil
    En medio del furor que ha provocado)
    El gran peligro que su vida os era,
    Celebraréis su término. Si os place,
    Ante el Senado iré. Si allí no os pruebo
    Mi lealtad, sufriré duro castigo.

Mag.1.º Su cuerpo conducid (á Aufidio). Su muerte llora.
    Honrarlo deberéis como al cadáver
    Más noble que jamás siguió al sepulcro
    Heraldo alguno.

Mag.2.º   Su impaciente genio
    El delito de Aufidio disminuye.
    Ya remedio no tiene.

                        La ira mía
    Ya desparece y preso estoy de pena.
    El cuerpo levantad. Presten su ayuda
    Tres principales jefes. Yo soy uno.
    Suene el tambor con fúnebre redoble;
    Abajad vuestras picas aceradas.
    Aunque en esta ciudad hizo viudas
    Y huérfanos sin cuento, que aun hoy gimen,
    Honremos noblemente su memoria.
    Ayudad.

(Vanse llevando el cuerpo de Coriolano.—Marcha fúnebre.)

FIN DE CORIOLANO.

LA TEMPESTAD.

PRÓLOGO.

En el in-folio de 1623, y por lo tanto siete años después de la muerte de Shakespeare, fué impresa por vez primera *La Tempestad*.

Consta por el *Relato de las Festividades Reales*, ó *Accounts of the Revels at Court*, que esta comedia fué representada el día 1.º de Noviembre de 1611, ante el rey Jacobo I, y, aunque en esa relación no se dice si es ó no comedia recientemente escrita, motivos hay sobrados para presumir que en ese mismo año, ó poco antes, se enriqueció la literatura del mundo con esta preciosa joya, última producción, ó por lo menos una de las últimas producciones de su autor.

Malone, Chalmers, Hunter, Knight, Ulrici, Coleridge, Dowden y muchos otros críticos, se han ocupado en dilucidar la fecha en que Shakespeare escribió *La*

Tempestad; y, con excepción de Hunter, y acaso de Knight, todos estos autores están contestes en que es efectivamente una de las últimas composiciones de aqu ingenio.

Según Malone, su título fué sugerido por el naufragio, cerca de las islas Bermudas, de una flota que, al mando de Sir George Sommers envió con emigrados á la Virginia una de las grandes compañías mercantiles que á la sazón se formaron en Inglaterra para fomentar sus nacientes colonias. Acaeció este naufragio en el año 1609, y fué suceso que conmovió hondamente al público de Inglaterra, por lo que no es de extrañar que hiciera también viva impresión en el ánimo del insigne poeta.

Algunas de las circunstancias de aquel naufragio, que fué extensamente descrito por escritores contemporáneos, concuerdan indudablemente con algunos incidentes del drama; y el introducirse en él el nombre de las Bermudas, presta mayor verosimilitud á esta opinión, y hasta cierto punto confirma la creencia general de que fué escrito con posterioridad á la época de aquella ocurrencia.

Además, la relación de Gonzalo en el segundo acto, cuando el buen cortesano, para distraer al Rey de sus tristes pensamientos, le manifiesta lo que haría si, como á Sancho, le dieran á gobernar una ínsula Barataria, es, al parecer, burlona crítica de la descripción que hace Montaigne en sus *Ensayos* del pueblo americano; y esta obra, traducida al inglés por Florio, no fué impresa en Inglaterra hasta el año 1603.

Para comprobar el hecho de que Shakespeare debió haber leído á Montaigne, basta copiar de aquella obra el siguiente párrafo:

«C'est une nation en la quelle il n' y a aulcune es-
pèce de traficque, nulle cognoissance de lettres, nulle
sciencie de nombres, nul nom de magistrat ny de supé-
riorité politique, nul usage de service, de richesse ou de
pauvreté, nuls contrats, nulles successions, nuls parta-
ges, nulles occupations qu' oisives, nul respect de pa-
renté que commun, nuls vêtements, nulle agriculture,
nul metal, nul usage de vin ou de bled, etc.»

La escudriñadora crítica shakespeariana también se
ha ocupado, aunque, preciso es confesarlo, con escaso
fruto, en buscar la fuente de donde fué tomado el argumento de *La Tempestad*. Sólo se ha podido averiguar
que Jacobo Ayrer, notario de Neuremberg, y á la par
fecundo autor dramático, compuso, á principios del siglo XVII, entre varias comedias, muchas de las cuales
fueron inspiradas por originales ingleses, una intitulada
Die schöne Sidea (*La hermosa Sidea*), cuyo argumento,
se dice, tiene alguna semejanza con el de *La Tempestad*.
Y supone Tieck, y á la par Hunter, que Shakespeare se
inspiraría, no ya en la comedia de Ayrer, sino en alguna comedia inglesa, que para su *Schöne Sidea* sirvió de
modelo al célebre notario de Neuremberg.

En la comedia de Ayrer hay, efectivamente, un mágico, y este mágico tiene una hija, y aparecen también
espíritus, y el mágico, que se llama Ludolfo y es el
padre de Sidea, desarma con su vara á varios personajes
de la comedia, y Sidea se compadece de su amante En-
gelbrecht, porque tiene que cargar tueros; pero, aunque
no he leído más que una sucinta relación de esta comedia, paréceme que su semejanza con *La Tempestad* con-
cluye con lo que va dicho; y, si el hipotético original inglés no se aproximaba más á la fantástica y bella producción de Shakespeare, bien puede afirmarse que ésta es

uno de los trabajos más originales que ha producido jamás poeta alguno, desde los albores de la literatura humana hasta la época presente.

También se ha dicho que argumento semejante al de *La Tempestad* era el de un romance titulado *Aurelio e Isabela*, impreso en español, italiano y francés; pero nadie ha podido hallar semejante novela, por más pesquisas que se han hecho.

Clasifícanse juntas generalmente el *Sueño en noche de verbena* y *La Tempestad*, y ambas còmedias son realmente del mismo género. En ambas se mezcla lo natural con lo sobrenatural; en ambas aparecen reyes, magnates y plebeyos, y dioses mitológicos, y espíritus y genios, y trasgos y engendros mágicos; pero es inmensa la distancia que las separa, y muy diferente por cierto el espíritu que las informa. La primera es producto de un alma juvenil y retozona; respira por todos sus poros aire primaveral, la frescura de la juventud, la alegría y la exuberancia de lo que va creciendo. *La Tempestad*, por el contrario, es producto de la edad madura, del desencanto de la vida, del alma que ha padecido y se ha aquilatado én la adversidad, y en ella dominan los tintes más sombríos, pero también más suaves, que caracterizan al otoño al despojarse tranquilamente de sus galas.

Es necesario admitir, por poca atención que se preste al examen de esta obra, que hay motivos para creer que Shakespeare veló en ella alusiones á su pasada vida y á sus futuros intentos; pero, pretender hoy hallar en ese argumento patente demostración de su alegórica significancia, es, en mi juicio, tarea de imposible realización. Mucho podría escribirse, si se quisiera dar cuenta de las distintas interpretaciones que se han querido dar al significado alegórico, no sólo del drama en sí, sino de Próspero, de

Miranda, de Ariel, de Cáliban. Cáliban, por ejemplo, es, según unos, el pueblo; según otros, la razón sin la imaginación; y, según otros, el hombre primitivo. Hay quien opina que es el lazo de unión entre el hombre y el bruto (suponiendo que Shakespeare se anticipó á Darwin); quien cree que es la naturaleza dominada por la ciencia; quién que representa la colonia de la Virginia, y quién, por último, que es la literatura dramática de Inglaterra, que Shakespeare eclipsó con su prodigioso ingenio. Cual Cáliban, han servido también Próspero, Miranda y Ariel de puntos de partida para extensísimas correrías por los campos de la imaginación; pero, por ingeniosas que sean estas interpretaciones, no hay que concederles demasiado valor. Sin embargo, el que tantos hombres de reconocido talento hayan visto en esta caprichosísima obra un enigma, por más que no hayan podido interpretarlo satisfactoriamente, prueba, por lo menos, lo sugestivo (si se me permite la frase) de esta producción, y aventurado es asegurar que no se oculta tras su fantástica bruma alguna esfinge que aun desafía la perspicacia del crítico.

. Dowden dice que si se le permitiese dar rienda suelta á su fantasía, describiera á Próspero como al hombre de genio, como al gran artista que, falto al comienzo de su carrera de la necesaria práctica para asegurar el éxito, y lanzado al peligroso mar de la vida, halla al fin la encantada isla donde puede llevar á cabo sus maravillosas obras. Acompáñale el arte en su infancia, su preciosa hija Miranda. Humilla y esclaviza á Cáliban—los groseros apetitos del hombre—y al par trata de desarrollar su inteligencia y su imaginación. Pero estas pasiones groseras pretenden violar la pureza del arte siempre que hallan oportunidad, y Cáliban se apoderaría si pudiera

de Miranda y poblaría la isla de Calíbanes, por lo cual
su servidumbre tiene que ser absoluta. Y ¿quién es Fernando? se pregunta Dowden. Fernando, responde, es sin
duda el joven poeta inglés Fletcher, en unión de quien
Shakespeare escribió *Los Dos nobles parientes* y *Enri-
que VIII*; porque Fletcher fué considerado el continua-
dor del estilo y del método dramático de Shakespeare;
pues aunque, como el mismo Fernando dice, había visto
y admirado á muchas otras damas, en ninguna había
hallado reunidas todas las perfecciones hasta que vió á
Miranda. A Fernando, pues, el anciano mágico confía
su hija. Pero Shakespeare conocía las flaquezas de
Fletcher; su falta de entereza y de fibra para el trabajo, de
paciente sufrimiento; su escaso aprecio de la solemnidad
y de la santidad del arte, y por eso impone á su amigo
el sacrificio de no poseer á Miranda tan pronto y fácilmente. Le obliga á conducir miles de tueros y á apilar-
los con arreglo á sus órdenes severas. Parece como que
Shakespeare dice á los jóvenes poetas: « No desdeñéis el
trabajo necesario para conseguir la perfección, por más
que á veces os parezca rastrero: algo hay que hacer para
conseguir á Miranda, y por ella leve os ha de parecer. Próspero rodea el enlace de Fernando y Miranda de
religiosa solemnidad, y Fernando ha de honrar á su pro-
metida como á cosa sagrada, y ha de ganarla con el trabajo. Pero el trabajo de la imaginación es de otra clase:
es sutil y vuela libre por todas partes; cunde en el tope
del alto mastelero en forma de fuego; vaga como ninfa
marina sobre la arena de la playa, y habla como la diosa
de la tierra, Ceres, bendiciendo con promesas de abundantes cosechas. Ariel es este espíritu; el genio imaginativo de la poesía, libertado poco tiempo había en
Inglaterra de la larga esclavitud en que lo tuvo Sycorax.

La partida de Próspero de la isla encantada es el abandono del teatro por Shakespeare, y Shakespeare desde entonces es sólo hombre, y deja de ser mágico. Vuelve al Ducado que había perdido — á su nativo pueblo de Strafford — y no pagará en adelante tributo alguno ni á Alfonsos ni á Lucys.»

Hasta aquí Dowden; pero además, ¿quién no ve oculto sentido en la última canción de Ariel, á quien, como á tantos otros genios de tiempos pasados y presentes, espanta sobre todas las cosas «de los buhos el clamor», y gozoso permite que el nocturno murciélago se lo lleve en hombros, para hacer en adelante, suspenso de flores, vida puramente contemplativa? ¿Quién no reconoce semejanza entre Próspero y Cide Hamete, Shakespeare y Cervantes, cuando el uno cuelga «de esta espetera y de este hilo de alambre» su pluma prodigiosa, y el otro rompe su mágica vara, que ha de enterrar en las entrañas de la tierra, ó sumergir en las profundidades del mar? Y ¿quién, por fin, que lea esta obra, si es caviloso ó imaginativo, no hallará á cada paso problemas semejantes que inciten su curiosidad?

Para que todo sea raro en este drama, en el cual parece como que el autor deja en absoluta libertad á su Pegaso, ocurre que es quizá el único que reune todas las unidades clásicas. La acción es una, y camina sin interrupción desde el principio al fin. La escena ocurre en las inmediaciones de la gruta de Próspero, y el argumento se desarrolla en el tiempo que tarde en representarse el drama.

Difícil es decir á qué género pertenece comedia tan idealista y al par tan realista, como lo prueba la admirablemente bien mandada maniobra del Piloto en el naufragio, los diálogos de los cortesanos y de los marineros, etc.; tan romántica y también tan clásica, tan fantástica y tan humana.

Pero, sea cual fuere el género á que se la pueda referir, ocupa indudablemente puesto de honor en uno de los dos grandes reinos en que desde luego debían clasificarse todos los productos literarios.

PERSONAJES.

ALFONSO, rey de Nápoles.
FERNANDO, su hijo.
SEBASTIÁN, hermano de Alfonso.
PRÓSPERO, duque de Milán.
ANTONIO, su hermano, usurpador del Ducado de Milán.
GONZALO, anciano y digno consejero.
ADRIANO,
FRANCISCO, } señores.
TRÍNCULO, gracioso.
ESTEBAN, camarero bebedor.
UN CAPITÁN DE BUQUE.
UN PILOTO.
MARINEROS.
CÁLIBAN, esclavo salvaje y deforme.
MIRANDA, hija de Próspero.
ARIEL, genio aéreo.
IRIS,
CÉRES,
JUNO, } representados por genios.
NINFAS,
SEGADORES,
Otros genios al servicio de Próspero.

Escena. A bordo de un buque en el mar. Después en diferentes partes de una isla.

ACTO PRIMERO.

ESCENA PRIMERA.

A bordo de un buque en el mar.

Tormenta con truenos y relámpagos.

Entran en distintas direcciones CAPITÁN y PILOTO.

CAP.—Piloto.

PIL.—Aquí estoy, Capitán, ¿qué ocurre?

CAP.—Está bien. Habla á la gente, amigo. A trabajar con brío, ó embarrancamos. A ello, á ello. (Vase.)

Entran MARINEROS.

PIL.—¡Ea, muchachos, ánimo, ánimo, muchachos! Con brío, con brío. Oído al pito del Capitán. Carga y aferra juanete. (Vanse los marineros.) Sopla hasta que se te revienten los pulmones, si encuentras sitio.

Entran ALFONSO, SEBASTIÁN, ANTONIO, FERNANDO, GONZALO y otros.

ALF.—Buen Piloto, con cuidado. ¿Dónde está el Capitán? Que trabaje la gente.

Pil.— Quedaos en la cámara, os lo suplico.

Alf. — ¿Dónde está el Capitán, Piloto?

Pil.—¿No lo estáis oyendo? Perturbáis nuestras maniobras. Idos á vuestros camarotes. ¿Venís á ayudar á la tormenta?

Gonz.— Buen amigo, ten calma.

Pil.—Cuando la tenga el mar. Idos. ¿Qué les importa á estas alborotadoras el nombre de rey? A la cámara. Callaos. No nos perturbéis.

Gonz. — Está bien; pero ten en cuenta á quién llevas á bordo.

Pil.—A nadie á quien ame más que á mí propio. Vos sois consejero. Si podéis lograr que estos elementos callen, y conseguir que haya inmediata paz, ni moveremos un cabo. Valeos de vuestra autoridad; pero, si no, dad gracias por haber vivido tan largo tiempo, y preparaos en vuestro camarote para la hora funesta, por si acaso. Animo, muchachos. Fuera de aquí, digo. (Vase.)

Gonz.—Este tunante me consuela. Paréceme que no ha nacido para ahogado. Su complexión es totalmente de ahorcado; no te arrepientas, hado bienhechor, de ahorcarlo. Haz que la cuerda que le está destinada nos sirva de cable, pues el nuestro no nos aprovecha. Si no nació para ahorcado, triste es nuestra situación. (Vanse.)

Vuelve á entrar el Piloto.

Pil.—Cala mastelero de gavia. Presto. Arría, arría. Probemos con la mayor. (Gritos dentro.) ¡Maldito aullar! Más estrépito arman que la tempestad y la marinería.

Vuelven á entrar SEBASTIÁN, ANTONIO y GONZALO.

… ¡Otra vez! ¿Qué hacéis aquí? ¿Damos de mano y nos ahogamos? ¿Tenéis ganas de hundiros?

Sebas.—¡Mala peste en tu lengua! ¡Alborotador, blasfemo, perro insensible!

Pil.—Pues trabajad vos.

Ant.—Ahorcado te veas, perro, ahorcado te veas. Hi de tal, insolente vocinglero. Menos miedo que tú tenemos de ahogarnos.

Gonz.—Yo garantizo que no se ha de ahogar, aunque fuera el buque menos fuerte que una cáscara de nuez, y menos estanco que mozuela relajada.

Pil.—A virar por redondo; á ceñir. Amura mayor y trinquete. A la mar. Largo.

Vuelven á entrar los Marineros chorreando agua.

Mars.—Perdidos estamos. A rezar, á rezar. Perdidos estamos. (Vanse.)

Pil.—¿Qué es eso? ¿Se nos va á enfriar la boca?

Gonz.—¡Rezan el Rey y el Príncipe! Acompañémoslos, que estamos en el mismo caso.

Sebas.—Pierdo la paciencia.

Ant.—La verdad es que nos roban la vida estos beodos. Este infame bocón. Así te estuvieras ahogando durante diez mareas.

Gonz. Ya lo ahorcarán, aunque proteste airada
De la mar cada gota, y se divida
De par en par, ansiosa de absorberlo.
    (Ruido confuso dentro.)

¡Compasión! ¡Naufragamos, naufragamos!
¡Adiós, esposa! ¡Adiós, hermano mío!
¡Mis hijos! ¡Naufragamos, naufragamos!
    (Vase el Piloto.)

Ant. Con el Rey todos sumergidos queden. (Vase.)

Sebas. Vamos á darle nuestro adiós postrero. (Vase.)

Gonz.—Ahora diera yo mil estadios de mar por una sola aranzada de árida tierra de lentiscal, de retamar, de breñal ó de erial, de cualquier cosa. Hágase la voluntad de Dios; pero preferiría morir de muerte enjuta. (Vase.)

ESCENA II.

La isla.—Ante la gruta de Próspero.

Entran PRÓSPERO y MIRANDA.

Miran. Si con tu ciencia provocar supiste
Este fragor de las salvajes ondas,
Aplácalas, querido padre mio.
Al parecer las nubes verterían
Pestífero alquitrán, si no apagara
Su ardor el mar al remontarse al cielo.
¡Oh, cuánto me angustiaron las angustias
Que he visto padecer! ¡Gallarda nave,
Que acaso nobles seres encerraba,
Hecha pedazos! ¡Oh, la gritería
Cuál golpeó contra mi pecho! ¡Pobres,
Han perecido! Si potente genio
Fuese, en la tierra al mar hubiera hundido
Antes que á nave tan gentil tragara,
Y á las almas que á bordo conducía.

Prósp. Ten calma, deja de asombrarte, y díle
A tu sensible corazón que daño
Ninguno sobrevino.

Miran.   ¡Qué desgracia!

Prósp. Ninguna. Sólo por tu bien lo hice.
Por tí, mi amor. Por tí, dulce hija mía,

Que quién eres ignoras, ignorando
De dónde soy, ni qué otra cosa sea
Que Próspero, señor de pobre gruta
Y humilde padre tuyo.

MIRAN.   Ni otra cosa
Quise jamás saber.

PRÓSP.   Llegó el instante
Hoy de que sepas más. Dame tu ayuda,
` Y quítame mi mágico vestido.—

(Quítase el manto.)

Arte mío, descansa.—De tus ojos
Las lágrimas enjuga y toma aliento.
Ese horrible naufragio, cuya vista
Hirió tu corazón tan hondamente,
Con tal cuidado enderezó mi ciencia,
Que ni el más leve mal—ni el de un cabello—
Padecieron los seres que en el buque
Viste gemir y sumergirse viste.
Siéntate, pues; que sepas más precisa.

MIRAN. Quién soy frecuentemente has comenzado
A referirme; mas cesaste siempre,
Dejándome perpleja y cavilosa,
Diciendo «espera, aun no.»

PRÓSP.   Llegó la hora,
El minuto en que abrir oídos debes.
Obedece y escucha. ¿De otros días
Antes de haber venido á nuestra gruta,
Algo, dime, recuerdas? No lo creo,
Pues tres años entonces no contabas.

MIRAN. Pues sí, señor, algo recuerdo.

PRÓSP.   ¿Cómo?
¿Otra casa quizás, otras personas?
¿Cuál es la imagen que fijada queda

En tu memoria?

MIRAN.   Lejos la columbro,
Y á sueño más que á realidad parece
La imagen responder. ¿A mi servicio
Cuatro ó cinco doncellas no tenía?

PRÓSP. Y más, Miranda. Pero ¿cómo vive
Eso en tu mente aún? Di, ¿qué otra cosa
Ves en el negro abismo del pasado?
Si de época anterior á tu venida
Así te acuerdas, tú, cómo vinimos
También recordarás.

MIRAN.   Pues no me acuerdo.

PRÓSP. Miranda, ha doce años, doce años,
Que era tu padre príncipe potente
Y duque de Milán.

MIRAN.   ¿No eres mi padre?

PRÓSP. Era tu madre de virtud dechado,
Y que eras hija mía aseguraba.
El Duque de Milán era tu padre,
Y su única heredera una princesa,
No de más baja estofa.

MIRAN.   ¡Justo cielo!
¿Por fortuna ó traición de allí salimos?

PRÓSP. Por ambas, ambas cosas, niña mía;
Por traición, como dices, nos lanzaron:
Nos trajo la fortuna.

MIRAN.   Me entristece
Considerar la carga que te he sido,
Sin darme de ello cuenta. Sigue, sigue.

PRÓSP. Mi hermano, tío tuyo, cuyo nombre
Era Antonio—te ruego que me escuches—
¡Que pueda ser tan pérfido un hermano!
Él, á quien yo después de tí quería

Más que á otro ser alguno, y el manejo
De mi Estado entregué, que entonces era
El prin ero entre todos y entre duques
El preeminente Próspero, no sólo
Por posición, cuanto por ser cual nadie
En artes liberales entendido.
Eran mi solo afán, y así el gobierno
A mi hermano cedí, de los negocios
Más y más apartándome, embebido
Y absorto en mis recónditos estudios.
Tu falso tío..... Pero dí, ¿me escuchas?

MIRAN. Con profunda atención.

PRÓSP.   Astutamente,
Concediendo ó negando pretensiones,
Crecer haciendo á aquel ó á este espigando
Porque sobresaliera, suyas hizo
Las gentes que eran mías, pues, ó muda,
Cual digo, unas con otras, ó las crea.
Siendo ya de él las llaves del gobierno
Y de sus funcionarios, que cantaran
Todos los corazones del Estado
Hizo al son agradable á sus oídos.
Hiedra fué que ocultó mi noble tronco
Y su savia absorbió.—Mas ¿no me atiendes?

MIRAN. Sí tal, señor.

PRÓSP.   Te ruego que me escuches.
Yo, olvidado de asuntos mundanales
Allá en mi soledad, mi inteligencia
Mejorando con eso, que sería,
A no estar tan remoto de las gentes,
Más estimado que otro bien alguno,
Perverso instinto en mi falaz hermano
A despertar llegué. Mi confianza,

Madre amorosa, generó falsia
Enorme en su contraste, como enorme
Mi confianza fué, que ciertamente
Linde no tuvo é ilimitada era.
De bienes y poder señoreado,
Como el que á fuerza de mentir consigue
Que peque su memoria y le parezca
La mentira verdad, creyó que el Duque
Erä él, porque él era el sustituto,
Y del poder la imagen retenía
Y sus prerrogativas ostentaba.
De aquí surgiendo su ambición... ¿Me atiendes?

MIRAN. Tu historia curaría la sordera.

PRÓSP. Porque no hubiese distinción ninguna
Entre el papel que hacía y el sujeto
Que así representaba, fué preciso
Que en Milán gobernara en absoluto.
Para mí—pobre hombre—suficiente
Ducado se juzgó mi biblioteca.
De temporal poder creyóme inepto,
Y con el Rey de Nápoles se liga—
Tan grande fué su sed de poderío—
Obligándose á él á anuo tributo
Y á rendirle homenaje, sometiendo
La diadema ducal á esa corona,
Y su reino humillando, siempre altivo—
¡Pobre Milán!—á postración abyecta.

MIRAN. ¡Justos cielos!

PRÓSP.   Oirás sus condiciones
Y el fin de todo, y dime si es posible
Que ese fuera mi hermano.

MIRAN.   Pecaría
No creyendo á mi abuela virtuosa;

Nacen de entrañas buenas malos hijos.

PRÓSP. Ahora verás las condiciones. Este
Rey de Nápoles, que odio me tenía,
Escuchó la propuesta de mi hermano,
Que era que, en cambio de lo que antes dije,
De rendirle homenaje y de pagarle
Cierto tributo, del Ducado luego
A mí me desterraran y á los míos,
Y á la bella Milán con toda pompa
Diera á mi hermano en pago. Concertados,
Fuerzas traidoramente aprestan luego,
Y en una noche al caso destinada
Abrió las puertas de Milán Antonio,
Y en la profunda obscuridad, veloces
Quienes la empresa ejecutar debían,
Lleváronme contigo, que llorabas.

MIRAN. ¡Ay triste! ¡ay triste! Ya que no recuerdo
Cómo lloré, llorar de nuevo es fuerza.
La alusión de mis ojos llanto exprime.

PRÓSP. Oye un instante más, y de seguida
Al actüal asunto llegaremos,
Que ya está encima, y sin el cual la historia
Que te he narrado impertinente fuera.

MIRAN. Pero entonces ¿por qué no nos mataron?

PRÓSP. Muchacha, dices bien. Esa pregunta
Cuadra en mi narración. Hija querida,
No osaron eso hacer, me amaba el pueblo;
Ni tan sangrienta faz dar al asunto.
Quisieron con colores más brillantes
Encubrir sus propósitos inicuos.
En resumen. Lleváronnos á un buque
Y leguas mar afuera nos sacaron,
Y un bote allí podrido nos destinan

Sin aparejo, jarcia, vela ó mástil,
Del que aun las ratas por instinto huyeron,
Y nos meten en él; y en él nos dejan
Para llorar al mar que nos rugía
Y suspirar al viento, que clemente,
Mezclando sus suspiros con los nuestros,
Mal bienhechor nos hizo.

MIRAN.   ¡Ay Dios, qué carga
Te fuí yo entonces!

PRÓSP.   Querubín tú fuiste
Que me salvaste. Tú te sonreías,
Inspirada en celeste fortaleza.
Mientras que yo del mar la superficie
Cubría con mis lágrimas amargas,
Gimiendo bajo el peso de mi angustia,
Tú así mi triste espíritu animaste
Para afrontar el porvenir incierto.

MIRAN. ¿Cómo á tierra vinimos?

PRÓSP.   Lo dispuso
La voluntad divina.
Víveres y también agua tuvimos,
Que Gonzalo, un señor napolitano
A quien encomendaran esta empresa,
Por caridad nos dió, con ricos trajes,
Lienzos y telas y demás efectos
Que tanta utilidad nos han prestado.
Sabiendo mi afición á la lectura,
Me entregó de mi misma librería
Libros que estimo en más que mi ducado.

MIRAN. ¡A ese hombre ojalá que ver pudiera!

PPRÓS.   (Colocándose el manto.)
Levántome. Sentada queda, y oye
El fin de nuestra náutica aventura.

A esta isla llegamos, donde he sido
Yo tu maestro, còn mayor ventaja
Para tí que alcanzó princesa alguna,
A quienes tiempo para holgar les sobra
Y no tienen tutores tan prudentes.

MIRAN. Dios te lo pague. Y ahora dí, te ruego
(Porque en mi mente sin cesar golpea),
¿Por qué razón forjaste la borrasca?

PRÓSP. Esto sabrás. Por accidente extraño,
El hado, que propicio me es ahora,
Trajo á mis enemigos á estas playas.
Sé que depende, por presciencia mía,
Hoy mi cenit de bienhechora estrella,
Y si no me aprovecho de su influjo
Y lo dejo pasar, eternamente
Mi suerte decaerá. Más no preguntes.
¿Te duermes? Saludable es tu modorra,
A ella cede; no puedes resistirla.
        (Miranda se duerme.)
Acude, siervo, ven. Pronto me hallo.
Acércate, Ariel mío.

Entra ARIEL.

ARIEL. ¡Salve mil veces, amo excelso; salve
Venerando señor!·Vengo á tu lado
A cumplir tus más mínimos deseos;
A volar, á nadar, á ir por las llamas
O á cabalgar sobre rizadas nubes.
A Ariel, y cuanto él valga, á tu capricho
Omnímodo somete.

PRÓSP.   ¿Di, forjaste,
Genio, la tempestad como te dije?

ARIEL. Sin omitir un punto.

La regia nave al abordar espanto,
Ardiendo á popa ó ya sobre el alcázar,
O en el combés ó en cada camarote.
A veces de repente me divido
En diferentes puntos fulgurando,
Y en el bauprés, el tope y en los vergas
Con viva luz flameo. Mas de pronto
Vuelvo otra vez á unirme. Ni los mismos
Relámpagos dé Jove, precursores
De tremebundos truenos, más vivaces
Ni menos abarcables con la vista
Que aquéllos se mostraron. Esas llamas,
Ese fragor del sulfuroso estruendo
Al potente Neptuno parecían
Asediar, y á sus ondas orgullosas
Estremecer, y á su tridente fiero
Hacer temblar.

PRÓSP.   ¡Oh espíritu animoso!
¿Hubo allí quien impávido y tranquilo
Tener pudiera su razón en calma
En semejante confusión?

ARIEL.   Ninguno
Vióse allí exento de febril locura
O que desesperado no luchase.
Todos, con excepción de los marinos,
Se arrojaron al piélago espumoso,
Dejando al buque que conmigo ardía.
Gritó Fernando, el hijo del Monarca,
Con los pelos de punta—que eran mimbres
No cabellos entonces—el primero
Lanzándose: «El infierno está vacío,
Que aquí los diablos todos se han citado.»

PRÓSP. ¡Cual quien eres, oh genio, te portaste!

¿Mas esto no pasó junto á la costa?

ARIEL. Cerca, señor.

PRÓSP.　　　　　Ariel, ¿y se hallan salvos?

ARIEL. No se ha sacrificado ni un cabello.
Su ropa, que sus cuerpos sostenía,
Está sin manchas y mejor que estaba,
Y como me ordenaste dispersélos
En la isla por grupos. Solitario
Hice al hijo del rey ganar la playa,
Y ahora con ayes el ambiente enfría,
Y de la isla en un rincón sentado
Los brazos junta en este triste nudo.

PRÓSP. ¿De la nave del Rey, de los marinos,
Qué hiciste dime, y de los otros buques?

ARIEL. Salvo el bajel del Rey se halla en bahia.
Está escondido en la profunda cala
Do una vez me llamaste á media noche
Para hacerme ir en busca de rocío
A las siempre belígeras Bermudas.
A un encanto debido, y á sus cuitas,
Allí reposan en profundo sueño.
El restó de la flota dispersada
Se ha reunido otra vez, y ya se encuentra
En el Mediterráneo, tristemente
A Nápoles el rumbo dirigiendo,
Pues piensan que del Rey vieron al buque
Hundirse al fin con su real persona.

PRÓSP. Ariel, quedó mi encargo bien cumplido,
Pero aun más hay que hacer. ¿Qué hora te-

ARIEL. Es más de mediodía.　　　　　[nemos?

PRÓSP.　　　　　Desde entonces
Pasó dos veces del reloj la arena,
Y hasta las seis nos es indispensable

Aprovechar el tiempo con usura.

ARIEL. ¿Hay más que trabajar? Pues me atareas,
Deja que tu promesa te recuerde
Que aun cumplido no está..

PRÓSP.   ¿Qué es eso? ¡Adusto!
¿Qué exiges, dí?

ARIEL.   Mi libertad.

PRÓSP.   Mas ¿cómo
Antes de haber el término cumplido?
No hablemos más.

ARIEL.   Te ruego que recuerdes
Lo útil que he sido para tí, que nunca
Dije mentira, ni torpezas hice
Y sin quejarme y sin gruñir te sirvo:
Me prometiste rebajarme un año.

PRÓSP. ¿Te has olvidado ya de la tortura
De que yo te saqué?

ARIEL.   No.

PRÓSP.   Sí por cierto.
Te molesta pisar el blando limo
Del profundo Oceano;
Cabalgar sobre el cierzo penetrante;
Servirme en las entrañas de la tierra
Cuando está por la escarcha endurecida.

ARIEL. No tal, señor.

PRÓSP.   Maligno genio, mientes.
¿Olvidaste ya á Sícorax, la bruja
Maldita aquella á quien la edad y el odio
Hecha un arco pusieron? ¿La olvidaste?

ARIEL. Señor, no tal.

PRÓSP.   Sí tal. ¿De dónde vino?
Habla. Díme.

ARIEL.   De Argel, señor.

PRÓSP.   ¿De veras?

Una vez cada mes debo decirte
Lo que antes eras y olvidar pareces.
Sícorax, esa bruja maldecida,
Por múltiples infamias, por hechizos,
Que son para escuchados harto horribles,
Fué de Argel, como sabes, desterrada.
Mas por un acto suyo arrebatarle
No quisieron la vida Dí, ¿no es cierto?

ARIEL. Es la verdad, señor.

PRÓSP. Pues á esa arpía de cerúleos ojos
Sacaron de allí en cinta, y los marinos
Trasladaron aquí. Tú, que te llamas
Mi esclavo, entonces eras siervo suyo,
Y (pues eras espíritu harto bueno
Para cumplir sus órdenes odiosas)
Al rehusar sus mandatos, con ayuda
De sus más poderosos familiares,
Y en un acceso de implacable furia,
En un hendido pino te introdujo,
Y en esa raja aprisionado fuiste
Doce años, sufriendo cruel tortura.
Murió entretanto, y preso allí quedaste,
Sin cesar repitiendo tus lamentos
Cual dan vueltas las aspas de un molino.
Entonces á esta isla, humana forma
Ninguna honraba, exceptuando sólo
Un hijo que á la luz sacó del día
Abigarrado engendro de vil bruja.

ARIEL. ¿Y Cáliban su hijo?

PRÓSP.   ¡Torpe! es ése.
Sí, Cáliban, que hoy tengo á mi servicio.
Nadie mejor que tú sabe lo grande

De tu tortura. Entonces tus lamentos
Aullidos en los lobos inducían,
Y en corazones de osos aplacaron
La sempiterna furia. Fué tormento
De un condenado digno. No podía
Sícorax anularlo. Cuando vine
Y te escuché, mi ciencia fué quien hizo
Al pino bostezar y libertarte.

ARIEL. Gracias, señor.

PRÓSP.   Si á murmurar me vuelves,
He de hender una encina y en su centro
Nudoso he de clavarte, donde inmóvil
Pasarás doce años dando aullidos.

ARIEL. Perdón, señor. Haré lo que me mandes
Como dócil espíritu.

PRÓSP.   Pues hazlo,
Y dentro de dos días libre quedas.

ARIEL. Mi noble amo cual quien es se porta.
¿Qué haré yo? ¿Dime qué? ¿Dime qué hago?

PRÓSP. Vete luego y asume la apariencia
De una ninfa marina. Solamente
Sé á mi vista objetivo. Sé invisible
A otras órbitas. Ve; toma esa hechura
Y vuelve luego. Ve con diligencia.
          (Vase Ariel.)
Despierta, corazón, despierta. Largo
Tu sueño fué, despierta.

MIRAN. (Despertándose.)   De tu historia
La extrañeza letargo me produjo.

PRÓSP. Sacúdelo. Conmigo ven. Iremos
A visitar á Cáliban mi esclavo,
Quien nunca cariñoso nos responde.

MIRAN. Es un infame y me repugna el verlo.

PRÓSP. Mas ocurre que es fuerza soportarlo;
      Nos enciende la lumbre y nos trae leña,
      Y nos hace servicios provechosos.
      ¡Eh, Cáliban, esclavo! ¡Lodo inmundo!
      Responde tú.
CÁLIB. (Dentro.)   Tenemos leña en casa.
PRÓSP. Sal te digo, que tengo de ocuparte
      En otra cosa. Sal, tortuga. ¿Vienes?

Vuelve á entrar ARIEL en forma de ninfa marina.

      ¡Bella visión! Mi lindo Ariel, escucha.
ARIEL. Lo haré, señor. (Vase.)
PRÓSP.   Esclavo ponzoñoso,
      Sal. ¡Tú, del mismo Lucifer producto,
      En tu madre malévola engendrado!

Entra CÁLIBAN.

CÁLIB. Caiga en los dos mortífero rocío
      Como el peor que recogió mi madre
      Con la pluma de un grajo en charca infecta.
      Un vendaval os sople y os desuelle.
PRÓSP. Pues estáte seguro que por eso
      Vas á tener calambres esta noche
      Y dolores agudos de costado
      Que el aliento te quiten. Los erizos
      Cuando en la negra obscuridad trabajen
      Se cebarán en ti. Serás colmena
      Á pinchazos. Será cada pinchazo
      Punzante aún más que si de abeja fuese.
CÁLIB. Necesito comer. Esta isla es mía,
      Me la ha dejado Sícorax mi madre
      Y me la usurpas tú. Cuando viniste
      Te inauguraste haciéndome caricias

Y teniéndome en mucho. Tú me dabas
Agua de bayas á beber. Los nombres
Supe de la luz fuerte y la luz débil
Que por el día y por la noche arden,
Y yo te quise entonces. Conociste
Por mí las propiedades de la isla;
Las ricas fuentes, los salobres pozos,
El sitio estéril y la vega fértil.
Maldito yo que obré de esa manera.
Los hechizos de Sícorax y sapos,
Murciélagos y arañas te confundan.
Soy el único súbdito que tienes,
Y era rey de mí mismo en un principio,
Y hoy me acorralas entre duras peñas
Y el resto me arrebatas de la isla.

PRÓSP. Archiembustero esclavo, á quien tan sólo
Golpes conmueven y bondad ninguna.
Yo te he tratado, inmundo ser, cual eres,
Con humanal afecto. Te he admitido
A vivir en mi celda, hasta el instante
Que violar á mi niña pretendiste.

CÁLIB. ¡Oh, oh, oh, y ojalá que un hecho fuera!
Tú lo evitaste. O ya poblado habría
La isla de Calíbanes.

PRÓSP.   Vil siervo
En quien no hace impresión virtud ninguna
Y está dispuesto á las maldades todas,
Yo te compadecí, y esmero puse
En obligarte á hablar. Hora tras hora
Alguna cosa te enseñé. Salvaje,
Tú, que ni tus conceptos comprendías.
Cuando como alimaña dabas gritos,
Yo doté tus intentos de palabras

Que los dió á conocer; y, aunque aprendiste,
Tu vil instinto en sí siempre retuvo
Lo que naturalezas virtuosas
Jamás pudieron tolerar; por eso
Mereciste el destierro á este peñasco,
Tú, que más que una cárcel merecías.

CÁLIB. Tú me enseñaste á hablar; gané con ello
Poderte maldecir. Por enseñarme
Tu lengua, que te dé la peste roja.

PRÓSP. Vete, aborto de bruja. Tráenos fuego
Y vuelve pronto aquí. Te tiene cuenta.
Hay más que hacer. ¿Los hombros alzas, tuno?
Si te descuidas, ó de mala gana
Haces lo que te ordeno, he de ponerte
Con seniles calambres en un potro,
Y llenaré tus huesos de dolores
Que te han de hacer bramar hasta que tiemblen
Al oir el estrépito las fieras.

CÁLIB. No. Te lo ruego. (Aparte.) Obedecer precisa;
Tan potente es su arte, que humillara
A Sétebos con él, dios de mi madre,
Y hasta lo avasallara.

PRÓSP.   Vete, esclavo.
            (Vase Cáliban.)

Vuelve á entrar ARIEL, invisible, tocando y cantando.
        FERNANDO siguiéndole.

        ARIEL. (Cantando.)

A estas áureas arenas llegaos,
Vuestras manos en corro juntad,
Un saludo gentil, y besaos.
Fieras ondas, callad.

Al triscar por la playa de oro,
Repetid, geniecillos, el coro.
Escuchad, escuchad
¡Uau, uau, uau! (Coro confuso dentro.)
El ladrido del can vigilante.
¡Uau, uau, uau! (Coro confuso dentro.)
Escuchad, escuchad:
Desde aquí
Oigo al gallo cantar arrogante
Su quiquiriquí.

FERN.   ¿De qué lugar del cielo ó de la tierra
Esta música sale?—Cesa. Sigue
Á una deidad, sin duda, de la isla.
Yo en un altillo de la playa estaba,
El naufragio llorando nuevamente
Del rey mi padre, cuando á mí se vino
Sobre la mar la música flotando,
A la par que su cólera mi pena
Templando con su dulce melodía,
Y desde allí la sigo; ó por ventura
Atrayéndome va. Mas ha cesado.
No, de nuevo comienza.

ARIEL. (Canta.)

De tu padre los despojos
A cinco brazas están;
Corales sus huesos dan
Y estas perlas son sus ojos.
Lo que disolviendo irán
De su deleznable arcilla,
En primor ó maravilla
Las ondas convertirán.

De hora en hora doblándole van
Las ninfas marinas. Din. Dan.
¡Atención!
La campana ya suena. Din. Don.

FERN.   La canción á mi padre me recuerda.
No es ésta cosa humana, ni es sonido
Terrenal. Sobre mi lo escucho ahora.
PRÓSP. Las cortinas franjadas de tus ojos
Levanta, y dime lo que allí contemplas.
MIRAN. ¿Qué es elló? ¿Es un espíritu? ¡Dios mío!
¡Cual mira en torno suyo! Tiene, padre,
Para decir verdad, bella figura.
¿Es espíritu?
PRÓSP.   No, muchacha. Come
Y duerme y tiene los sentidos todos
Que nosotros tenemos. El que miras
Es un galán que estuvo en el naufragio,
Y si ajado algún tanto no estuviese
Por el dolor, de la belleza oruga,
Llamársele pudiera bello mozo.
Á los amigos busca que ha perdido.
MIRAN. Criatura celestial lo llamaría;
Nunca he visto figura tan gallarda.
PRÓSP. (Aparte.) Prospera, cual mi espíritu lo induce.
Genio, genio gentil, por tal servicio
Libre serás al fin de un par de días.
FERN.   ¡Es la divinidad sin duda alguna
Á quien estos cantares acompañan!
Escucha mi oración. Sepa si vives
En esta isla. Próvidos consejos
Dame para valerme en este sitio.
Mas mi ruego mayor al fin pronuncio

Y es éste: ¿me dirás ¡oh maravilla!
Si eres doncella ó no?

MIRAN.   Seguramente
Maravilla no soy, mas sí doncella.

FERN.   ¡Mi lengua! ¡Cielos santos! Yo el primero
Fuera de quienes hablan este idioma
Si en el país me hallare en que se habla.

PRÓSP.   ¿Cómo el primero? ¿Qué de tí sería
Si oirte el Rey de Nápoles pudiera?

FERN.   Simple mortal cual soy en este instante,
Que se asombra que á Nápoles aludas.
Pero me escucha, sí. Lloro por eso.
Rey de Nápoles soy. Ví con mis ojos,
En donde desde entonces la marea
De mi llanto no baja, al Rey mi padre
Morir en un naufragio.

MIRAN.   ¡Qué desdicha!

FERN.   Sí, con su corte toda. Allí murieron
El Duque de Milán y su hijo excelso.

PRÓSP.   (Aparte.) El Duque de Milán, y juntamente
Su más excelsa hija, te pudieran
Contradecir si fuese necesario.
Cambian miradas á primera vista.
Tu libertad tendrás, Ariel, por esto.—
Buen hombre, una palabra. Me parece
Que te has equivocado. Una palabra.

MIRAN.   (Aparte.) ¿Por qué gasta mi padre tal dureza?
Con éste son tres hombres los que he visto.
Quien me haga suspirar, éste el primero.
Á mi padre seguir mi rumbo induzca
La compasión.

FERN.   ¡Oh! Si doncella eres,
Y no ha tomado tu cariño vuelo,

Te haré reina de Nápoles.

PRÓSP. Despacio.

Señor, una palabra más. (Aparte.) Cautivo
Del uno el otro está; pero precisa
Dificultar tan rápido negocio,
No el premio desestimen por lo fácil.—
Una palabra más. Ven, te lo mando.
Aquí asumes un nombre que no es tuyo,
Y vienes á esta isla como espía
A usurpármela á mí que soy su dueño.

FERN. No. Por mi fe lo juro.

MIRAN. No es posible
Que en ese templo viva nada indigno.
Si en tan bella mansión el mal habita,
También lo bueno allí querrá albergarse.

PRÓSP. Sígueme tú. No abogues más por ése.
Es un traidor. Aherrojaré su cuello
Con sus pies. Beberá del mar el agua
Y comerá moluscos de agua dulce,
Y raíces y cáscaras en donde
Bellotas al nacer hallaron cuna.
Sígueme.

FERN. No. Resisto tu hospedaje
Hasta más fuerza hallar en mi enemigo.
(Saca la espada, pero queda sin movimiento.)

MIRAN. ¡Oh padre amado! A tan violenta prueba
No lo expongas, que es noble y no es cobarde.

PRÓSP. ¿Qué es eso? ¿Mi Bufón tutor es mío?
Traidor, la espada ten. Baladroneas,
Pero á herir no te atreves. Te lo impide
Tu conciencia de culpa poseída.
Sal de tu guardia ya, que desarmarte
Con esta vara puedo, y que por tierra

Tu espada caiga.

MIRAN. ¡ Por favor, oh padre !

PRÓSP. Vete ya; no me agarres del vestido.

MIRAN. ¡Por compasión, señor! Yo de él respondo.

PRÓSP. ¡Silencio! ni hables más una palabra;
Ó te habré de reñir y acaso odiarte.
¿Qué? ¿Tú de un impostor ser defensora?
Calla. Imaginas que cual él no hay seres.
Has visto á él y á Cáliban tan sólo,
Tontuela. Como Cáliban es éste
Entre la mayoria de los hombres,
Y ángeles son con él al compararse.

MIRAN. Mis aficiones pecarán de humildes
En ese caso, porque no ambiciono
Ver hombre más gallardo.

PRÓSP. (Á Fernando.)　　　Ven conmigo.
Obedece. Tus músculos tornaron
A la infancia, y vigor en sí no tienen.

FERN. Es verdad, como en sueño aletargadas
Mis potencias están. Haber perdido
Al padre mío; la endeblez que siento;
De mis amigos todos el naufragio;
Las duras amenazas de este hombre
Á quien me encuentro subyugado, fueran
Soportable dolor, si cada día
Contemplar una vez me fuera dado
Desde mi calabozo á esta doncella.

PRÓSP. La cosa marcha. (Aparte.)
(Á Fernando.)　　Vamos. (Á Ariel.) Ariel mío,
Has trabajado bien. (Á Fern.) Sigue mis pasos.
(Á Ariel.) Escucha, más que hacer hay todavía.

MIRAN. Ánimo recobrad. Menos adusto
Es mi padre, señor, de lo que ostenta

No es usual en él lo que ha ocurrido.

PRÓSP. (Á Ariel.) Libre cual es el viento en la montaña
Serás; pero es preciso con esmero
Que cumplas mis mandatos.

ARIEL.   Á la letra.

PRÓSP. Sigue. Por él no abogues.

ACTO SEGUNDO.

ESCENA PRIMERA.

Otra parte de la isla.

Entran ALFONSO, SÉBASTIÁN, ANTONIO, GONZALO, ADRIANO, FRANCISCO y otros.

Gonz.　Anímate, señor. Tienes motivo,
　　　　Cual todos, de contento. Que el salvarnos
　　　　Supera á nuestras pérdidas con mucho.
　　　　Frecuente es la aflicción que padecemos.
　　　　Cada día la esposa del marino,
　　　　El capitán del buque traficante,
　　　　Y el mismo traficante, causa tienen
　　　　Para una pena igual; mas un milagro—
　　　　Quiero decir que salvos nos hallemos—
　　　　Lo contarán entre millones pocos.
　　　　Así, pesa, señor, juiciosamente
　　　　Tu dolor y tu dicha.

Alf.　　　　　　　　　　　　Calla, calla.

Sebas.—Acepta el consuelo como si fuera caldo frío.

ANT.-- No lo dejará el Rector tan fácilmente.

SEBAS.— Dando cuerda está al reloj de su ingenio. Pronto dará la hora.

GONZ.— Señor.....

' SEBAS.— Una. Cuenta.

GONZ.— Cuando se acarician las desventuras que se nos presentan, á quienes las acarician.....

SEBAS.— Un duro.

GONZ.— Duro fin les alcanza. Hablaste con más juicio que imaginabas.

SEBAS.— Lo tomaste con más discreción de lo que me proponía.   •

GONZ.— Por tanto, señor.....

ANT.— ¡Diantre, qué derrochador de lengua!

ALF.— No más, no más.

GONZ.— Bien. He terminado; pero sin embargo.....

SEBAS.— Él ha de hablar.

ANT.— Apostemos algo que valga la pena sobre quién cacarea primero, él ó Adriano.

SEBAS.— El gallo viejo.

ANT.— El pollo.

SEBAS.— Hecho. ¿Qué apostamos?

ANT.— Una risotada.

SEBAS.— Convenido.

ADRIA.— Aunque esta isla parece desierta.....

SEBAS.— ¡Ja, ja, ja! Ya estás pagado.

ADRIA.— Inhabitable y casi inaccesible.....

SEBAS.— Sin embargo.....

ADRIA.— Sin embargo.....

ANT.— ¡Cómo había de faltar!

ADRIA.— Sutil, suave y delicado debe ser su temperamento.

ANT.— Temperamento de moza delicada.

SEBAS.—Y sutil, por supuesto, como discretamente afirma.

ADRIA.—El aire de este lugar nos orea dulcemente.

SEBAS.—Cual si tuviera pulmones, y podridos.

ANT.—O cual si los perfumara un pantano.

GONZ.—Aquí hay cuanto aprovecha para la vida.

ANT.—Cierto, menos manera de vivir.

SEBAS.—De eso hay poco ó nada.

GONZ.—¡Qué fresca y vigorosa crece la hierba! ¡Qué verde!

ANT.—Pues lo que es la tierra pardea.

SEBAS.—Con un si es no es de verdor.

ANT.—No la yerra grandemente.

SEBAS.—No. Ve sólo del revés la verdad.

GONZ.—Pero lo raro de ello, lo que apenas es creíble.....

SEBAS.—Como sucede con muchas reconocidas rarezas.

GONZ.—Es que nuestros vestidos, habiéndose mojado en el mar, mantengan, no obstante, su frescura y su brillo, cual si hubieran sido nuevamente teñidos, y no manchados con agua salada.

ANT.—Si hablara uno de sus bolsillos, ¿no le daría el mentís?

SEBAS.—Sí tal, ó acaso, poco honradamente, se embolsara el cuento.

GONZ.—Paréceme que nuestros vestidos están ahora tan nuevos como cuando los estrenamos en África con motivo de la boda de Claribel, la bella hija de nuestro Rey, con el Rey de Túnez.

SEBAS.—¡Bonita boda fué! y bien nos va en nuestro retorno.

ADRIA.—Jamás fué Túnez honrada con modelo de Reina semejante.

Gonz. - Desde los tiempos de la viuda Dido.

Ant.—¡ Viuda! ¡ Mala peste! ¿Cómo se ha colado aquí esa viuda? ¡ La viuda Dido!

Sebas.—¿Qué tal, si hubiera dicho también «el viudo Eneas?» ¡ Dios eterno, y desde dónde lo toma!

Adria — ¿La viuda Dido dijiste? Me haces reflexionar. Era de Cartago, y no de Túnez.

Gonz.— Túnez era Cartago.

Adria.— ¡ Cartago!

Gonz.— Te lo aseguro, Cartago.

Ant.— Su palabra vale más que el arpa milagrosa.

Sebas.—Levanta muros, y también edificios.

Ant.- Después de esto, ¿qué imposibilidad no alcanzará?

Sebas.— Paréceme que se llevará esta isla á casa en el bolsillo, y se la regalará á su hijo como si fuera una manzana.

Ant.— Y sembrando las pepitas en el mar, hará surgir nuevas islas.

Alf.— Sí tal.

Ant.— Con el tiempo.

Gonz.— Señor, decíamos que nuestros vestidos parecen tan nuevos como cuando estábamos en Túnez en la boda de tu hija, que es hoy reina.

Ant.— Y la más hermosa que jamás hubo allí.

Sebas.—Exceptuando, te lo ruego, la viuda Dido.

Ant.—¡ Oh, la viuda Dido! Por supuesto. ¡ La viuda Dido!

Gonz.— ¿No está mi jubón, señor, tan nuevo como el primer día que me lo puse? Es decir, hasta cierto punto.

Ant.— Ese punto ha estado muy bien puesto.

Gonz.— Cuando me lo puse en la boda de tu hija.

ALF. Me atestás los oídos de palabras
Que absorber á mi espíritu repugna.
¡Ojalá no casara á la hija mía!
Que al retornar de allí pierdo á mi hijo
Y á ella también, por lo que á mí me toca,
Pues tan lejos dejándola de Italia,
No podré verla más. Tú, mi heredero,
De Milán y de Nápoles, ¡oh! dimé,
¿Qué pez horrendo devorarte pudo?

FRANC. Vive acaso, señór. El oleaje
Le vi humillar á golpes., cabalgando
Sobre sus lomos. Víle hollar al agua
Y vencer su coraje. Dar su pecho
A la ola feroz que le embestía,
Y sobre la resaca luchadora
Levantar arrogante su cabeza
Al remarle sus brazos vigorosos
Con empuje potente hasta la orilla,
Que sobre sus cimientos carcomidos
Por el mar se encorvaba, cual ansiosa
De prestarle su amparo al inclinarse.
Vivo á tierra llegó, yo no lo dudo.

ALF. No, no: murió.

SEBAS.   Pues date á tí las gracias
De pérdida tan grande. No quisiste
Que tu hija fuese bendición de Europa,
Y con un africano la dejaste,
Donde está desterrada de tus ojos,
Que causa tienen de llorar su cuita.

ALF. Calla, por Dios.

SEBAS.   De hinojos nos postramos
Ante tí todos, y de varia suerte
Te importunamos todos, y ella misma,

Dulce criatura, vaciló dudosa
Entre el disgusto suyo y la obediencia
De cuál lado inclinaba la balanza.
Perdimos otro hijo, y para siempre,
Me temo yo. Por esto más vïudas
Tendrá Milán y Nápoles, que hombres
Para que se consuelen les llevamos.
Tuya es la culpa.

ALF.   Soy quien más lo paga.

GONZ. Esa verdad que proferís carece
Un tanto de dulzura, y el momento,
Don Sebastián, no es éste de enunciarla.
Frotas la llaga á la que debes sólo
Aplicar el emplasto.

SEBAS.   ¡Buena frase!

ANT. De cirujano experto.

GONZ.   Para todos
El tiempo es malo si te anublas.

SEBAS.   ¡Malo!

ANT. Pésimo.

GONZ.   Sí, señor, colonizara
Esta isla yo.

ANT.   Sembrárala de ortigas.

SEBAS. Ó de malvas tal vez y de acederas.

GONZ. ¿Sabéis lo que yo hiciera si rey fuese?

SEBAS. No embriagarte jamás por no haber vino.

GONZ. Todo en esta República se haría
Por mi al revés. Ni tráfico admitiera,
Ni á nadie titularse magistrado,
Ni ninguna instrucción, ricos ni pobres
Ni sirvientes habría, ni contratas,
Ni herencias, ni vallados, ni linderos,
Ni cortijos, ni viñas, ni moneda,

Grano, aceite, ni vino, ni ninguna
Ocupación. Los hombres, todos, todos
Holgaran, y lo mismo las mujeres,
Más puras é inocentes. Ni gobierno.....

SEBAS. ¡Y ser el rey, no obstante, pretendía!

ANT. El fin de su República ha olvidado
Ya su principio.

GONZ.   Sin sudor ni esfuerzo
Para todos feraz Naturaleza
Todo produciría. Ni traiciones,
Ni robo, espada, pica, ni cuchillo,
Ni arcabuz, ni otra máquina ninguna
Consintiera yo allí. Naturaleza
Sus cosechas daría en abundancia
Para nutrir á mi inocente pueblo.

SEBAS. ¿No consiente á sus súbditos casarse?

ANT. Por supuesto que no. Todos ociosos,
Mozuelas y rufianes.

GONZ.   Gobernara
Con tanta perfección que eclipsaría
Mi gobierno, señor, al siglo de oro.

SEBAS. ¡Viva su majestad!

ANT.   ¡Viva Gonzalo!

GONZ. Y..... señor, ¿pero escuchas lo que digo?

ALF. Calla, te ruego. Nada estás diciendo.

GONZ.—Bien lo creo, alteza, y lo hago para dar algún motivo á estos caballeros de tan sensibles y ágiles pulmones y acostumbrados á reir de nada.

ANT.—Nos reíamos de ti.

GONZ.—¿Quién en esta clase de alegres bufonadas es nada comparado con vosotros? Así, pues, podéis continuar y seguir riéndoos de nada.

ANT.—¡Buen golpe ha dado!

SEBAS.—Pero cayó de plano.

GONZ.—Animosos caballeros sois. Sacarais á la luna de su esfera si permaneciese sin mudar cinco semanas.

Entra ARIEL invisible.—Música solemne.

SEBAS.—Sí tal, y nos iríamos luego á cazar murciélagos.

ANT.—Señor mío, no te enojes.

GONZ.—No. Te lo aseguro. Por tan débil causa no comprometería mi buen juicio. Amodorrado estoy. ¿Queréis conciliarme el sueño con vuestra risa?

ANT.—Duérmete y escúchanos.

(Todos duermen excepto Alfonso, Sebastián y Antonio).

ALF. ¡Qué! ¿todos ya dormidos? Encerrados
      Quedaran, ojalá, mis pensamientos
      Al cerrarse mis ojos, que á eso tienden.

SEBAS. No desdeñes la oferta perezosa,
      Que rara vez á la desdicha acude,
      Pero que siempre al acudir consuela.

ANT. Por tu seguridad, mientras descansas,
      Aquí nosotros dos vigilaremos.

ALF. Gracias..... ¡Qué pesadez!
          (Alfonso duerme. Vase Ariel).

SEBAS.   Rara modorra
      De ellos se apoderó.

ANT.   Pende del clima.

SEBAS. ¿Y por qué nuestros párpados no cierra?
      Sueño no tengo yo.

ANT.   Ni yo tampoco.
      Piensa activa mi mente. De consuno
      Cayeron todos cual del rayo heridos.
      ¡Oh noble Sebastián! No se pudiera.....
      No se pudiera.....? Basta..... mas contemple

Lo que pudieras ser en tu semblante.
Bríndase la ocasión, y una corona
Cernirse ve mi intensa fantasía
Sobre tu frente.

SEBAS.   Pero ¿estás despierto?

ANT.   ¿No me escuchas?

SEBAS.   Sí tal, mas tu lenguaje
Es de un dormido, y entre sueños hablas.
¿Qué dijiste? ¡Rarísimo reposo,
Dormido con los párpados abiertos,
De pie, con voz y acción, y sin embargo
Dormido de ese modo!

ANT.   Á tu fortuna
Dormir; morirse, Sebastián, permites.
Despierto, cual estás, cierras los ojos.

SEBAS. Roncas y en tu roncar hallo sentido.

ANT.   Más serio estoy que de costumbre. Es fuerza
Que al escucharme tú lo estés. Con eso
Tu ser triplicarás.

SEBAS.   Soy agua mansa.

ANT.   Te mostraré cuál crece la marea.

SEBAS. Hazlo, que á refluir á mí me invita
Pereza hereditaria.

ANT.   ¡Si supieses
Cuánto, al burlarte, mi proyecto acoges,
Cuanto al quererlo desnudar lo adornas!
¡Los hombres que refluyen, ciertamente
Del fondo tan cercanos siempre corren
Por causa de su miedo ó su pereza!

SEBAS. Prosigue. Tu semblante, tu mirada
Indican que algo guardas, pero el parto
Se presenta bastante laborioso.

ANT.   Escucha, pues. Aunque este caballero

De memoria tan frágil, como débil
Su recuerdo será yéndose al hoyo,
Al Rey ha persuadido—por carácter
Es persuasor, se ocupa solamente
En persuadir—de que su hijo vive,
Tan raro juzgo yo que no se ahogara,
Como que nade aquél allí durmiendo.

SEBAS. ¡De que ahogado no esté no hay esperanza!

ANT. ¡Oh! de esa falta de esperanza nacen
Enormes esperanzas. Que no exista
Esperanza ninguna en esa senda,
Es senda á otra esperanza tan gigante,
Que más allá ni la ambición la vista
Tendió jamás, y aun discernirla duda.
¿Me concedes que esté Fernando ahogado?

SEBAS. Terminó.

ANT.   Pues entonces ¿quién, pregunto,
La corona de Nápoles hereda?

SEBAS. Claribel.

ANT.   ¿La que reina es hoy de Túnez?
¿La que vive á cien leguas de distancia
De todo trato humano? ¿A quien no puede
De Nápoles llegar nueva ninguna,
Como el sol no le sirva de correo—
Es lento el habitante de la luna—
Hasta que el niño allí recién nacido
Porque le apunta el bozo no se afeite?
¿Esa por quien del mar fuimos despojos,
Aunque después á algunos ha devuelto,
Y á un acto así los lleva su destino
Que cual prólogo tuvo lo pasado
Y el porvenir á ti y á mí lo fía?

SEBAS. ¿Qué enredo es este? Dices—es muy cierto—

Que es la Reina de Túnez mi sobrina,
Que ella el reino de Nápoles hereda,
Y entre estos dos países media espacio.

ANT.
Y cada palmo de ese espacio grita:
«¿Claribel cómo puede socorrérnos
Para llegar á Nápoles? En Túnez
Quédate, pues, y, Sebastián, despierta.»
Imagina que muertos estuviesen;
No estuvieran peor que están ahora.
Gobernar puede en Nápoles alguno
Tan bueno como aquel que allí descansa,
Y señores que charlen tan difusa
É innecesariamente cual Gonzalo.
Pues yo mismo podría ser corneja
De tan profunda cháchara. ¡Qué sueño,
Si el alma que me alienta te alentara
Para hacerte subir, éste sería!
¿Me comprendes?

SEBAS.   Quizás.

ANT.   ¿Y de qué modo
Tu contento acaricia á tu fortuna?

SEBAS. Recuerdo yo que á Próspero tu hermano
Suplantaste.

ANT.   Verdad, y mira ahora
Qué bien sienta á mi cuerpo mi vestido
Con más primor que entonces. De mi hermano
Eran los servidores mis iguales,
Hoy mis sirvientes son.

SEBAS.   ¿Y tu conciencia?

ANT. Señor, mucha verdad; más ¿dónde mora?
Si fuese rozadura en los talones,
Chinelas gastaría; mas no siento
Á esa deidad dentro del pecho mío.

Entre Milán y yo, veinte conciencias
Pueden interponerse, y congelarse,
Y derretirse sin que á mí me estorben.
Aquí tu hermano yace. Fuera tierra
Cual sobre la que yace, si estuviese
En realidad, como aparenta, muerto.
Y yo, con nada más que tres pulgadas
De este acero obediente, lo llévara
Á su lecho eternal. Tú mientras tanto,
Haciendo así, de este pegote viejo,
De este Don Miramientos, para siempre
Los ojos cerrarías, evitando
Que nuestro proceder luego reproche.
En cuanto á los demás, sin duda alguna
Acogerán la insinuación cual lame
La leche el gato, y al antojo nuestro
Harán que suene del reloj la hora.

SEBAS. Tu conducta será mi precedente.
Cual fué tuyo Milán, amigo caro,
Nápoles será mío. Desenvaina;
Con un golpe te libras del tributo
Que pagas, y este Rey será tu amigo.

ANT. Desenvainemos, pues. Cuando levante
Mi mano, haz tú lo propio. Que descienda
Sobre Gonzalo. Escucha una palabra.
(Hablan aparte.)

Música.—Vuelve á entrar ARIEL invisible.

ARIEL. Mi amo, pór causa de su ciencia, sabe
El peligro en que están estos amigos,
Y ahora me manda aquí para que vivan,
Porque, si no, fracasan sus proyectos.
(Canta al oído de Gonzalo.)

Mientras roncas ahí tendido,
La traición, que no ha dormido,
Esperando la hora está.
Si la vida te aprovecha
Despavílate y acecha,
Despierta, despierta ya.

ANT. Pues despachemos pronto.

GONZ. (Despertándose.) ¡Cielos santos!
Salvad al Rey. Pero decid, ¿qué es esto?
(Á Sebastián y á Antonio.)
¡Eh,despertad! (A Alf.) ¿Porquédesenvainadas
Las espadas tenéis? ¿Por qué motivo
Ese mirar siniestro?

ALF. (Despertándose.) ¿Qué sucede?

SEBAS. Guardando vuestro sueño. En este instante,
Estruendo sordo de rugir oímos
Cual de toros ó acaso de leones.
¿No os despertó? Causándome hondo espanto
En mis oídos penetró.

ALF. No oí nada.

ANT. ¡Oh! fué fragor para asombrar á un monstruo
Y un terremoto provocar. De fijo
Rugieron muchedumbre de leones.

ALF. Gonzalo, ¿lo oíste tú?

GONZ. Juro á fe mía
Que un zumbido escuché, señor, extraño;
Desperté, y te moví dándote voces,
Y al abrirse mis ojos, sus espadas
Desenvainadas ví. Sin duda alguna
Hubo ruido. Conveniente fuera
Ponernos enacecho, ó este sitio
Abandonar. Saquemos las espadas.

ALF. Llévanos, pues, de aquí. Renovaremos

    Nuestras pesquisas por mi pobre hijo.

GONZ. De estas fieras el cielo lo proteja,
    Porque en la isla está sin duda.

ALF.   Guía.

    (Vase con los demás.)

ARIEL. Á Próspero diré lo que ha pasado.
    Ve tu hijo á buscar, Rey, sin cuidado. (Vase.)

ESCENA II.

Otra parte de la isla.

Entra CÁLIBAN con un haz de leña.—Óyense truenos.

CÁL. Sobre Próspero caigan cuantas plagas
    Absorbe el sol de charcos y marjales,
    Y marismas, su cuerpo lacerando
    Por pulgadas. Escúchanme sus genios,
    Mas no puedo dejar de maldecirle;
    Ni ellos me pincharían, ni fantasmas
    Viera de puerco-espines, ni en el fango
    Me arrojaran, ni ardiendo como teas
    Equivocar me hicieran el camino
    Si él no se lo mandase. Mas sucede
    Que por cualquier friolera los azuza
    Á veces como monos que me charlan,
    Y me hacen muecas y después me muerden,
    Ó como erizos que á mis pies descalzos
    Acuden dando vueltas, y levantan
    Sus púas cuando piso. En ocasiones,
    Cual culebras me enroscan, y me vuelven

Loco al silbarme con hendidas lenguas.
¡Oh, oh! ya llega un genio que le sirve;
Me viene á atormentar, porque despacio
Llevo la leña. Me echaré en el suelo.
No me verá quizá.

Entra TRÍNCULO.

TRÍNCULO.—Ni arbusto ni mata hay aquí para cobijarse uno, y ya se prepara otra tormenta. Ya la está cantando el viento. Esa nube negra, ese nubarrón, odre inmundo, parece dispuesto á vaciarse. Si llega á tronar como antes, no sé dónde ocultar la cabeza, y esa nube por fuerza hará caer el agua á cántaros.—¿Qué tenemos aquí? ¿Hombre ó pez? ¿muerto ó vivo? Pez. Huele á pescado. Y á pescado rancio. Como á merluza no muy fresca. ¡Extraño pez es éste! Si estuviese en Inglaterra como tiempos atrás, hiciera retratar este pez; no habría necio dominguero que no me diera una moneda de plata. Allí haría pasar por hombre á este monstruo. Cualquier animal raro pasa allí por hombre. Aunque no dan un ochavo para socorrer á un pobre cojo, dan diez para ver á un indio muerto.—¡Piernas de hombre, y aletas por brazos! ¡Caliente á fé mía! Ahora daré rienda suelta á mi opinión; no la contengo más. Esto no es pez, sino un isleño que acaba de ser herido del rayo. (Truena.) ¡Válgame Dios, vuelve la tormenta! Lo mejor que puedo hacer es acurrucarme bajo su manta; no hay otro abrigo por aquí. Con compañeros extraños nos hace la miseria compartir el lecho. Aquí me resguardaré hasta que descargue sus heces la tormenta.

Entra ESTEBAN cantando, con una botella en la mano.

ESTEB. No voy más á la mar, á la mar,
              Aquí en tierra me quiero morir.

Villana canción es ésta para un entierro. Está bien.
Mi consuelo es este. (Bebe.)

> El capitán, el grumete,
> El piloto, el condestable,
> Yo, y el cabo de cañón,
> Teníamos en un brete
> El instable
> Corazón
> Por Margarita y Mariana,
> Margaritilla y María.
> Pero á la Catana
> Ninguno quería,
> Pues con lengua aleve
> Á cualquier marinero decía:
> «Que el diablo te lleve.»
> Del alquitrán y la brea
> El olor no le agradaba;
> Pero era de tal ralea,
> Que aguantaba
> Que á hurtadillas
> Cualquier sastre adrede
> Le hiciera cosquillas.
> Por lo tanto, puede
> El demonio con ella cargar,
> Y nosotros, muchachos, al mar.

Villana canción también es ésta. Pero mi consuelo es
éste. (Bebe.)

CÁLIB.—No me atormentes. ¡Oh!

ESTEB.—¿Qué es eso? ¿Hay diablos aquí? ¿Os venís

á burlar de uno con salvajes y gente de la India? ¡Hola! No me he salvado de ahogarme, para irme ahora á asustar de tus cuatro patas; porque ya se ha dicho: «Ni el más guapo que anduviera sobre cuatro patas lo haría cejar.» Y se dirá otra vez, mientras Esteban respire por las narices.

CÁLIB.—El genio me atormenta. ¡Oh!

ESTEB.—Este es un monstruo de cuatro patas, natural de la isla, que está, según parece, con tercianas. ¿Dónde diablos habrá aprendido nuestra lengua? Lo socorreré, aunque no sea más que por eso. Si logro aliviarlo, y lo amanso y puedo llevármelo á Nápoles, regalo es para el mejor emperador que haya jamás pisado sobre cuero vacuno.

CÁLIB. No me atormentes más, te lo suplico.

Yo llevaré la leña más aprisa.

ESTEB.—Está en el acceso, y no habla muy juiciosamente. Probará de mi botella. Si no ha bebido vino antes, acaso; acaso de su ataque le cure. Si logro aliviarlo y amansarlo, no pediré mucho por él: el que me lo compre pagará su valor, y en grande.

CÁLIB. Me has hecho poco daño todavía.

Lo harás después. Lo indican tus temblores.

En tí Próspero impera.

ESTEB.—Vamos. Vamos. Abre la boca. Esto, gato mío, te aclarará la voz. Abre la boca. Esto curará tus sacudimientos, te lo aseguro, y por completo. (Da de beber á Cáliban.) No conoces á tus amigos. Abre esas quijadas otra vez. (Da de beber á Cáliban.)

TRÍNC.—Creo conocer esa voz. Es la de..... pero si está ahogado. Son diablos. ¡Eh! ¡Socorro!

ESTEB.—¡Cuatro patas y dos voces! Primorosísimo mónstruo! La voz de delante ahora habla bien de su

amigo. La voz de atrás es para hablar mál de' él é in-
famarlo. Si todo el vino que contiene esta botella puede
curarlo, veré de aliviar su calentura. (Da de beber á Cáliban.) Vamos, amén. Te echaré también en la otra boca.

TRÍNC.—¡Esteban!

ESTEB.—¿Me llama tu otra boca? ¡Piedad, piedad!
Este es un diablo y no un monstruo. Lo dejaré, que no
traigo cucharón.

TRÍNC.—Esteban. Si eres Esteban, tócame y háblame,
Soy Trínculo. Nada temas. Tu buen amigo Trínculo.

ESTEB.—Si eres Trínculo, sal. Te tiraré de las patas
chicas. Si algunas de estas patas son de Trínculo, de
fijo son éstas. (Saca arrastrando por las piernas á Trínculo
de debajo de la manta de Cáliban.) Eres el mismo Trínculo.
¿Cómo viniste á ser emanación de ese monstruo? ¿Arroja
Trínculos acaso?

TRÍNC.—Creílo muerto de un rayo. Pero ¿no te aho-
gaste, Esteban? Confío en que no estás ahogado. ¿Pasó
la tormenta? Guarecíme bajo la manta de este monstruo
por temor á la tormenta. Y ¿estás vivo, Esteban? ¡Oh
Esteban, dos Napolitanos escaparon!

ESTEB.—Por favor. No me hurgues así. Mi estómago no está muy seguro.

CÁLIB. (Aparte.) Cosas hermosas son si no son genios,
    Y bravo dios es ese que posee
    Tan celestial licor. He de adorarlo.

ESTEB.—¿Cómo escapaste? ¿Cómo viniste aquí? Júralo por esta botella: ¿cómo viniste aquí? Yo me salvé
sobre un tonel de jerez seco que los marineros arrojaron
al agua; júrolo por esta botella, fabricada de la co.teza
de un árbol con mis propias manos desde que llegué á
tierra.

CÁLIB.—Por tal botella juro ser tu esclavo;

Que el licor que contiene no es terrestre.

ESTEB.—Ven aquí. Jura cómo escapaste.

TRÍNC.—Hombre, nadé á tierra como un pato; nado como un pato. Te lo juro.

ESTEB.—Ven aquí. Besa el libro. (Da de beber á Trínculo.) Aunque nades como un pato, tienes facha de ganso.

TRÍNC.—Oh, Esteban, ¿tienes más de esto?

ESTEB.—Hombre, el tonel entero. Mi bodega está en una roca á orillas del mar; allí oculto mi vino. Vamos á ver, monstruo, ¿cómo va la fiebre?

CÁLIB.—¿No caíste del cielo?

ESTEB.—De la luna, te lo aseguro. Y fuí en otro tiempo habitante de la luna.

CÁLIB.   Te ví en ella y te adoro. Con tu perro
         Y matojos. Te me hizo ver el aura.

ESTEB.—Vamos, júralo. Besa el libro. Le añadiré nuevos materiales más tarde. Jura. (Da de beber á Cáliban.)

TRÍNC.—¡Por el sol que nos alumbra! ¡Vaya un monstruo de poco fondo! ¿Tenerle miedo yo? ¡Vaya un monstruo miserable! ¡Él habitante de la luna! ¡Vaya un monstruo crédulo y desdichado! Buen sorbo, monstruo. Francamente te lo digo.

CÁLIB.   Los fértiles lugares palmo á palmo
         Yo de la isla te haré ver. Permite
         Besar tus pies y que mi Dios te llame.

TRÍNC.—¡Voto á esta luz! ¡Vaya un monstruo pérfido y beodo! Cuando duerma su Dios le robará la botella.

CÁLIB.—Te besaré los pies. Seré tu esclavo.

ESTEB.—Vamos, pues, humíllate y jura.

TRÍNC.—Me hará reventar de risa este estúpido monstruo. Casi me dan ganas de pegarle.

ESTEB.—Vamos, besa. (Da de beber á Cáliban.)

Trínc.—Si no fuera porque el pobre monstruo está
bebido, sería un monstruo detestable.

Calib.   Las ricas fuentes enseñarte quiero
    Y pescar para tí; cogerte bayas
    Y leña en abundancia prepararte.
    Confúndase ese déspota á quien sirvo;
    No quiero ya llevarle más astillas,
    Que á tí te he de seguir, ser prodigioso!

Trínc.—¡Vaya un monstruo ridículo! ¡Llamar pro-
digio á un hombre borracho!

Cálib.   Déjame que te lleve, te lo ruego,
    Donde crecen peruétanos, y deja
    Que criadillas de tierra con mis uñas
    Larguísimas te escarbe; que te enseñe
    Del grajo el nido, y atrapar con maña
    Á la ágil foca. Déjame llevarte
    Donde avellanas en racimo cuelgan,
    Y alguna que otra vez, de gaviotas
    Los polluelos en cría del peñasco
    Para tí recoger. ¿Vendrás conmigo?

Esteb.—Te suplico que guíes y no hables más. Trínculo, habiéndose ahogado el Rey y todo su séquito, aquí
heredamos nosotros. Oye tú; lleva mi botella, amigo
Trínculo; rellenaremos á su merced más tarde.

Cálib.—¡Adiós, amo mío, adiós, adiós!
        (Canta tambaleándose.)

Trínc.—¡Vaya un monstruo escandaloso! ¡Monstruo
beodo!

Cálib.   Para peces procurarte
    No construyo más represa,
    Ni cumpliendo tus mandatos
    Ya más leña he de llevarte.
    De tu mesa

Ni las ollas ni los platos
Estas manos fregarán.
Ban, ban. Cáli-cáli-ban
Tiene ya nuevo señor,
Busca nuevo servidor.
¡Libertad! ¡Viva! ¡Viva! ¡Libertad! ¡Libertad!
¡Viva! ¡Libertad!

Estb.—¡Oh bravo monstruo, guía! (Vanse.)

ACTO TERCERO.

ESCENA PRIMERA.

Ante la cueva de Próspero.

Entra FERNANDO cargado con un tuero.

FERN.   Hay juegos que fatigan, mas realza
    Su encanto el trabajar. Ciertas bajezas
    Con noble orgullo soportarse pueden,
    Y las cosas más fútiles conducen
    Á veces á brillantes resultados.
    Dura y odiosa para mí sería
    Esta servil tarea, si la dama
    De quien esclavo soy no la animase
    Y en placer convirtiera mi trabajo.
    ¡Oh! diez veces más dulce es su dulzura
    Que áspera la aspereza de su padre,
    Que es la misma aspereza! De estos troncos
    Conducir y apilar millares debo,
    Cumpliendo mi penoso compromiso.
    Mi amante dama al afanarme llora,
    Y afirma que jamás tan vil tarea

Comisionado semejante tuvo.
Todo lo olvido : mi labor endulzan
Tan plácidas ideas, y me encuentro
Menos rendido mientras más trabajo.

Entra MIRANDA, *y* PRÓSPERO *á distancia.*

MIRAN. ¡Ay Dios! Te lo suplico, no trabajes
Con tanto afán. ¿Por qué los troncos esos
Que has de apilar no aniquilara el rayo?
Déjalo ya. Descansa. Cuando ardieren,
Llorarán por haberte dado enojos.
Está mi padre absorto en sus estudios.
Descansa, te lo ruego. Por tres horas
De él seguros estamos.

FERN.   Dueño mío,
Va á trasponer el sol. Deja que acabe
Lo que debo cumplir.

MIRAN.   Si aquí te sientas,
Yo apilaré los troncos mientras tanto.
Éste dame, te ruego, y á la pila
Lo llevaré.

FERN.   No, celestial criatura.
Primero estallarán mis fibras todas,
Se romperá mi espalda, que soportes
Tal deshonor y ocioso lo contemple.

MIRAN. Cual lo soportas tú lo soportara,
Y harto más fácil para mí sería,
Porque mi voluntad me induce á hacerlo
Y á no hacerlo la tuya.

PRÓSP. (Aparte.)   ¡Inficionada,
Pobre gusano, estás! Haber venido
Á este lugar lo prueba.

MIRAN.   Fatigado

Paréceme que estás.

FERN. No, dueño mío.
Frescura matinal me vigoriza,
Si junto á mí de noche te contemplo.
Para poder nombrarte cuando rece,
¿Cómo te llamas? por favor.

MIRAN. Miranda.
¡Tus órdenes infrinjo, padre mío!

FERN. Miranda idolatrada, que reunes
Lo que este mundo en más estima tiene,
Con interés mi vista he dirigido
Á menudo á otras damas: á menudo
Mi harto sensible oído me hizo esclavo
De su armoniosa voz. Varias mujeres
Me agradaron por varias cualidades;
Pero ninguna avasalló mi alma,
Pues un defecto á su mayor encanto
Siempre oponerse ví y obscurecerlo.
¡Mas tú, tú tan sin par, tú tan perfecta
Formada estás de cuanto bueno existe!

MIRAN. Sér niguno conozco de mi sexo.
Ni de faz de mujer puedo acordarme,
A no ser, por mi espejo, de la mía.
Ni á otros que pueda designar cual hombres
Ví jamás, sino á tí, mi buen amigo,
Y á mi querido padre. Cómo sean
Ignoro por el mundo los semblantes;
Pero, por mi recato te lo juro
Que es la joya mejor del dote mío,
No quisiera tener más compañero
En el mundo que tú. Jamás tampoco
Ha podido forjar mi fantasía
Forma ninguna que á la tuya iguale.

Pero charlo sin tino, y los preceptos
De mi padre olvidé.

FERN. Yo por mi estado
Soy príncipe, Miranda : rey diría—
Quisiera equivocarme—y soportara
Ser leñador servil tan fácilmente,
Cual tolerar que el labio me picase
La carnívora mosca. Te hablo al alma.
Al punto mismo que te ví, volando
Fuése mi corazón á tu servicio.
Allí reside, y me transforma en siervo,
Y por tí leñador soy tan paciente.

MIRAN. ¿Me amas?

FERN. ¡Oh cielo! ¡Oh tierra! Sed testigos
De las palabras éstas. De venturas
Mis votos coronad; y, siendo falsos,
Lo mejor que la suerte me depare
Convertid en desdichas. Como á nada
De cuanto existe en este inmenso mundo
Te amo, estimo y venero.

MIRAN. ¿Por qué lloro
¡Necia de mí! de aquello que me alegra?

PRÓSP. (Aparte.) Bella unión de harto raras aficiones.
Lo que germina entre los dos el cielo
Con el rocío de su gracia riegue!

FERN. ¿Por qué motivo lloras?

MIRAN. Por motivo
De mi escaso valer, pues ni me atrevo
Á ofrecer lo que darte deseara,
Ni menos á tomar lo que la muerte
Será no poseer. ¡Necia porfía!
Mientras más ocultar mi amor pretendo,
Más grande cada vez se va mostrando.

Atrás, tímida astucia, y franca y santa
Inocencia, aconséjame. Tu esposa
Soy, si casarte quieres, tu sirviente
Hasta morir si no. Podrás negarme
Ser tu igual: pero quieras ó no quieras
Seré tu sierva.

FERN.   Dueño, prenda mía,
Y yo siempre á tus plantas.

MIRAN.   ¿Conque esposo?

FERN. ¡Ah! sí, con el contento
Que recibe el esclavo á su rescate.
Esta es mi mano.

MIRAN.   Toma tú la mía.
Lleva mi corazón. Adiós ahora,
Hasta dentro de un rato.

FERN.   Miles, miles.

(Vanse en opuestas direcciones Fernando y Miranda.)

PRÓSP. No es posible que goce lo que gozan,
Pues todo les sorprende. Mas mi gozo
No puede ser mayor. Voy á mis libros,
Pues antes de cenar, graves asuntos
Me es fuerza resolver. (Vase.)

ESCENA II.

Otra parte de la isla.

Entran CALIBAN, ESTEBAN, y TRÍNCULO con una
botella en la mano.

ESTEB.—Nada de eso. Cuando la bota se acabe, beberemos agua. Antes, ni una gota. Por lo tanto, anímate,
y al abordaje. Siervo monstruo, bebe á mi salud.

TRÍNC.—¡Siervo monstruo! ¡Vaya una ínsula de poco juicio! Dicen que no hay más de cinco habitantes en esta isla. Nosotros somos tres. Si los otros dos tienen nuestro seso, el estado bambolea.

ESTEB.—Bebe, siervo monstruo, siempre que te lo ordene. Fijos casi están tus ojos en tu cabeza.

(Cáliban bebe.)

TRÍNC.—¿Y fijos en qué en otro sitio habían de estar? Bravo monstruo sería si los tuviese fijos en el rabo.

ESTEB.—Á mi hombre monstruo se le ha ahogado la lengua en jerez. En cuanto á mí, la mar no me ahoga. Nadé, antes de ganar la tierra, de un lado para otro como unas treinta y cinco leguas. A fe de esta luz. Serás mi teniente, monstruo, ó mi abanderado.

TRÍNC.—Tu teniente si gustas, pues ni consigo mismo puede.

ESTEB.—No correremos, monsieur monstruo.

TRÍNC.—Ni siquiera dará un paso; se acostará como un perro, y ni una palabra dirá.

ESTEB.—Engendro, dí algo por tu vida, si es que eres verdadero engendro.

CÁLIB. Alteza, ¿cómo estás?
Permite que te lama los zapatos.
Á él no le serviré, que no es valiente.

TRÍNC.—Mientes, ignorantísimo monstruo. Capaz soy de habérmelas con un alguacil. Oye tú, pez envilecido, ¿puede ser cobarde quien ha bebido tanto jerez como hoy yo? Porque seas medio pez y medio monstruo ¿has de asentar tan monstruosa mentira?

CÁLIB.—Ved, ¡se burla de mí! Señor, ¿lo aguantas?

TRÍNC.—Señor, dice. ¡Que sea un monstruo un ser tan infeliz!

CÁLIB.—Ved, otra vez. Destrózalo á bocados.

ESTEB.—Trínculo, ten á raya la lengua. Si te amotinas..... el próximo árbol. El pobre monstruo es mi súbdito y no sufrirá indignidad.

CÁLIB. Gracias, noble señor. Que te repita
Nuevamente mi súplica permite.

ESTEB.—Sí tal. Arrodíllate y repítela. Yo quedaré de pie, y también Trínculo.

Entra ARIEL invisible.

CÁLIB.—Como te dije antes, sirvo á un tirano, á un brujo, quien con su astucia me ha birlado la isla.

ARIEL. Mientes.

CÁLIB. Jimio bufón, tú sí que mientes.
Que mi bravo señor te aniquilara
Quisiera yo; no miento.

ESTEB.—Trínculo, si vuelves á molestarlo en su narración, á fe de esta mano que te he de dislocar algunos dientes.

TRÍNC.—Si no he hablado.

ESTEB.—Silencio entonces, y basta. (A Cáliban.) Sigue

CÁLIB. Por medio de arte mágica, cual dije,
Ganó la isla. A mí me la ha usurpado.
Si en él vengarme á tu grandeza agrada—
Pues valor para hacerlo sé que tienes —
Éste no se atreviera.

ESTEB. De seguro.

CÁLIB. De ella dueño serás y yo tu siervo.

ESTEB.—Esto, ¿cómo se compagina? ¿Adonde esté puedes llevarme?

CÁLIB. Sí, sí señor. Te lo daré dormido,
Podrás meterle un clavo en la cabeza.

ARIEL. —Mientes, no puede.

CÁLIB. ¡Vaya un necio arlequín! ¡Vaya un menguado!

Ruégole á tu grandeza que le pegues
Y que le quites la botella. Sólo
Podrá entonces beber agua salobre,
Pues no le enseñaré los manantiales.

ESTEB.—Trínculo, no corras en pos de ulteriores riesgos. Vuelve á interrumpir al monstruo con una sola palabra, y á fe de esta mano que arrojo mi clemencia por la ventana y te transformo en bacalao.

TRINC.—Pero ¿qué he hecho yo? No he hecho nada. Me iré más lejos.

ESTEB.—¿No dijiste que mentía?

ARIEL.—Mientes tú.

ESTEB.—¿Sí? Toma. (Golpea á Trínculo.) Si esto te agrada, díme otra vez que miento.

TRINC.—Si no he dicho que mientes. ¿Has perdido el juicio y el oído tambien? ¡Malhaya tu botella! A esto conduce el jerez y la bebida. Mala morriña para tu monstruo, y cargue el diablo con tus dedos.

CÁLIB.—Ja, ja, ja.

ESTEB.—Ahora sigue con tu cuento. Por favor, ponte lejos.

CÁLIB.   Pégale sin piedad. Dentro de poco
         Le pegaré también.

ESTEB.   Aparta. Sigue.

CÁLIB.   Pues, cual dije, dormir suele la siesta.
         Entonces le podrás vaciar los sesos—
         Mas te apoderas antes de sus libros—
         Ó con un tuero machacarle el cráneo,
         Ó destriparlo con alguna estaca,
         Ó matarlo cortándole el gañote.
         No olvides recoger sus libros antes,
         Porque es un zote como yo sin ellos,
         Y no le servirá ni un solo trasgo,

Pues, cual yo, le detestan hondamente.
Le quemarás sus libros. Él los llama
Utensilios espléndidos; si pone
Casa, la adornará con ellos sólo.
Y lo que debes más tener en cuenta
Es la beldad de su hija, á quien él llama
Sin par criatura. Nunca otras mujeres
Que á ella vi yo y á Sícorax mi madre;
Pero aventaja á Sícorax, lo mismo
Que lo mayor á lo menor supera.

ESTEB.   ¿Conque es tan bella moza?

CÁLIB.   Es digna de tu lecho, te lo juro,
Y con ella tendrás hermosa prole.

ESTEB.—Monstruo, mataré á ese hombre: su hija y yo seremos rey y reina. ¡Vivan nuestras majestades! Y Trínculo y tú vireyes. ¿Te agrada, Trínculo, el proyecto?

TRÍN.—Excelente.

ESTEB.—Dame tu mano. Siento haberte golpeado; pero mientras vivas, ten á raya tu lengua.

CÁLIB.   Dentro de media hora está dormido.
¿Lo matarás entonces?

ESTEB.   Te lo juro.

CÁLIB.   Me refocilas. Brinco de contento.
A divertirnos. ¿Repetir el canto
Quieres que hace un momento me enseñaste?

ESTEB.—Por darte gusto, monstruo, lo haré todo. Vamos, Trínculo, cantemos. (Cantan.)

«Befémonos, burlémonos,
Burlémonos, befémonos.
El pensamiento es libre.»

CÁLIB.—No es ese el aire.

(Ariel toca la canción con tamboril y pífano.)

ESTEB.—¿Qué es esto?

TRÍNC.—La melodía de nuestro coro que toca la imagen de nadie.

ESTEB.—Si eres hombre, manifiéstate como tal; si eres diablo tómalo como gustes.

TRÍNC.—¡Oh, perdóname mis pecados!

ESTEB.—Quien muere paga todas sus deudas. Te desafío. ¡Misericordia!

CÁLIB.—¿Tienes miedo?

ESTEB.—No, monstruo, yo no.

CÁLIB.   Nada temas. Repleta de rüidos
La ínsula está. De sones y de dulces
Cánticos que deleitan y no dañan.
Mil instrumentos armoniosos oigo
A veces resonar en mis oídos.
Voces á veces, que si en ese instante
De larguísimo sueño despertara,
Dormir me hicieran otra vez; y luego,
Soñando, me parece que las nubes
Se dividen, mostrándome riquezas
Que sobre mí precipitadas caen
De modo tal, que al despertarme lloro,
Soñar de nuevo ansiando.

ESTEB.—Magnífico reino me ha de ser éste donde tendré música de balde.

CÁLIB.—Cuando se acabe con Próspero.

ESTEB.—Eso será ahora mismo. Recuerdo el cuento.

TRÍNC.—La música se aleja: sigámosla, y luego á á nuestra obra.

ESTEB.—Guía, monstruo. Te seguimos, ¡Ojalá pudiera ver á este tamborilero! Toca primorosamente. ¿Vienes?

TRÍNC.—Te sigo, Esteban. (Vanse.)

ESCENA III.

Otra parte de la isla.

Entran ALFONSO, SEBASTIÁN, ANTONIO, GONZALO, ADRIANO, FRANCISCO y otros.

GONZ. Por la Virgen, señor. Me es imposible
Ir adelante. Los vetustos huesos
Molidos tengo. Vaya un laberinto
De atajos y revueltas! Que descanse
Permíteme.

ALF. Culparte fuera ocioso,
Anciano, pues tan grande es mi fatiga
Que me embarga el espíritu. Reposa.
Aquí de mi esperanza me despido;
No más tiempo será mi aduladora.
Aquel de quien en pos vamos errantes
Se ahogó. De que en la tierra lo busquemos
Se burla el mar. ¡Vaya con Dios! ¡Paciencia!

ANT. (Ap. á Sebas.) Celebro verle ya sin esperanzas.
No el plan propuesto á la primer repulsa
Debes abandonar.

SEBAS. (Ap. á Ant.) Aprovechemos
La primera ocasión.

ANT. (Ap. á Sebas.) Será esta noche,
Pues como están de caminar rendidos
No podrán, cual estando descansados,
Alerta estar.

SEBAS. (Ap. á Ant.) Será esta noche. Basta.
(Música rara y solemne.)

ALF.   ¿Qué armonía, carísimos amigos,
        Es ésta? Oid.

GONZ.   ¡Extraordinaria y dulce
        Música es!

Aparece PRÓSPERO en lo alto, invisible.— Entran varias formas caprichosas trayendo un banquete.—Bailan en torno
con gentiles ademanes y saludos, é invitando al Rey y á
los demás á que coman, desaparecen.

ALF.   · Custodios bondadosos
        Danos, ¡oh cielos! ¡Oh! ¿qué cosa es ésta?

SEBAS. Un cuadro vivo. Ya creeré que existen
        Unicornios; que un árbol de la Arabia
        Es el trono del Fénix, y que el Fénix
        En este instante en ese sitio reina.

ANT.   Ambas cosas creeré. Si hubiese algo
        Que confirmar precise, que á mí acudan,
        Juraré que es verdad. Viajero alguno
        Jamás mentiras dijo, aunque los necios
        Desde su hogar á veces los critican.

GONZ.   Si en Nápoles contara lo que ocurre,
        ¿Me creyeran? Diciendo ví á insulares—
        Pues de fijo son seres de esta isla—
        Que, aunque monstruosos en su forma, tienen—
        Observadlo—maneras tan afables
        Cual no veréis que entre el linaje humano
        Muchos las tengan, y aun quizá ninguno.

PRÓSP. (Ap.) Noble anciano, es verdad. Entre vosotros
        Hay quienes á demonios aventajan.

ALF.   Dejar no puedo de admirar sus formas,
        Ademanes y acentos, pues se expresan,
        Sin el uso tener de la palabra,
        Perfectamente en su lenguaje mudo.

Prósp. (Ap.) Tus alabanzas hasta el fin reserva.

Franc. Se han disuelto de modo extraordinario.

Sebas. No importa, pues nos dejan sus viandas,
Y apetito tenemos. ¿No apeteces
Tomar algo?

Alf. No tal.

Gonz. Señor, no temas.
Cuando niños nosotros, ¿quién creía
Que hubiera montañeses con papadas
Como tienen los toros: que pendiera
De sus gargantas un zurrón de carne?
¿Quién que existiesen hombres con cabezas
Saliéndoles del pecho, como puede
Cualquier viajero—de esos que aseguran
Su vida en cinco veces lo que imponen—
A su retorno confirmar?

Alf. A ello.
Á comer. No me importa que éste sea
Mi último refrigerio, pues conozco
Que lo mejor he visto. Hermano, Duque,
Señores, á ello, pues. Haced cual hago.

Truenos y relámpagos. Entra ARIEL en forma de arpía,
bate sus alas sobre la mesa, y de modo ingenioso desaparece el banquete.

Ariel. Sois tres seres malvados. El destino,
De quien es instrumento el universo
Y cuanto encierra, al piélago insaciable
Hizo que os vomitase en esta isla
Que inhabitada está, pues sois vosotros
Indignos de vivir entre los hombres.
¿Os enfurezco? Con valor tan grande
Cual ese que mostráis, los hombres suelen

Ahogarse, ahorcarse con sus propias manos
(Alfonso, Sebastián y los demás desenvainan sus espadas.)
¡Imbéciles! Ministros del destino
Yo y mis iguales somos. Tan posible
Es á los elementos que endurecen
Esas espadas lastimar al aire,
O al mar, que se rehace en un momento,
Matar con estocadas irrisorias,
Como ajar una pluma de mis alas;
É invulnerables son también los míos.
Y aunque herir pretendáis, harto pesantes
Serán para vosotros vuestros hierros,
Y no podrán alzarlos vuestras manos.
Mas recordad —por eso aquí he venido—
Que de Milán á Próspero lanzasteis,
Entregándole al mar, que lo ha devuelto
Á él y también á su inocente hija.
Por tan infame acción, la omnipotencia,
Que espera, mas no olvida, ha desatado
La mar, la tierra, á todas las criaturas
Contra vuestro reposo. De tu hijo
Ya te han privado, Alfonso, y por mi boca
Os anuncia que angustia prolongada,
Peor que muerte alguna, poco á poco
Os seguirá constante en vuestra senda.
Para evitar su furia, que ahora debe
Caer en esta isla desolada
Sobre vuestras cabezas, réstaos sólo
Vuestras culpas llorar arrepentidos
Y emprender nueva vida.

(Disípase entre truenos. Luego, al son de una música suave,
vuelven á aparecer las formas caprichosas, y bailando y con
burlas y muecas se llevan la mesa.)

PRÓSP. (Ap.) Bravamente, mi Ariel, representaste
De arpía tú, con absorbente gracia.
De cuanto te he encargado, no omitiste
En tu discurso nada, y diligentes
Y con extraña exactitud, mis otros
Más humildes espíritus cumplieron.
Mis potentes hechizos ahora operan,
Y ya mis enemigos en las redes
De su demencia están, y en poder mío.
Los dejo en sus transportes, y á Fernando
Voy luego á ver, á quien ahogado juzgan,
Y á su prenda adorada y á la mía.
(Desaparece.)

GONZ. En el nombre de aquello que es más santo,
¿Por qué fijas los ojos de ese modo?

ALF. ¡Qué horror, qué horror! Me pareció que
[hablaron
Las olas refiriéndome el suceso,
Que el viento lo cantaba en mis oídos,
Que de Próspero el nombre pronunciaba
El trueno con su voz hueca y terrible,
Mi crimen pregonando. De seguro
En el limo reposa el hijo mío,
Y más allá de donde sondas llegan
Lo he de buscar, y juntos en el fango
Los dos reposaremos. (Vase.)

SEBAS.   Uno á uno,
Con todos los demonios del infierno
Me atrevo yo á luchar.

ANT.   Y yo igualmente.
(Vanse Sebastián y Antonio.)

GONZ. Están desesperados; su delito,
Cual veneno que hacer su efecto debe

Algún tiempo después de administrado,
Á roerles el alma ya principia.
Vosotros, que tenéis las coyunturas
Más flexibles, seguidlos prontamente,
Y evitad lo que puede su demencia
Inducirles á hacer.

ADRIA.   Seguid, os ruego.

(Vanse.)

ACTO CUARTO.

ESCENA PRIMERA.

Ante la cueva de Próspero.

Entran PRÓSPERO, FERNANDO y MIRANDA.

PRÓSP. Si harta severidad mostré contigo,
Ahora tu recompensa lo subsana.
Te doy el hilo de mi propia vida,
Lo que existir me hace, que de nuevo
Pongo en tus manos. Tus molestias todas
Sólo para probar tu amor te impuse,
Y soportaste con valor la prueba.
Mi dón aquí ante el cielo ratifico.
No te burles de mí porque la ensalce.
¡Oh Fernando! verás que sobrepuja
Las alabanzas todas, que tras ella
Con tardo paso seguirán.

FERN.   Lo creo,
Aunque una predicción me lo negase.

PRÓSP. Así, pues, cual mi don y tu ganancia,
Que dignamente has conquistado, toma

    A la hija mía. Mas si rompes, antes
    De celebrar del sacrosanto rito
    Todas las necesarias ceremonias,
    El lazo de su honor, jamás el cielo
    Derramará su plácido rocío
    Fecundizando vuestra unión; y en cambio,
    Torvo desdén, encono y òdio estéril,
    Vuestro lecho nupcial de vil zizaña
    Sembrando, hará que lo miréis con odio.
    Así, pues, de himeneo las antorchas
    Han de alumbraros antes.

FERN.   Cual deseo
    Tranquilidad, hermosa descendencia
    Y luengos días con mi amor presente,
    Ni el antro, yo os lo juro, más sombrío,
    Ni el más propio lugar, ni sugestiones
    Del genio tentador más dominante,
    Derretirán mi honor en impurezas,
    La santidad ajando de ese día.
    Pensaré que de Febo los corceles
    La carroza volcaron, ó que yace
    La noche en lo profundo encadenada.

PRÓSP.   Bien dicho. Vé. Podéis hablar. Es tuya.
    ¡Hola! ¡Mi Ariel! ¡Sirviente activo mío!

Entra ARIEL.

ARIEL.   Amo excelso, aquí estoy. Dí, ¿qué me ordenas?
PRÓSP.   Tú con tus más humildes servidores
    Cumplisteis bien mis órdenes recientes.
    En otra empresa utilizaros debo.
    En este sitio reunirás la turba
    Sobre la cual poder te tengo dado.
    Aligéralos tú. Del arte mío

Fantástica ilusión mostrar pretendo
De esta joven pareja ante los ojos.
Prometílo, y lo esperan.

ARIEL   ¿Ahora mismo?

PRÓSP.   Sí tal, en este instante.

ARIEL.   Mientras digas vete y ven;
Mientras dos veces alientes,
Ó que exclames «está bien»,
Dando brincos diligentes,
Con disfraces diferentes,
Llegarán al punto aquí.
Di, ¿me quieres, amo? di.

PRÓSP.   Gentil Ariel, con toda el alma. Espera
Hasta escuchar mi voz.

ARIEL   Quedo enterado.
(Vase.)

PRÓSP.   Atente á tu palabra. A la ternura
No abandones las riendas. Son cual paja
Los juramentos todos, para el fuego
Que arde en la sangre nuestra. ¡Sé más casto,
Ó si no, buenas noches á tus votos!

FERN.   La nieve virginal, cándida y pura
Sobre mi corazón, de mis entrañas
El ardor templará, lo garantizo.

PRÓSP.   Está bien.—Ariel mío, ven ahora.
Más bien sobre que falte genio alguno.
Muéstrate al punto, pues. Las lenguas callen,
Y usad los ojos nada más. ¡Silencio!
(Música suave.)

Entra IRIS.

IRIS.   Ceres generosísima, tus llanos
Extensos y abundante

De trigo, de cebada y de lentejas,
De centeno, de avena y de guisantes;
Tus verdes altozanos,
Donde apuran el césped las ovejas;
Tus hondos valles, donde el heno crece,
Que los rebaños cría;
Tus márgenes ocultas que guarnece
El lirio ó la peonía,
Y que Abril con sus lluvias generosas
A tu ruego embellece,
Porque puedan allí ninfas modestas
Tejerse sus guirnaldas pudorosas;
Tus tupidas florestas,
Que recorren amantes desdeñados;
Tus ricos emparrados;
Tus playas solitarias y escabrosas,
Donde tú misma acudes placentera
Su ambiente á respirar libre de anhelos;
Yo, en nombre de la reina de los cielos;
Yo, el arco esplendoroso de su esfera
Y su fiel mensajera,
Te digo que, á su cita
Acudiendo, abandones;
Y en este verde prado, aquí, la esperes,
Que á una función su majestad te invita.
Volando ya, se acercan sus pavones.
A su fiesta ven, pues, fecunda Ceres.

          Entra CERES.

CERES. Salve, emisario; tú, multicoloro,
Que de Jove á la esposa
Contravenir jamás mandatos osa;
Que con alas de oro

Gotas de miel difunde por mis flores
Y lluvia refrescante y provechosa;
Que abarca con las dos extremidades
De su arco de colores
Mis bosques en cultivo,
Y á la par mis incultas heredades,
Rico chal de mi tierra envanecida.
¿Tú reina, dime tú, por qué motivo
A este naciente prado me convida?

IRIS. A una boda gentil que se festeja,
Que en puro amor reposa,
Y á que dotes con mano generosa
A la feliz pareja.

CERES. Venus y su rapaz, arco celeste,
Di, ¿vienen de la reina en compañía?
Es natural que verlos me moleste,
Que de su trato escandaloso huya
Desde que averigüé que á la hija mía
El torvo dios logró por arte suya.

IRIS. Descansa. El carro de la diosa-bella
Hacia Pafos, las nubes separando,
Con sus tórtolas ví pasar volando,
Y su rapaz también iba con ella.
Con hechizos impuros pretendían
Vencer á este galán y á esta doncella,
Cuyos votos, templando su deseo,
De ritos amorosos los desvian
Hasta brillar la antorcha de Himeneo.
En vano fué. La favorita impura
De Marte al fin partió. Su petulante
Hijo, sus flechas destrozando, jura
Que no le harán cazar en adelante;
Que se ha de entretener con gorriones,

Y niño ser en todas ocasioues.

CERES. La reina entre las reinas encumbradas,
Juno, llega. Conozco sus pisadas.

Entra JUNO.

JUNO. ¡Oh hermana generosa! bendecidos
Estos dos seres por nosotros sean;
Que prosperen unidos,
Y que á su prole con orgullo vean.

CANCIÓN.

JUNO. Aumentad, avenidos esposos,
En riquezas y honores veloz.
Descendientes lograd numerosos,
Larga vida, y sed siempre dichosos,
Que os bendice de Juno la voz.

CERES. Ricos frutos, cosechas colmadas
En graneros y trojes reunid.
El arbusto, con ramas dobladas,
Os ofrezca sus frutas preciadas,
Y apiñados racimos la vid.
Esplendente feraz primavera
Sin cesar prolongarse veréis,
Mientras grano tengáis en la era.
Ni escasez ni inquietud os espera,
Que benditos de Ceres os veis.

FERN. Una visión majestüosa es ésta,
Cuya armonía encanta. ¿Por ventura
Son genios?

PRÓSP. Genios son, á quienes hago
Con mi ciencia salir de sus confines
Para representar mis fantasías.

FERN. Aquí quiero vivir eternamente.

Con padre y con mujer tan nunca vistos,
En un edén este lugar transforman.

(Juno y Ceres hablan aparte. Vase Iris y retorna de seguida.)

PRÓSP. Prenda mía, silencio. Juno y Ceres
Secretean. Alguna cosa falta.
Callad; si no, fracasará el conjuro.

IRIS. Náyades, Ninfas de tortuosos ríos,
De juncos la cabeza coronada,
De inocente mirada,
Abandonando vuestros centros fríos,
A esta verde llanura
Venid, que Juno os cita y os conjura.
Castas Ninfas, llegad, celebraremos
De un puro amor el pacto con extremos.
Venid, pues, con premura.

Entran varias NINFAS.

Tostados segadores,
Hartos del mes de Agosto, placenteros
Abandonad del surco los ardores.
Holgad; y colocándoos los sombreros
De paja tosca, á la campestre usanza,
De estas jóvenes Ninfas compañeros
Sed en alegre danza.

Entran varios SEGADORES vestidos con propiedad, y bailan
en unión de las Ninfas. Al fin del baile Próspero repenti-
namente se levanta sobresaltado y habla, y luego desaparecen lentamente, mientras se escucha sordo, extraño y
confuso rumor.

PRÓSP. (Ap.) De esa bestia de Cáliban y de esos
Confederados suyos me olvidaba,
Y de su trama vil contra mi vida

Es este de su plan casi el minuto.——

Está bien. Idos. Basta. (Á los espíritus.)

FERN.   Raro es esto..

Algo á tu padre con violencia agita.

MIRAN. Nunca, jamás lo he visto, hasta este instante,
Por ira destemplado de ese modo.

PRÓSP. Algo inquieto pareces, hijo mío,
Cual si temieras algo. Tu alegría
Recobra. Terminó ya nuestra fiesta.
Esos actores nuestros, cual te dije,
Eran genios, y en aire convertidos,
En aire vano están. De igual manera
Las altas torres que á las nubes tocan,
Los egregios palacios y los templos
Solemnes, y esta enorme esfera misma,
Sí, cuanto existe quedará disuelto,
Sin dejar ni señales del naufragio,
Como quedó desvanecido este
Fantástico espectáculo. La estofa
Con la que sueños se fabrican somos,
Y nuestra corta vida con un sueño
Se redondea.——La ira en mí renace. ——
Condona mi flaqueza. Perturbado
Se encuentra mi cerebro ya vetusto.
No influya en tí mi mal. Si te parece,
A reposar retírate á mi celda.
Para aquietar mi mente, pasearme
Quiero un momento aquí.

FERN. y MIRAN.   Tranquilizaos.

PRÓSP. (Á Ariel.) Llega rápido.

(Á Fernando y Miranda.) Gracias.——¡Ariel mío!

Vuelve á entrar ARIEL.

ARIEL. Tus pensamientos me esclavizan. Manda.

PRÓSP. Espíritu, precisa prepararnos
Para luchar con Cáliban.

ARIEL.   Mi jefe:
Cuando de Ceres el papel hacía,
Hablarte quise, mas temí tu enojo.

PRÓSP. ¿Dónde dejaste, dime, á esos malvados?

ARIEL. Cual te dije, inflamados por el vino,
Repletos de valor, al aire herían
Por aventar sobre su faz, y al suelo
Por besarles los pies. Pero, no obstante
Hacia su plan propuesto caminaban.
Mas toco yo mi tamboril, y yerguen
Como cerriles potros las orejas.
Los párpados levantan, y husmeando
Música, las narices dan al viento.
Hechicé sus oídos de tal modo,
Que cual terneros mi mugir seguían
Por entre escaramujos puntiagudos,
Asperas zarzas y dentados tojos,
Y espinos cuyas púas penetraban
En sus tobillos frágiles. Dejélos
En la charca que inmundo manto cubre,
Más allá de tu celda, donde bailan
Con el agua hasta el cuello, y removido
El lago ya, más que sus pies apesta.

PRÓSP. Bien hecho, pajarillo. Tu invisible
Forma conserva aún. Para que sirva
De cebo á estos ladrones, cuanto veas
De relumbrón en casa aquí coloca.
(Vase Ariel.)

Ser infernal, engendro del demonio,
A su naturaleza la cultura
Adherirse no puede. Los afanes
Que por humanidad tomarme quise,
Hoy perdidos están, todos perdidos,
Y cual su cuerpo con la edad se afea,
Así se va su mente corrompiendo.
Los he de atormentar hasta que rujan.

Vuelve á entrar ARIEL con ricos ropajes.

Vamos. Colgarlos de esa cuerda puedes.
(Próspero y Ariel permanecen invisibles.)

Entran CALIBAN, ESTEBAN y TRÍNCULO chorreando
agua.

CÁLIB. Con tiento caminad, os lo suplico.
Que ni el topo perciba una pisada.
Ya próximos estamos á su celda.
ESTEB.—Monstruo, ese duende á quien llamaste
duende inofensivo, ha hecho poco menos que tratarnos
como á bobos.
TRÍNC.—Monstruo, huelo á muladar, y mis narices se
indignan.
ESTEB.—Y las mías. Escucha, monstruo. Si te llego
á tomar tirria, ten en cuenta.....
TRÍNC.—Que eres monstruo al agua.
CÁLIB. Amo y señor, consérvame tu gracia.
Paciencia ten. El premio que te ofrezco
Ese infortunio anulará. Por tanto,
Habla quedo. Quietud profunda reina
Cual de la media noche.
TRÍNC.—¡Mas perder las botellas en la charcal.....

ESTEB.—Eso no es sólo deshonra y oprobio, sino pérdida inmensurable.

TRÍNC.—Para mí, más es eso que mi mojada. ¿Y este es, monstruo, tu duende inofensivo?

ESTEB.—Voy de mi botella en busca aunque me cueste zambullirme hasta las orejas.

CÁLIB.   Rey mío, por favor, estate quieto.
Mira. La boca es esta de la cueva:
Silencio y entra, y la gentil diablura
Por obra pon que dueño de la isla
Te ha de hacer, y á tu Cáliban por siempre
Hará lamer tus pies.

ESTEB.—Venga esa mano. Comienzo á tener ideas sanguinolentas.

TRÍNC. — ¡Oh rey Esteban! ¡Oh majestad! ¡Oh excelso Esteban! Mira qué guardarropa hay aquí para tu uso.

CÁLIB.   Déjalo, imbécil; oropel es eso.

TRÍNC.—Ya, ya, monstruo. Sabemos lo que es una prendería. ¡Oh rey Esteban!

ESTEB.—Alcánzame ese manto. ¡Voto va! Mío será ese manto.

TRÍNC.—Lo tendrá vuestra majestad.

CÁLIB.   ¡Ahogue al imbécil mala hidropesía!
¿Por qué de tales trapos te enamoras?
Déjalos ya. Matarlo antes de todo.
Si despierta, á pellizcos nuestro cuerpo
Pintará de los pies á la cabeza;
¡Buenos nos va á poner!

ESTEB.—Cállate, monstruo. Señora cuerda, ¿no me pertenece este jubón? Ahora, jubón, estás ya debajo de esa cuerda. Ahora, jubón, probablemente perderás el pelo y serás calvo, jubón.

TRINC.—Así, así. Robamos por debajo de cuerda, majestad.

ESTEB.—Gracias por ese chiste «Robamos por debajo de cuerda.» Eso merece este vestido. El ingenio no quedará sin recompensa mientras rey sea yo de este país. «¡Robar por debajo de cuerda!» es una excelente ocurrencia. Toma, pues, otro vestido.

TRINC.—Aproxímate, monstruo. Úntate lirio en los dedos y con el resto carga.

CÁLIB. No haré yo tal. Se está perdiendo el tiempo,
   Y nos van á volver ostras ó micos
    Con achatadas frentes.

ESTEB.· Monstruo, echa mano. Ayuda á llevar esto adonde tengo mi barrica de vino, ó te arrojo de mi reino. Anda, lleva esto.

TRINC.—¿Y esto?

ESTEB.—Sí tal, y esto.

Óyese ruido de cazadores.—Entran varios espíritus en forma de lebreles, que persiguen á Cáliban, á Esteban y á Trínculo, azuzados por Próspero y Ariel.

PRÓSP.—¡Eh! ¡Azor! ¡Eh!

ARIEL.—¡Lucero, ahí va! ¡Lucero!

PRÓSP.—¡Tigre, tigre! ¡Ahí, Sultán, ahí! ¡Sús, sús!
  (Vanse perseguidos Cáliban, Esteban y Trínculo.)
   Duendes míos, cargad. Sus coyunturas
   Triturad con horribles convulsiones.
   Acortad sus tendones con calambres
   Y á mordiscos manchadles más el cuerpo
   Que el del gato montés ó el del leopardo.

ARIEL. Oid cuál rugen.

PRÓSP.   Sin piedad los cacen.

En este instante están mis enemigos
En mi poder. Ya pronto mis tareas
Terminarán, y del ambiente libre
Podrás gozar entonces. Entretanto,
Sigue y sírveme tú.

ACTO QUINTO.

ESCENA PRIMERA.

Ante la cueva de Próspero.

Entra PRÓSPERO en traje mágico y ARIEL.

PRÓSP. Ya mi proyecto á madurar empieza.
No fallan mis encantos; me obedecen
Los espíritus mios, y camina
El tiempo sin estorbo con su carga.
¿Qué hora es?

ARIEL.   Son las seis; cuando afirmaste
Que las tareas nuestras cesarían.

PRÓSP. Al provocar la tempestad lo dije.
¿Dónde el Rey con su séquito se encuentra?
Dime, espíritu mio.

ARIEL.   Confinados
Como ordenaste están. Cual los dejaste
En el bosque de tilos que protege
A tu celda del aire. Prisioneros
Allí todos están. Sin tu permiso
Ya no pueden salir. El Rey, su hermano

Y el tuyo, todos tres, dementes vagan,
Y los demás los compadecen llenos
De pena y de terror; principalmente
El buenísimo viejo don Gonzalo,
Cual lo llamas, señor, por cuya barba
Las lágrimas gotean cual la lluvia
Por techumbre de juncos en invierno.
Tu magia en ellos obra de tal modo
Que enternecido al verlos quedaría
Tu corazón.

PRÓSP.   Espíritu, ¿tal piensas?

ARIEL. El mio sí, señor, si humano fuese.

PRÓSP. Pues el mío también. Tú, que eres aire,
Con su dolor te ablandas, simpatizas;
Y yo, sér de su especie, yo, que siento
Con idéntica fuerza sus pasiones,
¿No me he de conmover cual te conmueves?
Aunque profundamente me ofendieron,
Con mi razón serena me resguardo
De mi propio furor. Es excelencia
Practicar la virtud, no la venganza.
Penitentes, mi objeto no camina
Ni un ceño más allá. Déjalos libres,
Ariel. Anulados mis conjuros
Restauraré su juicio, y nuevamente
A su ser tornarán.

ARIEL.   Iré en su busca.

(Vase Ariel.)

PRÓSP. Geniecillos de cerros y arroyuelos,
De florestas y plácidas lagunas,
Los que en las playas sin dejar ni aun huellas
A Neptuno cazáis cuando refluye
Y os vais corriendo ante él cuando retorna;

Vosotros, duendecillos, que en los prados
Cercos formáis al relumbrar la luna
De áspera hierba que la oveja evita;
Vosotros cuyo solo pasatiempo
Es hacer vegetar nocturnos hongos;
Que gozáis con el toque de la queda,
Con cuyo auxilio yo—por más que pobres
Familiares seáis—he obscurecido
Al sol del Mediodía, del rebelde
Huracán me he valido, y la contienda
Feroz he provocado entre el salobre
Verde mar y la bóveda azulada;
Llamas al trueno retumbante he dado,
Y á la encina de Júpiter robusta
De arriba abajo hendí con su centella;
Promontorios moví sobre su base;
Pinos y cedros arranqué de cuajo,
Y los sepulcros al mandato mío
Despertando de pronto á sus durmientes,
Se abrieron y de sí los arrojaron
Á impulsos de mi arte poderoso,
Abjuro aquí la austera magia mía,
Y al reclamar, como reclamo ahora,
Armonía celeste por que obre
Este conjuro aéreo en sus sentidos,
Según deseo, romperé mi vara
Y en el seno profundo de la tierra
La enterraré, y allí donde la sonda
Nunca alcanzó, sumergiré mi libro.
                (Música solemne.)

Vuelve á entrar ARIEL. Después ALFONSO con gestos dementes, seguido de GONZALO. SEBASTIÁN y AN-TONIO en igual estado, seguidos de ADRIANO y FRAN-CISCO. Todos ocupan un círculo que ha trazado PRÓS-PERO, y en él quedan encantados. PRÓSPERO después de contemplarlos dice:

PRÓSP. Solemne melodía, de la mente
Turbada dulce alivio, vuestros sesos
Que inútiles os hierven en el cráneo,
Venga á curar.—¡Inmóviles! que os tiene
Un conjuro sujetos.—
Gonzalo noble y digno, contemplando
Cuál se ostentan tus ojos, de mis ojos
Con lágrimas simpáticas cayendo.—
Vase el conjuro disolviendo aprisa—
Como á la noche la alborada invade
Y va la obscuridad desvaneciendo,
Sus sentidos así, que se despiertan,
Principian á ahuyentar la niebla vana
Que á sus lúcidos juicios envolvía.
¡Oh! tú, mi buen Gonzalo. Tú que fuiste
Mi salvador y tu lealtad mostraste
Al par á tu señor. Yo tus favores
He de pagar con hechos y palabras.
De la manera más crüel, Alfonso,
Á mi niña trataste y me trataste;
Y cómplice del acto fué tu hermano.
Ahora por ello, Sebastián, padeces.
Tú, sangre y carne mías, tú, mi hermano,
Que henchido de ambición, naturaleza
Y conciencia de tí desarraigaste
Y á Sebastián unido—que ahora sufre

Aun con más fuerza el torcedor interno—
Hubieras á tu rey la muerte dado,
Recibid mi perdón, aunque sois monstruos.
Su inteligencia á refluir empieza
De su razón la playa cenagosa,
É·inmunda va cubriendo la creciente.
Ninguno ni me ha visto ni conoce.
Mi espadín, Ariel y mi sombrero
De mi celda aquí trae.

      (Vase Ariel). Despojarme
Del manto quiero, y de Milán el Duque
Me mostraré cual era. Pronto, genio,
Que presto serás libre.

Vuelve á entrar ARIEL, y mientras ayuda á vestir
á PRÓSPFRO, canta.

    Cual abeja los pétalos chupo
    De dulce licor,
    De la prímula el cáliz ocupo
    De los buhos oyendo el clamor.
    El murciélago en hombros me lleva
    Con vuelo afanoso
    Pasado el calor,
    Y gozoso he de hacer vida nueva,
    Gozoso, gozoso,
    De rama colgante suspenso en la flor.

Prósp. Ariel encantador, mucho de menos
Te habré de echar. Tu libertad, no obstante,
Te daré. Sí, sí tal. Del Rey al buque
Llega invisible como estás. La gente
Bajo cubierta en él está dormida.
Al capitán despierta y al piloto,
Y á venir á este sitio les induces.

Al punto, por favor.

ARIEL. El aire bebo. Volveré en seguida
Antes que dé tu pulso dos latidos. (Vase.)

GONZ. Tormentos, luchas, maravilla, asombro
Reunidos aquí están. Celeste amparo
De este sitio nos saque.

PRÓSP.   Rey, contempla
Al ofendido Próspero en persona,
Al Duque de Milán. Para probarte
Que es un principe vivo quien te habla,
Te abrazo, y cariñosa bienvenida
Te doy á tí y á los que están contigo.

ALF. Si eres él ó ilusión engañadora
Cual otras de estos sitios, no comprendo.
Tu pulso late cual si el cuerpo tuyo
De carne y sangre fuese; y al mirarte,
La aflicción de mi mente disminuye
Que, temo, mi locura fomentaba.
Si lo que pasa es cierto, necesita
Extraña explicación. Yo tu ducado
Resigno y las ofensas que te hice
Te ruego me perdones. Pero ¿cómo
Vivo, Próspero, estás y en este sitio?

PRÓSP. Mi noble amigo, deja que primero
(Á Gonzalo).
Á tu vejez, sin límites honrada,
Los brazos tienda.

GONZ.   Ni afirmar me es dado
Si es ilusión ó realidad.

PRÓSP.   Os turban
Restos de los hechizos de esta isla,
Que no os dejan creer en realidades.
Amigos míos, todos bien llegados.

Sobre vosotros dos, buena pareja,
El ceño de su Alteza, si quisiese,
Pudiera hacer caer, patentizando
Que sois traidores; pero en este instante
Nada diré.

SEBAS. (Aparte.) Por él el diablo habla.

PRÓSP. No tal. En cuanto á tí, más que perverso—
Llamarte humano me infectara el labio—
Tus más atroces faltas te perdono.
Sí, todas; y requiero que me entregues
Mi ducado, que es fuerza restituyas.

ALF. Si Próspero eres tú, danos noticias
De cómo te salvaste. ¿Cómo ha sido
Venir á este lugar, cuando ha tres horas
En estas playas naufragamos, donde
(¡De este recuerdo cuán sutil la punta!)
Perdí á Fernando, á mi adorado hijo?

PRÓSP. Lo lamento, señor.

ALF.   Irreparable
Pérdida es; me dice el sufrimiento
Que cura no tendrá.

PRÓSP.   Según parece,
Solicitar su amparo no procuras.
Sufro pérdida igual; pero recibo
Suprema ayuda de tan dulce gracia,
Y con resignación la sobrellevo.

ALF. ¿Pérdida igual?

PRÓSP.   Tan grande y tan reciente.
Y para soportar pérdida tanta,
De recursos más débiles dispongo
Que los que tú para aliviar tu pena
Pudieras invocar. Perdí á mi hija.

ALF. ¡Á tu hija, oh Dios! ¡En Nápoles entrambos

Ojalá que cual reina y rey vivieran!
¡Y ojalá que yo mismo encenagado
En el lecho de lodo donde yace
El hijo mio me encontrara! Díme,
¿Cuándo á tu hija perdiste?

PRÓSP.   La he perdido
En la reciente tempestad. Observo
Que estos señores su razón devoran
De este encuentro admirados, y que piensan
Que no trasmiten la verdad sus ojos,
Ni que forma el aliento sus palabras.
Pues viciados ó no vuestros sentidos,
Que Próspero soy yo, tened por cierto,
El Duque aquel que de Milán lanzasteis;
Quien, para ser su dueño, en estas playas
Do naufragasteis, milagrosamente
Desembarcó. Mas basta por ahora.
Es historia de un dia y de otro dia,
Pero no relación de desayuno,
Ni á este encuentro adecuada. Bien venido,
Señor; mi corte es esta celda. Tengo
Pocos sirvientes, súbditos ningunos.
Ahöra en su interïor fija la vista,
Pues mi ducado habiéndome devuelto,
Quiero con algo igual recompensarte,
Ú operar por lo menos un milagro
Que, cual á mí el ducado, te contente.

Abrese la cueva, y aparecen FERNANDO *y* MIRANDA
jugando al ajedrez.

MIRAN. Engañándome estás, dueño querido.

FERN. Amada mia, ni por todo el mundo.

MIRAN. Fuera por veinte reinos la contienda,

Siempre legal el juego juzgaría.

ALF. Si de la isla una ilusión es ésta,
Á un hijo amado perderé dos veces.

SEBAS. ¡ Milagro extraordinario !

FERN. ¡ Aunque las olas
Nos infunden pavor, son compasivas !
Maldije sin razón.

(Se arrodilla ante Alfonso.)

ALF. Las bendiciones
De un padre satisfecho te circundan.
Levanta, y cómo aquí, díme, llegaste.

MIRAN. ¡ Oh maravilla ! Todos estos seres
¡ Qué hermosos son ! ¡ La humanidad cuán bella !
¡ Oh mundo nuevo, espléndido, que tales
Gentes contiene !

PRÓSP. Para tí muy nuevo.

ALF. ¿ Quién es esa doncella que jugando
Contigo estaba? Cuando más, tres horas
Hará que la conoces. ¿ Por ventura
Es esta, dí, la diosa que apartarnos
Antes logró, y que ahora nos reune?

FERN. No, señor, es mortal. Mas la hace mía
Inmortal providencia, sin embargo.
Yo la escogí cuando pedir consejo
De mi padre no pude, cuando padre
Juzgaba no tener. La hija es ella
Del Duque de Milán tan renombrado,
De cuya fama ya tanto sabía,
Mas á quien antes nunca ví. Le debo
Una segunda vida, y esta dama
En mi segundo padre lo transforma.

ALF. Y de ella lo soy yo. ¡ Mas cuán extraño
Sonar ¡ ay ! debe que perdón reclame

De la hija mía!

Prósp.   Cesa, no prosigas,
Y no sobrecarguemos la memoria
Con pasada aflicción.

Gonz.   Interiormente
He llorado, ó mi voz antes se oyera.
¡Oh cielos! contemplad. ¡Haced que caiga
Sobre entrambos diadema bendecida!
Que vosotros la senda nos trazasteis
Que aquí nos puso.

Alf.   Digo amén, Gonzalo.

Gonz.   ¡De Milán arrojado fué su duque
Para reinar en Nápoles su raza!
¡Con placer sin igual regocijaos,
Y en sólidas columnas quede escrito
Con caractereś de oro! En un viaje
Halló marido Claribel en Túnez,
Y su hermano Fernando esposa en donde
Perdido se encontraba. Su ducado
Próspero en isla mísera, y nosotros,
Dueños no siendo de nosotros mismos,
La perdida razón.

Alf.   (Á Fernando y á Miranda.) Dadme las manos.
Embargue el corazón de quien la dicha
Para entrambos no quiera, llanto y duelo.

Gonz.   Sí tal, amén.

Vuelve á entrar ARIEL; *el* CAPITÁN *y el* PILOTO *le siguen
con aire de asombro.*

Señor, señor, contempla
Más compañeros. Bien profetizaba
Que en la tierra un patíbulo existiendo,
Este tunante ahogarse no podía.

Tú, blasfemia encarnada, que, jurando,
La santa gracia por la borda arrojas,
Desembarcado ya, ¿ni echas un voto?
¿No tienes lengua en tierra? Di, ¿qué ocurre?

PIL. Pues lo mejor que ocurre es sano y salvo
Hallar al Rey con su compaña; luego,
Hallar á nuestro buque, que creímos
Estar hecho pedazos ha tres horas,
Estanco, aparejado y marinero
Como al darnos al mar por vez primera.

ARIEL. (Aparte á Próspero.)
Lo hice todo, señor, en un instante.

PRÓSP. (Aparte á Ariel.)
¡Cuán hábil genio tú!

ALF. Seguramente,
Sucesos naturales no son éstos,
Y cada instante aumenta su extrañeza.
¿Aquí cómo viniste?

PIL. Si creyese,
Señor, estar despierto, trataría
De decirlo. Dormidos cual marmotas,
Y cómo no lo sé, bajo cubierta,
Hará un instante, múltiples y extraños
Aullidos fieros, gritos y rugidos,
Y el rumor de cadenas sacudidas,
Y otros muchos rüidos espantosos,
Nos despertaron. Libres de repente,
Pudimos ver á nuestra regia, recia,
Gallarda nave en su perfecto estado,
Dispuesta á navegar. Brincó de gozo
El Capitán al verla. En un momento—
Es la verdad—como si sueño fuese,
De los demás nos vimos separados,

Y atontados aquí nos han traído.

ARIEL. (Aparte á Próspero.)

¿No lo hice bien?

PRÓSP. (Aparte á Ariel.) Lo hiciste bravamente,
Asiduo genio mío. Serás libre.

ALF. Jamás nadie pisó tal laberinto.
Otro poder conduce este negocio
Que la naturaleza. Necesita
La razón que un oráculo la guíe.

PRÓSP. Señor y soberano, no perturbes
Tu juicio preocupándote en lo raro
De este negocio. En ocasión propicia,
Que será en breve, cuando estemos solos,
Te daré explicación—y satisfecho
Te quedarás—de cuanto aquí ha pasado.
Hasta entonces, anímate, y de todo
Buen juicio forma tú.
(Aparte á Ariel.) Ven, genio mío.
Á Cáliban liberta y su compaña.
Desbarata el hechizo.
(Vase Ariel.) ¿Cómo sigues,
Señor? Aquí nos faltan de tu gente
Algunos mozos que en olvido has puesto.

Vuelve á entrar ARIEL empujando á CÁLIBAN, ESTEBAN
y TRÍNCULO, ataviados con sus robadas vestiduras.

ESTEB.—Cada cual trabaje para los demás y nadie se
cuide de sí. Todo pende de la fortuna. ¡Coraggio, monstruo audaz, coraggio!

TRÍNC.—Si esto que llevo en la cabeza son atalayas
eficaces, buen espectáculo es.

CÁLIB.—¡Oh Sétebos, qué espíritus tan bellos!
¡Qué guapo está mi amo! Su castigo

<table>
<tr><td></td><td>Temiendo estoy.</td></tr>
<tr><td>SEBAS.</td><td>¡Ja, ja!</td></tr>
</table>

SEBAS.   ¡Ja, ja!
Estas cosas ¿qué son, sabes, Antonio?
¿Las comprará el dinero?

ANT.   De seguro
Uno es un pez, y pienso que vendible.

PRÓSP. Señores, ved la guisa de esta gente,
Y decidme después si es gente honrada.
Ved á este vil deforme, cuya madre
Era bruja, y de tanto poderío, ·
Que en la luna influía, y en los mares
Causaba el flujo y el reflujo, y era,
Sin su poder, partícipe en su imperio.
Me han robado los tres, y este demonio—
Á medias—es bastardo, asesinarme
Con ellos concertó. Dos de estos tunos
Os pertenecen. Vedlos: este engendro
De los profundos, reconozco mío.

CÁLIB. Me van á pellizcar hasta matarme.

ALF. ¿No es éste Esteban, mi ebrio camarero?

SEBAS. Ebrio ahora está. ¿De dónde obtuvo vino?

ALF. Y Trínculo también se bambolea.
¿Dónde ese gran licor que así los dora
Pudieron encontrar? ¿Cómo os metisteis
En semejante adobo?

TRÍNC.—En semejante adobo he estado desde que nos vimos la última vez; y me temo que ya no me saldrá de los huesos. No me asustan manchas de moscas.

SEBAS.—¡Hola, Esteban!

ESTEB.—¡Oh, no me toques! No soy Esteban; soy un puro calambre.

PRÓSP.—Tunante, ¿querías ser rey de la isla?

ESTEB.—¡Bravo rey hubiera sido!

ALF.—(Señalando á Cáliban.) Jamás he visto objeto tan
extraño.

PRÓSP. Son sus inclinaciones tan incongruas
Cual su figura es. Entra en mi celda;
Llama á tus compañeros. Si pretendes
Conseguir mi perdón, en orden ponla.

CÁLIB. Sí tal. Seré discreto en adelante
Buscando tu perdón. Tres veces burro
Fuí, juzgando era un diós este borracho
Y adorando á este estúpido.

PRÓSP.   ¡Ve, vete!

ALF.   ¡Largo de aquí! Poned ese equipaje
Adonde lo tomasteis.

SEBAS.   Ó robasteis.
(Vanse Cáliban, Esteban y Trínculo.)

PRÓSP. Á mi celda, señor, ahora te invito
Y á tu séquito todo, y albergaros
Podéis allí esta noche; de ella parte
Invertiré en contaros lo que juzgo
Hará que prontamente se disipe—
La historia de mi vida, y los sucesos
Que se han desarrollado en esta isla
Desde que yo llegué. Por la mañana
Llevaros quiero á vuestro buque; luego
Á Napoles, en donde de estos seres
Queridos celebrar veré las bodas.
Y después á Milán, á retirarme
Donde de tres ideas que me ocurran
Una será la sepultura mía.

ALF.   Oir la historia de tu vida ansío.
Extraña sonará.

PRÓSP.   La oirás entera,
Y te prometo mar tan bonancible,

Tan buen viento y tan rápido viaje,
Que pronto alcanzarás la regia flota.

(Aparte á Ariel.)

Ariel, mi dulce prenda, de ello cuida;
Á los aires después, y libre vive,
Y que seas feliz. Aproximaos. (Vanse.)

EPÍLOGO.

Dicho por PRÓSPERO.

Mis hechizos han cesado
Y tengo escaso poder.
Por vosotros relegado
Á esta isla puedo ser,
Ó á Nápoles trasladado.
Mas, pues gané mi ducado
Y ya perdoné al traidor,
No me dejéis encantado;
Quede al punto libertado
De esas manos al favor.
Vuestro hálito halagador
Henchirá la vela mía,
Ó un fracaso es mi temor,
Que ni arte avasallador
Ni duende ya me auxilía.
Será cruel mi agonía
Si no alcanzan mis clamores
Compasión y simpatía
Y el perdón de mis errores.
Y pues cada cual ansía
Para sus culpas clemencia,
Disipando mis temores,
Líbreme vuestra indulgencia.

FIN DE LA TEMPESTAD.

EL MERCADER DE VENECIA.

PRÓLOGO.

Cítase *El Mercader de Venecia* en el *Palladis Tamia* de Francisco Meres, obra impresa en 1598; y los más distinguidos críticos, entre ellos Chalmers, Drake, Tieck y Ulrici, creen que esta comedia fué escrita por Shakespeare en 1596 ó 1597.

En el *Registro de los Libreros* (*Stationers Hall Register*) se hicieron dos asientos referentes á ella: el uno en 22 de Julio de 1598 por James Roberts, y el otro en 28 de Octubre de 1600 por Thomas Haies. El asiento del Registro hecho por Roberts, traducido, es como sigue: «James Robertes, un libro que trata de *El Mercader de Venecia*, ó de otro modo denominado, *El Judío de Venecia*, bien entendido que no ha de ser impreso por el dicho James Robertes, ni por ninguna otra persona, sin obtener previa licencia del muy honorable el lord Chambelán.»

En 1600 aparecieron dos ediciones de esta obra: una la del librero Haies, y otra la de Roberts, que lleva el prolijo título de *La excelente historia de «El Mercader de Venecia»*, con la extremada crueldad de Shylocke, el judío, hacia dicho mercader, al pretender cortarle una libra justa de carne. Y de cómo fué obtenida la mano de Porcia por medio de la elección entre tres cofres.

En el *Gesta Romanorum, cum applicationibus moralitatis ac mysticis*, obra escrita en el siglo XIV é impresa en Lovaina en 1473, aparecen dos historias, que se relacionan marcadamente con *El Mercader de Venecia*, de Shakespeare. Refiérese en una que un caballero tomó dinero prestado á un mercader con la condición de que perdería toda la carne de su cuerpo si no satisfacía su deuda. Cuando ante el juez se exigió, por falta de pago, el cumplimiento del contrato, la dama del caballero, disfrazada *in forma viri et vestimentis pretiosis induta*, se presentó al tribunal, y con permiso del juez trató de ablandar al mercader. Ofrecióle primero la suma que el caballero le debía, luego el doble, etc.; pero la respuesta del mercader fué constantemente: «Conventionem meam volo habere.—Puella, cum hoc audisset, ait coram omnibus, Domino mi judex, da rectum judicium super his quæ vobis dixero.—Vos scitis quod miles nunquam se obligabat ad aliud per literam nisi quod mercator habeat potestatem carnes ab ossibus seindere, sine sanguinis effusione, de quo nihil erat prolocutum. Statim mittat manum in eum; si vero sanguinem effuderit, Rex contra eum actionem habet. Mercator, cum hoc audisset, ait, date mihi pecuniam et omnem actionem ei remitto. Ait Puella, amen dico tibi, nullum denarium habebis — pone ergo manum in eum, ita ut sanguinem non effundas. Mercator vero videns se confusum, abscessit; et sic vita militis salvata est, et nullum denarium dedit.»

, La otra historia es como sigue :

El Rey de Apulia envió á su hija á que se casara con el hijo de un emperador de Roma; y, tras serie de aventuras que no son del caso, llegó la doncella á la corte del Emperador, y éste le dijo: «Puella, propter amorem filii mei multa adversa sustinuisti. Tamen si digna fueris ut uxor ejus sis cito probabo. Et fecit fieri tria vasa. Primum fuit *de auro purissimo* et lapidibus pretiosis interius ex omni parte, et plenum *ossibus mortuorum:* et exterius erat subscriptio; *Qui me elegerit, in me inveniet quod meruit.* Secundum vas erat *de argento* puro et gemmis, pretiosis, plenum *terra;* et exterius erat subscriptio; *Qui me elegerit, in me inveniet quod natura appetit.* Tertium vas *de plumbo* plenum lapidibus pretiosis interius et gemmis nobilissimis; et exterius erat subscriptio talis: *Qui me elegerit, in me inveniet quod Deus disposuit.* Ista tria ostendit Puellæ, et dixit: Si unum ex istis elegeris in quo commodum, et proficuum est, filium meum habebis. Si vero elegeris quod nec tibi nec aliis est commodum, ipsum non habebis.» La doncella, después de examinar atentamente las tres vasijas y sus inscripciones, escogió la de plomo, que, destapada, se halló repleta, como va dicho, de oro y de piedras preciosas, y el Emperador entonces le dijo: «Bona Puella, bene elegisti— ideo filium meum habebis.»

Il Pecorone, colección de cuentos de Ser Giovanni Fiorentino, obra impresa por vez primera en Milán en 1558, ó acaso pocos años antes, contiene *Las aventuras de Gianotto*, que tienen también grandísima semejanza con algunas de las peripecias de *El Mercader de Venecia*, de Shakespeare.

Gianotto, hijo menor de Bindo, mercader de Florencia, no hereda bienes de su padre, quien testa á favor

de sus dos hermanos mayores, y de él recibe únicamente
una carta para el acaudalado mercader de Venecia Ansaldo, á quien por recomendación paterna debe presentarse Gianotto, pues logrará de ese modo, según le dice,
prosperar en el mundo.

En vano sus hermanos tratan de detenerlo, ofreciéndole generosamente compartir con él la herencia de su
padre, por más que nada le correspondiera segun la ley.
Gianotto acepta sólo lo preciso para el viaje, parte para
Venecia, y se presenta á Ansaldo, quien, por razón del
entrañable cariño que profesaba á su compañero Bindo,
lo recibe cual hijo y pone á su disposición su casa y sus
riquezas.

Deseando, sin embargo, que el joven vea el mundo,
prepárale un buque ricamente cargado de mercancías, y
Gianotto, en compañía de otros mercaderes, parte en
busca de impresiones y mayor fortuna.

Navega la flota cerca de un golfo, y Gianotto desea
penetrar en él; pero el piloto de su nave le aconseja pasar de largo, pues es fama, le dice, que los que allí penetran no vuelven.

Insiste Gianotto no obstante, y penetra su nave en
el puerto de la *Dona de Belmonte*, reina, princesa ó
feudal señora de aquella comarca, quien recibe con grande
pompa al joven aventurero, honrándole, festejándole y
agasajándole, y, lo que es más aún, invitándole á compartir su lecho; pero después de la cena ofrece la astuta
dama rico licor al cándido Gianotto, á cuyo influjo
queda, en espléndido pero ocioso lecho, dormido profundamente hasta las tres de la tarde del siguiente día.
Mientras tanto, le despojan de cuantas riquezas en su
buque llevaba, y en cambio le ofrecen sólo un caballo
para que se vuelva á Venecia, adonde llega mohino y

cabizbajo; pero, á pesar de tan mala pasada, lleno de
amor por la falsa y codiciosa dama de Belmonte. Ansaldo lo consuela, y al año siguiente parte con otra nave
y con cargamento aún más rico, para subsanar aparente-
mente las pérdidas del año anterior, pero en realidad para
volver á entrar en el malhadado golfo. Llega á Belmonte,
y le ocurre exactamente lo mismo que en su primer viaje.
Torna á Venecia, y nuevamente lo consuela y perdona
Ansaldo, quien, decidido á sacrificarlo todo por su ahi-
jado querido, le prepara la tercera expedición; pero para
completarla tiene ahora necesidad de tomar prestado de
un judío diez mil ducados, con la condición de que, si no
los devuelve el próximo día de San Juan, tendrá el judío derecho á cortar una libra de carne del cuerpo de su
acreedor. Parte Gianotto por tercera vez de Venecia,
llega á Belmonte; pero ahora, avisado por una doncella
(que sin duda simpatizaba con su amante tenacidad) de
lo que debe hacer, en vez de beber de la engañadora copa
que le propinan finge hacerlo, y el resultado de su tercera
aventura nocturna en el puerto de Belmonte es desposarse
inmediatamente después con aquella reina ó princesa ó
señora, ser declarado rey, príncipe ó señor de aquella comarca y olvidar al pobre Ansaldo, hasta que asomado
un día á la ventana de su palacio ve pasar por la plaza
una procesión, y, preguntando á su esposa qué significaba
aquello, ésta le responde que la procesión es para celebrar el día de San Juan. Sobrecogido recuerda entonces
Gianotto el riesgo que corre su segundo padre: cuenta lo
que ocurre á su esposa y el peligro en que Ansaldo está
de perder la vida si no puede pagar la suma que para fa-
cilitarle su viaje á Belmonte había tomado prestada al
judío. La dama le aconseja partir al punto para Venecia,
á fin de salvar á su protector; y ella, disfrazada de

juez, acude al tribunal, pronuncia análoga sentencia á la que pronuncia Porcia en *El Mercader de Venecia*, de Shakespeare; y, lo que es más aún, recibe de manos de su esposo, como recompensa de sus servicios, en vez de dinero, que rehusa, la sortija matrimonial, que con idéntico encargo que el que hizo á Basanio Porcia, entregó á Gianotto al casarse. El matrimonio, tras breve altercado, se reconcilia, y todos, menos el judío, quedan satisfechos y contentos.

Con lo que antecede paréceme que basta para probar que el argumento ó, si se quiere, los argumentos de *El Mercader de Venecia* no tenían realmente novedad alguna; pero hay que añadir que el cuento del usurero que garantiza su crédito con la carne de su acreedor, era á la sazón vulgarísimo en Inglaterra.

En un manuscrito de principios del siglo xiv, escrito en Inglaterra, *Colección de cuentos latinos para predicadores*, halló Mr. Wright esta misma leyenda, que allí se considera ocurrida en Dinamarca; y antes de los tiempos de Shakespeare era popular en Inglaterra la Balada de Gernutus, balada que respira intenso odio contra los judíos, y que lleva el siguiente título: *Nueva canción que muestra la crueldad de Gernutus el judío, quien, habiendo prestado cien coronas á un mercader, pretende una libra de su carne porque no le podía pagar al vencimiento.*

Tradicional también debía ser este cuento en toda la Europa civilizada de aquella época, pues en *La vita de Sisto V, pontífe romano*, de Gregorio Leti, obra impresa en Lausana en 1669, se supone dirimido un litigio semejante y de igual modo por aquel famoso Papa, y seguramente Leti no había leído á Shakespeare, pues si lo hubiera leído no habria querido cometer la inconve-

niencia de plagiar á un autor de comedias para enaltecer
á Sixto V. Según parece, hay que remontarse á épocas
mucho más remotas que las del *Gesta Romanorum*, los
manuscritos del siglo XIV con la *Colección de cuentos
latinos para predicadores*, *Il Pecorone*, la Balada de
Gernutus y demás, y admitir que esta anécdota, que tan
extravagante é inverosimil nos parece hoy, era leyenda
acaso fundada en un hecho, ó fácilmente sugerida por
circunstancias de actualidad á cualquier narrador de
cuentos en aquellas épocas cuya barbarie nos suele á
menudo encubrir el caliginoso velo de la distancia. Aun
en Roma tenía el acreedor derecho á matar á su deudor,
ó á venderlo *del otro lado del Tíber*, si éste no pagaba
su débito; y, si eran varios los acreedores, éstos podian
cortarlo en trozos para tomar cada cual la parte que de
su cuerpo le correspondía, sin que, como Shylock,
tuvieran que temer castigo alguno por no adjudicarse con
perfecta exactitud la parte proporcional. (*Si pluribus
addictus sit, partes secanto, si plus minusve secuirent se
(sine) fraude esto.*) Este horrible derecho estaba, pues,
sancionado por pueblo tan avanzado ya como el pueblo
de Roma en la carrera de la civilización, y por lo tanto
no es extraño que en la Edad Media aun palpitaran esas
brutales leyes, tan muertas ya entre nosotros. No es fácil
averiguar de dónde tomó este cuento el autor del *Gesta
Romanorum* y el autor de *Cuentos latinos*; pero Malone
cita una antigua leyenda persa que manuscrita poseía
Mr. Thomas Munroe, y en donde se desarrolla este mismo
cuento, que allí se refiere á un musulmán y á un judío de
Siria, siendo éste, por supuesto, el sangriento acreedor,
y el musulmán el deudor desdichado. En esta leyenda se
decide el pleito por el Cadí de Emeso, y también como
lo decidió Porcia.

Shakespeare, pues, no inventó, ni mucho menos, los argumentos que se traban en su comedia, y acaso antes de que él escribiera su *Mercader de Venecia* se hallaba escrita otra comedia en inglés, fundada quizá en estos popularísimos cuentos.

Según Steevens, Gosson en su *School of abuse, sátira contra poetas, músicos, cómicos, payasos y demás polilla de la república*, obra impresa en Inglaterra en 1579, se refiere á una comedia que cree tuviera semejanza con la de Shakespeare, pues allí se dice: «El judío representado en el (teatro) Bull patentiza el ansia de la gente mundana al escoger, y el espíritu sanguinario de los usureros. Knight, sin embargo, opina, y con razón en mi juicio, que es aventurado con sólo esta cita de Gosson afirmar que en esa obra se combinaban las dos acciones que se desarrollan en *El Mercader de Venecia*.

Pero en realidad esto es relativamente de escasa importancia.

Shakespeare en su *Mercader de Venecia*, como en tantas otras obras suyas, construye evidentemente con materiales usados, vengan de donde vinieren; y como buen arquitecto, levanta magníficos edificios con sillares que acaso sirvieron antes para fábricas informes y mal trabadas que el tiempo arruinó, y que si hoy se recuerdan es sólo porque sus restos forman parte de monumentos gloriosos.

En *El Mercader de Venecia* de Shakespeare se combinan tres acciones distintas que en el crisol de su ingenio se funden y mezclan, produciéndose un aliaje de maravillosa belleza.

Es acaso una de las primeras obras de Shakespeare, y seguramente no es de las mejores producciones suyas, por más que sea una de las que gozan de mayor populalaridad.

Shakespeare en ella, con imparcialidad severa, describe á Shylock el judío, caracterizándolo con el portentoso talento que distingue al gran dramaturgo. Shylock aparece á menudo como amante y cuidadoso padre, hombre honrado ó inteligente negociante. Su odio intenso á los cristianos, su inflexible dureza, su vengativo carácter, es la antipatía feroz, la tremenda injusticia y la implacable saña de la sociedad que lo rodea, y que se refleja en su alma con toda su espantosa deformidad. Por eso, á pesar de la profunda repugnancia que nos inspira la conducta vengativa, los sanguinarios instintos y la avaricia avasalladora del mísero judío, en el fondo de nuestro sér aparece un destello de lástima cuando Shylock, al ver fallidos sus planes de venganza, torna á ser el taciturno judío de siempre, y, sin defenderse ya, aplanado, y conociendo su impotencia, con todo se conforma, y sólo pide, pues se halla enfermo, que le dejen irse en paz á su casa.

Algo de verdad hay en la observación de Coleridge, cuando dice que « si Shakespeare es el asombro del ignorante, es aún más el asombro del sabio, no sólo por la profundidad de su inteligencia, sino por su maravilloso ó intuitivo conocimiento de lo que es el hombre de toda época, y por lo tanto aparece más bien como profeta que como poeta.»

PERSONAJES.

EL DUX DE VENECIA.
EL PRÍNCIPE DE MARRUECOS, } pretendientes de Porcia.
EL PRÍNCIPE DE ARAGÓN,
ANTONIO, mercader.
BASANIO, su pariente y amigo.
SOLANIO,
SALARINO, } amigos de Antonio y de Basanio.
GRACIANO,
LORENZO, amante de Jesica.
SHYLOCK (1), judío.
LANZAROTE GOBO, payaso, al servicio de Shylock.
EL VIEJO GOBO, padre de Lanzarote.
LEONARDO, sirviente de Basanio.
BALTASAR,
ESTEBAN, } sirvientes de Porcia.
PORCIA, heredera acaudalada.
NERISA, su doncella.
JESICA, hija de Shylock.
Senadores de Venecia, empleados del Tribunal de Justicia,
un Alcaide. criados y acompañamiento.

Escena: parte en Venecia, y parte en Belmonte en la quinta
de Porcia.

(1) Pronúnciese Sháiloc.

ACTO PRIMERO.

ESCENA PRIMERA.

Venecia.—Una calle.

Entran ANTONIO, SALARINO y SOLANIO.

Ant.   Ni la causa sé yo de mi tristeza.
        Me abruma, cual me dices que te abruma;
        Mas como vino, la cogí, la tengo,
        Cuál es su esencia, ni de á dónde nace
        Aun está por saber.
        Y esta melancolía tan estulta
        Me pone que ni acierto á conocerme.
Salar. Va sobre el mar tu suerte dando tumbos:
        Allí donde tus buques de anchas velas,
        Del piélago señores, ricos homes,
        Ó, por decirlo así, del mar la pompa,
        Envidia son de pobres barquichuelos
        Que ante ellos vuelan con textiles alas
        Y los van saludando reverentes.
Solan. Te juro que corriendo esas venturas,
        Ausente de mi ser lo más profundo

Con esas esperanzas estaría.
Constantemente hierba al aire echara
Para apreciar la dirección del viento.
Buscando muelles, puertos y bahías,
Mapas examinara. De seguro
Que toda cosa que temer me hiciese
Por mis empresas, triste me pondría.

SALAR. Mi propio aliento al enfriar la sopa
Fiebre me produjera, comprendiendo
Cuánto daño en el mar, si sopla fuerte,
El viento puede hacer. Reloj de arena
Que viese, provocara en mí la imagen
De arrecifes y bajos, y pensara
En mi buen San Andrés embarrancado,
Más bajo que su quilla su alto tope
Besándole en su entierro. ¿Me sería
Posible ir á la iglesia y ver el santo
Edificio de piedra construído,
Y no pensar en rocas peligrosas,
Que sólo con herir el casco frágil
De mi barco en el mar esparciría
Mis preciadas especies, adornando
Con sedas mías las rugientes olas?
Y, en fin, ¿no pensaría; «en este instante
Puedo tanto temer y luego nada?»
Y, si puede ocurrírseme esta idea,
¿La otra idea ocurrírseme no puede
De que habrá de afligirme ese suceso?
Nada, nada. Se encuentra triste Antonio,
Con sus mercaderías cavilando.

ANT. No lo creáis. Doy gracias á mi suerte;
No á un buque solo, ni á un lugar tan solo,
Mis caudales fié. Ni mi fortuna

Depende de si el año es malo ó bueno.
No me preocupan, pues, mis mercancías.
SALAR. Pues, entonces, estás enamorado.
ANT. ¡Bah! ¡bah!
SALAR.   ¿No estás enamorado? Entonces
Diremos que estás triste por motivo
De que no estás alegre, y bien podrías
Reir, brincar, decir que estás alegre,
Porque triste no estás. ¡Por las dos caras
De Jano! extraordinarios individuos
Suele á veces forjar naturaleza.
Unos, siempre asomándose á sus ojos,
Cual dementes se ríen de un gaitero;
Y otros, con gesto de vinagre, nunca
Mostraran sonriéndose los dientes,
Aunque Néstor que el chiste es bueno diga.
SOLAN. Basanio viene aquí, tu deudo insigne,
Y Graciano y Lorenzo. Adiós te queda,
Que en mejor compañía te dejamos.
SALAR. Hasta hacerte reir me quedaría,
Pero amigos más dignos me reemplazan.
ANT. Dignísimo de aprecio á tí te juzgo.
Me pienso que te llaman tus negocios,
Y te vas la ocasión aprovechando.

Entran BASANIO, LORENZO y GRACIANO.

SALAR. Buenos días, señores.
BASAN.   Buenos días
Ambos tengáis. ¿Y cuándo nos reimos?
¿Cuándo? decid. ¡Ahora os vendéis tan caros!
¿Ha de ser así siempre?
SALAR.   Nuestros ocios

   Serán de vuestos ocios servidores.
    (Vanse Salarino y Solanio.)

LOREN. Pues á Antonio, Basanio, ya encontraste,
   Te dejamos los dos. Mas ten presente
   Donde reunidos hoy comer debemos.

BASAN. Haré por no faltar.

GRAC. Antonio, no estás bueno. Te preocupan
   Harto las cosas de este mundo, y suele
   No usarlas quien las compra á tanto precio.
   Estás, te lo aseguro, transformado.

ANT. Tengo, Graciano, al mundo en lo que vale,
   Como escenario donde todos deben
   Papel representar. Triste es el mío.

GRAC. El mío de payaso. Las arrugas
   Entre risas y bromas me sorprendan,
   Y el hígado se inflame con el vino
   Antes que al corazón la angustia hiele.
   ¿Por qué ha de estar quien siente arder su sangre
   Cual la efigie de mármol de su abuelo?
   ¡Dormir despierto, y conseguir tan sólo
   Sumirse indisplicente en la ictericia!
   Te estimo, Antonio, y te habla mi cariño.
   Hombres hay cuyos rostros se entapizan
   Cual con su manto corrompida charca,
   Y con postiza seriedad desean
   Pasar por graves, sabios é ingeniosos;
   «Don Oráculo soy»—decir parecen—
   «Ni ladre un can al desplegar mis labios.»
   Antonio amigo, yo conozco á muchos
   Que pasan por discretos porque callan,
   Y que si hablaran, condenar podrían
   Acaso á sus oyentes, que al oirlos
   Llamaran á sus prójimos menguados.

De esto más te diré, pero no pesques
Con tan tétrico cebo pez tan pobre—
Semejante opinión. Vente, Lorenzo.
Adiós, pues, por ahora. Mi discurso
Terminaré después de la comida.

LOREN. Hasta la hora de comer entonces.
Por fuerza soy de los callados sabios,
Porque Graciano hablar no me permite.

GRAC. Pues con dos años más de mi compaña
Vas á perder el uso de la lengua.

ANT. Adiós, y cuidaré charlar sin tino.

GRAC. Gracias, porque el silencio es conveniente
Sólo en lengua de vaca escabechada
Ó en mujer que no puede ser feriada.

(Vanse Graciano y Lorenzo.)

ANT. Vamos á ver, ¿y esto es algo?

BASAN.– Mas habla Graciano acerca de nada que otro
hombre alguno en Venecia. Son sus juicios cual un par
de granos de trigo en dos arrobas de paja. Hay que emplear el día entero para descubrirlos; y, encontrados, se
ve que no valen la pena de haberlos buscado.

ANT. Es verdad.—Dime ya quién es la dama
Á quien juraste ver secretamente
En un peregrinaje que debias
Hoy explicarme.

BASAN.   Antonio, ya tú sabes
Hasta qué punto aminoré mi hacienda
Por querer ostentar algún más lujo
Que mis débiles medios consentían.
Disminuir mi fausto no me duele;
Lo que más me preocupa es ver el modo
De cancelar esas crecidas deudas
A que mi vida, pródiga en extremo,

Me encadenó. Yo á tí te debo, Antonio,
Dinero y amistad como á ninguno,
Y encuentro en tu cariño garantía
Que me permite confiar los planes
Que para solventar mis deudas tengo.

ANT.   Basanio amigo, ruego me los digas.
Si del honor el horizonte ocupan,
Como lo ocupas tú—ténlo por cierto—
Mi·bolsa, mi persona, cuanto valgo,
Tuyo será sin condición alguna.

BASAN. En mi niñez, perdiéndose una flecha,
En dirección igual otra tiraba
Con fuerza igual y con mejor acuerdo
Para encontrar la otra, y de este modo
Ambas aventurando, con frecuencia
Ambas hallé. Tan infantil ejemplo
Aduzco aquí, porque inocencia pura
Es lo que he de decir. Te debo mucho,
Y eso que debo, cual demente joven
Ya lo perdí. Pero si tú quisieras
Otra flecha tirar del mismo modo
Que disparaste la primera, juzgo,
Porque esmero pondré en la puntería,
Poder hallar las dos, ó por lo menos
La última recoger, y agradecido
Deudor quedar de la primera sólo.

ANT.   Me conoces, y en vano el tiempo gastas
Entrelazando á mi amistad razones;
Y ahora me ofendes más, poniendo en duda
Mi voluntad de hacer cuanto pudiere,
Que si gastado hubieras cuanto tengo,
Lo que se debe hacer tan sólo díme
Que, según tu entender, hacerse pueda,

Y á ello pronto estaré; por tanto, habla.

BASAN. Vive en Belmonte una heredera rica;
De hermosura sin par y aun más que hermosa,
Dechado de virtud: dulces mensajes
Sin palabras obtuve de sus ojos.
Porcia se llama, y su valer no es menos
Que el de la hija de Catón, la Porcia
Que fué esposa de Bruto. De sus prendas
No está por cierto en ignorancia el mundo,
Que á nobles amadores allá empujan
Los cuatro vientos de las costas todas.
Vellocino de oro los dorados
Cabellos son que de sus sienes cuelgan,
Y es Belmonte de Cólchide la playa
Donde Jasones á buscarla vienen.
¡Oh, si medios tuviese, Antonio mío,
Que me dejaran competir con ellos!
El corazón me dice que tendría
La fortuna de ser el agraciado.

ANT. Están mis bienes en el mar, cual sabes.
Ni dinero poseo, ni productos
Que pudiera empeñar; por tanto, busca:
Utiliza mi crédito en Venecia,
Y hasta más no poder haz que se estire.
Avíate. Trasládate á Belmonte
Y ve á la bella Porcia. Vete pronto
A averiguar, cual yo, dónde hay dinero,
Y no dudo obtenerlo en el instante
Por favor ó saliendo yo garante. (Vanse.)

ESCENA II.

Entran PORCIA y NERISA.

PORCIA.—A fe mía, Nerisa, cansado está mi cuerpecito de este mundo.

NERISA.—Lo estaría, querida ama, si vuestras miserias fueran tantas como vuestras venturas; pero, sin embargo, por lo que veo, enferman tanto los que se ahitan como los que no comen. No es, pues, poca suerte colocarse en un justo medio. Lo superfluo pronto encanece. Lo bastante vive más.

PORCIA.—Buena sentencia y bien dicha.

NERISA.—Mejor sería si se siguiese.

PORCIA.—Si el hacer fuera tan fácil cosa como saber lo que se ha de hacer, las capillas serían catedrales y las chozas del pobre palacios de príncipes. Buen sacerdote es el que sigue su propio consejo. Más fácil me sería demostrar á veinte personas lo que les conviene, que conformarme con mi propio juicio. El cerebro fija las leyes de la sangre, pero un temperamento ardiente salta por cima del frígido decreto. La loca juventud es liebre que salta por cima de las redes puestas por la coja cautela. Pero el raciocinar así no es modo de escoger marido. ¡Ay de mí! ¡la palabra «escoger!» Ni he de escoger al que ame, ni he de rehusar al que me desagrade; que está la voluntad de una hija viva subordinada á la voluntad de un padre difunto. ¿No es fuerte cosa, Nerisa, que no pueda yo escoger á uno, ni rehusar á ninguno?

NERISA.—Era virtuosísimo vuestro padre, y la gente santa al morir tiene excelentes inspiraciones; por lo tanto, en esa lotería que inventó de los tres cofres, uno de oro, otro de plata y otro de plomo, nadie acertará su intento, que es lo que da derecho para ser elegido, sino aquel á quien debáis amar. Pero ¿hasta qué punto sentís afición hacia alguno de esos nobles pretendientes que se os han presentado?

PORCIA.—Te suplico que me los nombres; y al oirlos nombrar los iré describiendo, y con arreglo á mi descripción acertarás cuál es la fuerza de mi cariño.

NERISA.—Primero. El Príncipe napolitano.

PORCIA.—¡Vaya un potro! No habla más que de su caballo, y tiene á gala saber herrar. Me temo que su señora madre se descuidó con un herrador.

NERISA.—Luego el Conde palatino.

PORCIA.—No cesa de fruncir el entrecejo, cual si dijera: «Si no me queréis, escoged á otro.» Oye chistes y no sonríe. Me temo que será filósofo lacrimoso al envejecer, estando tan lleno de incivil melancolía de joven. Más bien me desposara con una calavera que llevara un hueso en la boca, que con ninguno de esos dos. ¡Dios me defienda de entrambos!

NERISA.—¿Qué decís de ese señor francés, monsieur Lé Bon?

PORCIA.—Hízolo Dios, y por lo tanto pase por hombre. Francamente, sé que es pecado ser burlona; ¡pero de él! Vaya, tiene mejor caballo que el del napolitano; mejor perversa costumbre de fruncir el entrecejo que el Conde palatino; él es toda la humanidad en nadie. Si canta un mirlo, sale al punto bailando; tira al florete con su sombra. Si con él me casara, me casaría con veinte maridos. Si me despreciase, lo perdonaría, porque si me ama, aunque fuera con frenesí, nunca podría corresponder á su amor.

NERISA.—¿Y qué decís de Falconbridge, el joven barón inglés?

PORCIA.—Ya sabes que nada digo de él, porque ni me entiende ni lo entiendo. No conoce ni el latín, ni el francés, ni el italiano, y tú puedes presentarte ante un tribunal y jurar que apenas poseo tres maravedís de inglés. Es buena estampa de hombre; pero ¡válgame Dios! ¿quién puede conversar con un pantomimo? Raro es su atavío. Paréceme que adquirió su justillo en Italia, sus anchos calzones en Francia, su sombrero en Alemania y sus maneras en todas partes.

NERISA.—¿Qué pensáis de su vecino el caballero escocés?

PORCIA.—Que tiene caridad con el prójimo, porque tomó prestado un bofetón del inglés, y juró que le pagaría cuando pudiera. Creo que el francés salió garante, y selló el pacto con otro.

NERISA.—¿Os agrada el joven alemán, sobrino del Duque de Sajonia?

PORCIA.—Poquísimo por la mañana cuando está en sí, y menos aún por la tarde cuando se embriaga. Cuando está mejor, es un poquito peor que hombre, y cuando está peor, es un poquito mejor que bestia. Sucédame lo que suceda, espero poderme pasar sin él.

NERISA.—Si opta por escoger, y escoge el cofre prefijado, tendréis que ir contra la voluntad de vuestro padre al rehusar su mano.

PORCIA.—Por lo tanto, poniéndonos en lo peor, te ruego que coloques un gran vaso de vino del Rhin sobre el malhadado cofre; porque, aunque el diablo estuviese dentro de él, y tan grande tentación por fuera, sé que caerá en ella. Cualquier cosa haré, Nerisa, antes que casarme con una cuba.

NERISA.—Señora, no temáis casaros con ninguno de estos señores. Me han confiado sus propósitos, que son volverse á sus respectivas casas y no molestaros más con sus pretensiones, á menos que no os puedan ganar de otro modo que por medio de los cofres, como vuestro padre dispuso.

PORCIA.—Aunque viva tantos años como Sibila, moriré casta como Diana, si no me desposo con arreglo á la voluntad de mi padre. Celebro que esta partida de pretendientes sea tan juiciosa, porque no hay uno entre ellos cuya ausencia no me enamore, y á Dios ruego que tengan feliz viaje.

NERISA.—¿No os acordáis, señora, en tiempos de vuestro padre, de un veneciano, estudiante y soldado, que vino aquí en compañía del Marqués de Monferrat?

PORCIA.—Sí, sí. De Basanio. Creo que éste era su nombre.

NERISA.—Sí, señora. Él, entre todos los hombres que estos fatuos ojos míos han contemplado, es el más merecedor de una bella dama.

PORCIA.—Bien lo recuerdo, y recuerdo que es digno de tu alabanza.

Entra un CRIADO.

¿Qué ocurre? ¿Qué traes?

CRIADO.—Los cuatro extranjeros, señora, que desean despedirse. Y ha llegado el correo del quinto, el Príncipe de Marruecos, manifestando que su amo llegará esta noche.

PORCIA.—Si pudiera dar la bienvenida al quinto con

alma tan placentera como con la que me despido de los
otros cuatro, celebraría su llegada. Si tiene condición de
santo, pero aspecto de diablo, preferiría antes confesarme
que casarme con él. Vamos, Nerisa. Tú precede.

> Cuando se cierra á un amador la puerta,
> Otro á llamár acierta. (Vanse.)

ESCENA III,

Venecia. — Una plaza.

Entran BASANIO y SHYLOCK.

SHYL.— Tres mil ducados. Bien.

BASAN.— Sí, señor, por tres meses.

SHYL. — Por tres meses. Bien.

BASAN.— Por los que, como os dije, Antonio será
fiador.

SHYL.— Antonio será fiador. Bien.

BASAN.— ¿Me serviréis? ¿Me queréis complacer? ¿Qué
respondéis?

SHYL.— Tres mil ducados por tres meses y Antonio
fiador.

BASAN.— Pero ¿qué respondéis?

SHYL.— Antonio es buen sujeto.

BASAN.— ¿Habéis jamás oído cosa en contra?

SHYL.— ¡Oh no, no, no, no! Mi intención, al decir que
es buen sujeto, es que comprendáis que es bastante garantía. Sin embargo, sus bienes son hipotéticos. Tiene
un navío que navega á Trípoli, otro á las Indias, y, según me han informado en el Rialto, el tercero á Méjico,

el cuarto á Inglaterra, y tiene otras empresas por ahí desparramadas. Pero los buques no son más que tablas, los marineros hombres no más. Hay ratas terrestres y ratas de mar, ladrones terrestres y ladrones de mar. Quiero decir, piratas, y además los peligros de los mares, de los vientos y de las rocas. El sujeto, sin embargo, es lo suficiente. Tres mil ducados. Pienso que puedo aceptar su fianza.

BASAN.—Estad seguro de ello.

SHYL.—Me aseguraré de poderlo estar, y para asegurarme lo pensaré. ¿Puedo hablar á Antonio?

BASAN.—Si os agrada, comed con nosotros.

SHYL.—Sí, para oler á tocino. Para comer en donde el profeta nazareno conjuró la presencia del diablo. De vosotros compraré, á vosotros os venderé, cón vosotros hablaré, pasearé, etc.; pero ni comeré con vosotros, ni beberé con vosotros, ni rezaré con vosotros. ¿Qué noticias hay en el Rialto? ¿Quién llega?

Entra ANTONIO.

BASAN. Este es Antonio.

SHYL. (Aparte.) ¡Qué traza tan humilde de asentista!
Le tengo antipatía por cristiano,
Pero aun más por prestar dinero gratis
Con candidez estúpida, la usanza
Del premio reduciendo así en Venecia.
Si cogerle una vez debajo logro,
Haré que engorde mi rencor vetusto.
Odio profesa á nuestro santo pueblo,
Y se burla en los sitios que frecuentan
Los mercaderes más, de mí, mis pactos
Y mis provechos, que él usura llama.

Antes de perdonarlo, de mi tribu
Renegaría.

BASAN.   Shylock, ¿no me escuchas?

SHYL.   Estaba calculando mis ahorros,
Y, según lo que tengo en la memoria,
Levantar el completo no podría
De esos tres mil ducados ahora mismo.
No importa. Túbal, opulento hebreo
De mi tribu, podrá suministrarlos.
Mas, poco á poco, ¿cuántos meses eran?
¿Salis, señor, garante? (A Antonio.)
                              Vuestro nombre
Lo último fué, Señor, que pronunciamos.

ANT.   Aunque con interés, Shylock, ni presto
Ni pido de prestado, á mi costumbre,
Para servir urgencias de un amigo,
Voy á faltar.—¿Conoce ya la suma
Que queremos?

SHYL.   Sí, sí; tres mil ducados.

ANT.   Y por tres meses.

SHYL.   Ya se me olvidaba.
Tres meses me dijisteis. Bien, y luego
Vos fiador, y..... dejadme que lo piense.
Mas escuchad. Paréceme dijisteis
Que vos con interés ni dais prestado
Ni prestado pedís.

ANT.   No es mi costumbre.

SHYL.   Cuando guardaba de Labán, su tío,
Las ovejas Jacob—de lo del santo
Abraham este Jacob era, por gracia
Del cariño afanoso de su madre,
El tercer poseedor: sí tal, tercero.....

ANT.   ¿Y qué hay con él? ¿él interés tomaba?

SHYL. No, interés no tomaba; cual, sin duda,
Vos me diréis, no era interés directo.
Ved lo que hizo Jacob: ya convenidos
Labán y él que los borregos todos
A vetas ó manchados que naciesen
Emolumentos de Jacob serían,
Las ovejas, en celo, al fin de otoño,
Buscaron á los machos, y en el acto
Que la generación se efectüaba
Entre aquellos lanudos procreadores,
Unas varetas el pastor astuto
Descortezó. Colócalas delante
De las salaces hembras, quienes luego
Conciben, y al parir, pintadas crías
Dan á luz, que Jacob por suyas tuvo.
Fué un modo de lucrar, y fué bendito;
Que es bendición lucrar, si no se roba.

ANT. Corrió Jacob en eso á la ventura.
Tal fin lograr en su poder no estaba
Y lo arregló y fraguó celeste mano.
¿A la usura se ensalza en esa historia?
¿Ó tu oro y plata son machos y ovejas?

SHYL. No sé. Criar los hago de igual modo.
Pero escuchad.

ANT. (A Basanio.)   Ya ves, el diablo cita,
Basanio, las Sagradas Escrituras:
El alma vil que lo sagrado aduce
Es un malvado con jovial semblante,
Manzana hermosa de exterior podrido.
¡Cuán bella faz ostenta la mentira!

SHYL. ¡Tres mil ducados! Es bonita suma.
Tres meses además. A ver..... el premio.....

ANT. Y bien, ¿ese favor nos haces, Shylock?

SHYL.   Señor Antonio, á veces, á menudo,
En el mismo Rialto me increpasteis
Por mi manera de prestar dinero.
Soportélo encogiéndome de hombros;
Que el sufrir de mi raza es distintivo.
Me habéis llamado infiel y perro infame,
Y en mi albornoz judío me escupisteis
Tan sólo por usar de lo que es mío.
Pues bien; necesitáis mi ayuda ahora,
Según parece. Vamos; y á buscarme
Venís y me decís: «Dinero, Shylock,
Necesitamos»—lo decís al menos.—
Vos, que escupisteis en las barbas mías,
Que de vuestros umbrales á patadas
Me arrojáis como á can desconocido,
Dinero me pedís, ¿y qué os respondo?
¿No debería contestar: «Y tiene
Dinero un perro, acaso? ¿Por ventura
Os puede un can prestar tres mil ducados?»
¿Ó de rodillas, con servil acento,
En tono humilde y alentando apenas,
Esto decir:
«Me escupisteis el miércoles pasado,
Noble señor; de puntapiés me disteis
Tal y tal día, y me llamasteis perro
Otra vez, y por tales agasajos
Dinero os prestaré.»

ANT.   Pues acaso otra vez así te llame,
Y te escupa y te arroje de mi vista.
Si es que quieres prestar ese dinero,
No al amigo lo prestes, porque ¿cuándo
De la amistad se prevalió el amigo
Para hacer cría con metal estéril?

A un enemigo juzga que lo prestas,
Y así, si al pacto falta, sin cuidado
La pena reclamar pactada puedes.

SHYL. ¡Vaya! Mirad cuál truena. Yo deseo
Vuestra amistad, vuestro cariño ansío,
Olvidar los ultrajes que me hicisteis,
Daros lo que queréis, sin un ochavo
De interés recibir por mi dinero,
Y no me oís. Mi oferta es generosa.

BASAN. Es generosidad.

SHYL. Pues me propongo
Tal generosidad. Ante un notario
Venid, me firmaréis una escritura,
Y como en mera chanza, allí prescrito
Quedará que si en tal lugar y día
No me pagáis la suma, ó bien las sumas,
Que expresadas estén, será la pena
De vuestras blancas carnes una libra,
Que del sitio que á mí se me antojare
He de poder cortar de vuestro cuerpo.

ANT. Me place, á fe, y ese contrato admito,
Y diré que el judío es generoso.

BASAN. Por mí no firmarás ese contrato,
Vivir prefiero en mi presente apuro.

ANT. Hombre, no temas. No habrá multa. Dentro
De dos meses, un mes antes que espire
Ese contrato, recibir confío
Dos veces el valor de la escritura.

SHYL. ¡Padre Abraham, lo que son estos cristianos,
Cuya propia aspereza les induce
A recelar de ajenos pensamientos!
Decidme, os lo suplico, si no cumple
El día estipulado, ¿qué ganancia

Lograra yo con exigir la multa?
Libra de humana carne que se corta
De un hombre, no se tiene en tanta estima,
Ni aun es tan provechosa, como carne
De carnero, de vaca ó bien de macho.
Para captarme su amistad, cual dije,
Este favor le quiero hacer; si acepta,
Bueno; si no, quedad con Dios, y os ruego
Que no os ofenda el que cariño os muestre.

ANT. Pondré, Shylock, mi sello á ese contrato.

SHYL. Pues vedme en casa del notario luego,
Y haced que extienda pacto tan risible;
Yo iré por los ducados de seguida
Y de paso á mi casa, que he dejado
Mal custodiada por inútil tuno,
Y os buscaré. (Vase Shylock.)

ANT.   Ve presto, buen judío.
Este hebreo cristiano ha de volverse;
Se va haciendo benévolo.

BASAN.   Me ofende
El vil que con dulzura hablar pretende.

ANT. Vamos, no temas, que vendrán confía
Mis buques un mes antes de ese día.

       (Vanse.)

ACTO SEGUNDO.

ESCENA PRIMERA.

Belmonte. — Habitación en la casa de Porcia. — Clarines.

Entran el PRÍNCIPE DE MARRUECOS y Acompañamiento, PORCIA, NERISA y otros Servidores.

Mar. No el color de mi tez os cause enojo.
 Es del fulgente sol negra librea,
 Pues de él soy yo vecino y allegado.
 Venga aquí el ser que estimen más hermoso
 En el Norte nacido — donde apenas
 De Febo el resplandor derrite el hielo. —
 Por vuestro amor hiriéndonos, veamos
 Si es su sangre más roja que la mía.
 Mi aspecto, yo, señora, os aseguro,
 Miedo ha infundido al ser más animoso,
 Y juro por mi amor que las más bellas
 Vírgenes dé mi patria lo apreciaron.
 No trocara mi tez, como no fuese
 Para ganar, oh reina, vuestro afecto.

PORCIA. No ha de guiarme en mi elección tan sólo
De una dama la vista escrupulosa,
Pues pende del azar la suerte mía,
Que de elegir me quitan el derecho.
Mas si la voluntad del padre mío
No me coartara, no me restringiera
Para casarme con aquel que logre
Ganarme cual os dije, os aseguro
Que vos, célebre Príncipe, tendríais
Tanto derecho á ser correspondido
Como el mejor de los que aquí llegasen.

MAR. Gracias por eso, aunque por más no sea.
Conducidme á los cofres, pues, y pruebe
Mi fortuna. Por esta cimitarra,
Que al Shah mató y á un príncipe de Persia,
Y al sultán Solimán venció tres veces,
No apartara mis ojos de los ojos
Más fieros; excediera en valentía
Al corazón más bravo de la tierra,
Y su cría á la osa arrebatara:
Sí tal; y del león, que hambriento ruge,
Me burlaría yo por poseeros.
Pero ¡tiempo perdido! Si á los dados
Licas y Hércules juegan, y si apuestan
Cuál de los dos más vale, la fortuna
Puede al débil dar número más alto,
Y de este modo á Alcides vence el paje,
Cual puedo yo, si la fortuna guía
Por otro más indigno ser vencido
Y de pesar morir.

PORCIA.   Probar fortuna
Al hacer la elección es necesario
Ó iros de aquí sin elegir. Mas antes

De la elección, jurar os es preciso
Que si os equivocáis, de matrimonio
No habéis de hablar después á dama alguna.
Pensadlo.

MAR.   Lo prometo. Conducidme
Mi fortuna á probar.

PORCIA.   Antes al templo.
Correréis vuestro albur cuando comamos.

MAR.   ¡Ampárame, oh fortuna, que bendito
Me harás entre los hombres, ó maldito.
(Clarines. Vanse.)

ESCENA II.

Venecia. − Una calle.

Entra LANZAROTE.

LANZ. — Mi conciencia me servirá de seguro para huir de este judío de amo. Tengo á Lucifer junto al codo, y me tienta, y me dice: «¡Gobo, Lanzarote Gobo, buen Lanzarote!» ó «¡buen Gobo!» ó «¡buen Lanzarote Gobo, usa las piernas, echa á correr, toma las de Villa-diego!» Mi conciencia me dice: «¡No tal; escucha, honrado Lanzarote; oye, honrado Gobo!» ó como va dicho: «¡Honrado Lanzarote Gobo, no te escapes; desprecia el zancajear!» Está bien. El enemigo más animoso me dice que coja el hato. «¡*Vía!*» dice el enemigo. «¡Largo!» dice el enemigo. «¡Por el cielo bendito, haz ánimo!—dice el enemigo—¡y huye!» Está bien; mi conciencia, abrazándose al cuello de mi corazón, sapientísimamente me dice: «¡Mi honrado amigo Lanzarote, siendo hijo de hombre honrado!» ó más bien hijo de honrada mujer, pues, francamente, mi padre tiene cierto tinte, cierta tendencia, cierto saborcillo..... Está bien; mi conciencia me dice: «¡Lanzarote, no te muevas!» «¡Muévete!» dice el enemigo. «¡No te muevas!» dice mi conciencia. «¡Conciencia, digo yo, aconsejas bien!» «¡Enemigo, digo yo, bien aconsejas!» Si obedeciera á mi conciencia, me quedaría con mi amo el judío, quien ¡bendito sea Dios! es una especie de demonio; y si huyera del lado del judío, obedeciera al enemigo, quien, con perdón de vuestras reverencias, es el demonio mismo. Seguramente el judío es encarnación del diablo; y, en conciencia, mi conciencia es conciencia empedernida, al aconsejarme que me quede al lado del judío. El enemigo es quien me da consejo más de amigo. ¡Huiré, enemigo! Mis zancajos están á tus órdenes. ¡Huiré!

Entra el viejo GOBO con una cesta.

Gobo.—Joven caballero, oid, por favor. ¿Por dónde se va á casa del señor judío?

Lanz.—(Aparte.) ¡Cielos! Éste es mi legítimo padre, que como es, más que cegato, ciego como un topo, no me conoce. Procuraré confundirlo.

Gobo.—Caballerito, por favor: ¿por dónde se va á casa del señor judío?

Lanz.—Á la primera bocacalle, tomad por la derecha; pero á la siguiente, tomad por la izquierda, y ¡voto va! á la próxima no toméis ni por la derecha ni por la izquierda, sino tomad indirectamente hacia casa del judío.

Gobo.—¡Válgame Dios! Difícil será hallarla. ¿Podéis decirme si un tal Lanzarote, que vive con él, vive con él ó no?

Lanz.—¿Habláis del joven Don Lanzarote? (Aparte.) Tomad nota. Ahora haré que suba la marea. — ¿Habláis del joven Don Lanzarote?

Gobo.— Señor, no es don, sino el hijo de un pobre. Su padre, aunque esté mal que yo lo diga, es un hombre de bien, extremadísimamente pobre, y, á Dios gracias, tiene con qué vivir.

Lanz.—Está bien. Sea quien fuere su padre. ¿Hablamos del joven Don Lanzarote?

Gobo.— Servidor de vuestra merced. ¿Y Lanzarote, caballero?

Lanz.—Pero, por favor, el ergo, anciano; el ergo, os lo suplico. ¿Habláis del joven Don Lanzarote?

Gobo.—De Lanzarote, si place á vuestra merced.

Lanz. — El ergo—de don Lanzarote. No habléis de Don Lanzarote padre, porque ese joven caballero, gracias al hado, al destino y á otros raros nombres, y á las tres hermanas, y á las demás ramificaciones de la ciencia, veramente ha fenecido; ó como vos diríais en términos vulgares, se ha ido al cielo.

Gobo.—¡Voto va! ¡No lo permita Dios! Ese muchacho era báculo de mi vejez, mi sostén.

Lanz. — (Aparte.) ¿Parezco yo tranca, ó poste, ó báculo, ó sostén? ¿No me conocéis, padre?

Gobo. — ¡Válgame Dios! No os conozco, joven caballero; pero, por favor, decidme si mi hijo (descanse en paz su alma) está vivo ó muerto.

Lanz. — ¿No me conocéis, padre?

Gobo. — ¡Válgame Dios! Estoy ciego; no os conozco.

Lanz. — ¡Vaya! Si tuvierais ojos, acaso no me conocierais. Discreto padre es aquel que conoce á su propio hijo. Está bien, anciano; os daré nuevas de vuestro hijo. Dadme vuestra bendición. (Arrodillándose de espaldas á Gobo.) La verdad sale á la luz del día. Largo tiempo no puede ocultarse una muerte. Un hijo tal vez; pero al fin la verdad se manifiesta.

Gobo.—Os ruego que os levantéis. Estoy seguro de que no sois Lanzarote mi hijo.

Lanz.—Vamos, por favor, no embromemos más sobre este punto. Dadme vuestra bendición; soy Lanzarote, hijo vuestro que fué, que es y que será.

Gobo.—No puedo creer que seáis mi hijo.

Lanz.—No sé qué pensar acerca de esto; pero soy Lanzarote, el criado del judío, y estoy seguro de que Margarita, vuestra mujer, es mi madre.

Gobo.—Es cierto que su nombre es Margarita; y juro que si eres Lanzarote, eres carne y sangre mías. (Cogiendo á Lanzarote por el cabello.) ¡Alabado sea Dios, qué barba has echado! Tienes más pelo en la cara que Dobin, mi jaca de tiro, en la cola.

Lanz.—(Levantándose.) Parece, pues, que la cola de Dobin va disminuyendo. Seguro estoy de que tenía más pelo en su cola que yo en mi cara, cuando la ví la última vez.

Gobo.—¡Jesús, qué cambiado estás! ¿Cómo os avenís tú y tu amo? Le traigo un regalo. ¿Cómo te avienes con él ahora?

Lanz.—Bien, bien. Por mi parte, como me he propuesto fugarme, no me pararé hasta que haya puesto alguna tierra de por medio. Mi amo es un judiazo. ¡Darle presentes! ¡Una horca! Me mata de hambre. Se pueden contar mis dedos con mis costillas. Padre, celebro que hayáis venido. Dad vuestro presente á un señor que se llama Basanio, que, para hablar verdad, da espléndidas

libreas. Si no llego á servirle, correré mientras Dios me
dé camino. ¡Oh fortuna! aquí viene mi hombre. A él,
padre. Judío fuera yo, de seguir sirviendo á ese judío.

Entran BASANIO con LEONARDO y otros SERVIDORES.

BASAN.—Lo podéis hacer; pero apresuraos, de modo
que la cena esté lista antes de las cinco. Cuida de que
se entreguen estas cartas. Prepárense las libreas, y di á
Graciano que venga luego á mi habitación.
(Vase un sirviente.)

LANZ.—A él, padre.

GOBO.—Bendiga Dios á vuestra merced.

BASAN.—Muchas gracias. ¿Queréis algo conmigo?

GOBO.—Señor, este es mi hijo, un pobre muchacho.....

LANZ.—Señor, no es pobre muchacho, sino el mozo
de un judío acaudalado, que quisiera, como mi padre,
señor, especificará.....

GOBO.—Tiene, señor, como si dijéramos, grande
infición á servir.....

LANZ.—Verdad, y en pocos palabras, sirvo al judío,
y deseo, como mi padre especificará....

GOBO.—Su amo y él, con perdón sea dicho de vuestra merced, apenas son prójimos.....

LANZ.—Abreviando: la verdad es que, habiéndome
ofendido el judío, como mi padre, que es, así lo espero,
un anciano, os lo notificará.....

GOBO.—Aquí traigo un plato de tórtolas que deseo
regalar á vuestra merced.

LANZ.—En brevísimas palabras: la pretensión se
difiere á mí mismo, como sabrá vuestra merced por este
honrado anciano, y aunque yo lo diga, aunque es anciano, es, no obstante, pobrecillo, padre mío.

BASAN.—Hable uno solo. ¿Qué quieres?

LANZ.—Serviros.

GOBO.—Servir, de eso, en defecto, se trata.

BASAN. Te conozco. Tu empeño ya lograste.
En tu obsequio me ha hablado tu amo Shylock,
Si es obsequio el que dejes tú la casa
De judío tan rico, para hacerte
Servidor de tan pobre caballero.

LANZ.—El antiguo refrán puede dividirse muy bien
entre mi amo Shylock y vos: vos tenéis de Dios la gracia, y él lo bastante.

BASAN. Dices bien. Vete, padre, con tu hijo;
De tu amo despídete, y procura
Por mi morada. Dadle una librea
Mejor que á los demás. Ved que se haga.

LANZ.—Padre, dentro. No puedo obtener empleo, no;
no tengo labia tampoco. Está bien. (Mirándose la palma
de la mano.) Dichosa suerte la mía. ¡A que no hay hombre alguno en Italia que al jurar sobre los Evangelios
extienda más hermosa diestra! ¡Anda, anda! ¡Vaya una
sencillez de raya para el porvenir! Aquí se ve una pequeña dosis de mujeres. ¡Válgame Dios! ¡Quince mujeres solamente! Once viudas y nueve doncellas es ración
modesta para sólo un hombre; y luego, escapar dos veces
de ahogarse, y estar á punto de perder la vida contra el
canto de un colchón de plumas. ¡Estas sí que son venturas! Está bien. Si la fortuna es mujer, es para conmigo buena chica. Padre, vamos. Me despediré del judío
en un abrir y cerrar de ojos.

(Vanse Lanzarote y Gobo.)

BASAN. Ten, te ruego, esto en cuenta, buen Leonardo.
Compradas esas cosas y dispuestas,
Vuélvete pronto, que esta noche obsequio

A mis amigos más queridos. Vete.

LEON. Cumpliré con esmero vuestro encargo.

Entra GRACIANO.

GRAC. ¿Dónde está tu señor?

LEON.   Allí, pasea. (Vase.)

GRAC. ¡Eh, Basanio!.....

BASAN.   ¡Graciano!

GRAC. Traigo contigo empeño.

BASAN.   Lo obtuviste.

GRAC. No, no debes rehusarlo. Me es preciso
Ir contigo á Belmonte.

BASAN. Pues es preciso entonces. Pero escucha.
Harto libre, Graciano, y sin maneras,
Y lenguaraz hasta el exceso eres.
Cualidades que á tí te sientan casi,
Y que no nos parecen ni aun defectos.
Donde no te conocen, sin embargo,
Se ostentan por demás. Yo te suplico
Que con frígidas gotas de modestia
Tu saltarín espíritu apacigües,
No sea que en el sitio adonde vamos
Mal juzguen tu conducta libre, y pierda
Mis esperanzas yo.

GRÁC.   Basanio, escucha.
Si de porte formal no me revisto,
Hablo con gran respeto y juro poco:
No llevo en mis bolsillos brevïarios:
No ostento gravedad; más todavía:
No me tapo los ojos de esta suerte,
Al oir la bendición, con mi sombrero,
Y no respondo amén; y si no gasto

        Toda la urbanidad que corresponde
        A uno educado en la ostentosa ciencia
        De dar gusto á su abuela, no te fíes
        De mí ya más.

BASAN.   Veremos cuál te portas.

GRAC.   Pero acoto esta noche; no me juzgues
        Por lo que hagamos esta noche.

BASAN.   Cierto.
        Una lástima fuera. Yo te pido
        Vistas más bien las más audaces galas
        Del buen humor, que amigos nos esperan
        Que divertirse quieren; pero tengo
        Que hacer. Pásalo bien.

GRAC.   Voy en pos de Lorenzo y de los otros,
        Y despues al cenar seré contigo. (Vanse.)

ESCENA III.

Venecia. Habitación en casa de Shylock.

Entran JESICA y LANZAROTE.

JESICA. Lamento que así dejes á mi padre.
        Alegre Lucifer, en este infierno
        De nuestro hogar, tú el tedio mitigabas;
        Pero pásalo bien. Toma un ducado.
        Con tu nuevo señor cena esta noche
        Lorenzo. Lanzarote, dale al punto
        Esta carta; mas hazlo con sigilo.
        Pásalo bien; no quiero que mi padre
        Contigo hablar me vea.

LANZ.—Adiós, mis lágrimas expresan más que mi

lengua. Preciosísima pagana, dulcísima judía, mucho
me engañaré si algún cristiano no emplea malas artes
para conseguirte. Pero, adiós. Estas necias gotas ahogan
un tanto mi espíritu varonil. Adiós. (Vase Lanzarote.)

JESICA. Adiós, amigo Lanzarote. ¡Ay triste,
Cuán horrenda es mi culpa! Me sonroja
Ser de mi padre hija; mas la hija
Soy de su sangre, no de sus ideas.
Si tu promesa cumples, oh Lorenzo,
En esta lucha quedaré triunfante;
Seré cristiana y tu mujer amante. (Vase.)

ESCENA IV.

Venecia. Una calle.

Entran GRACIANO, LORENZO, SALARINO y SOLANIO.

LOREN. Sí, deslizarnos al cenar podemos,
Disfrazarnos en casa y á la hora
De vuelta estar.
GRAC. Preparativos faltan.
SALAR. Ni avisados están los faroleros.
SOLAN. Vil cosa es si bien no se ejecuta,
Y es mejor en mi juicio no emprenderla.
LOREN. Las cuatro son. Para equiparnos faltan
Dos horas.

Entra LANZAROTE con una carta en la mano.

¿Qué noticias, Lanzarote
LANZ. Si romper el sello os place, ello dirá.

LOREN. La letra á fe de su preciosa mano.

Más blanca que el papel en donde escribe,
La linda mano es.

GRAC. ¿Nuevas de amores?

LOREN. Con el permiso vuestro.

GRAC. ¿Dónde vais?

LANZ.—¡Voto va! A suplicar á mi antiguo amo el judío á que cene esta noche con mi nuevo amo el cristiano.

LOREN. (Dándole dinero.) Ten, toma. Dile á la gentil
[Jesica
Que sin falta estaré. Díselo á solas.
(Vase Lanzarote.)
¿Para la mascarada de esta noche
No os preparáis? Ya tengo farolero.

SALAR. Sí tal. Voy de seguida á prepararme.

SOLAN. Y yo también.

LOREN. Pues dentro de una hora
Nos veremos en casa de Graciano.

SALAR. Bien está. (Vanse Salarino y Solanió.)

GRAC. ¿No era carta de Jesica?

LOREN. Todo te lo diré. Me dice cómo
La he de sacar de casa de su padre;
Cuanto oro y joyas lleva, y que un vestido
De paje para huir tiene á la mano.
Si el judío su padre entra en el cielo,
Será por causa de su amable hija.
Sólo alegar podría la desgracia,
Si en su camino interponerse osa,
Que desciende de incrédulo judío.
Conmigo ven, y en tanto lee esta carta.
Jesica bella llevará mi antorcha. (Vanse.)

ESCENA V.

Venecia. Ante la casa de Shylock.

Entran SHYLOCK y LANZAROTE.

SHYL. Bien, ya verás. Serán tu juez tus ojos,
Si es Basanio mejor que el viejo Shylock.
—¡Eh, Jesica!—No habrás ya de atracarte
Cual solias en casa.—¡Eh, Jesica!—
Dormir, roncar y destrozar la ropa.
¡Jesica, tú no escuchas!

LANZ.   ¡Eh, Jesica!

SHYL. ¿Quién te mandó llamar? No lo he mandado.

LANZ.—Solíais, señor, decirme que nada sabía hacer
si no me lo mandaban.

Entra JESICA.

JESICA. ¿Llamas? ¿Qué se te ofrece?

SHYL. Invitado á cenar estoy, Jesica.
Estas mis llaves son.—Mas ¿por qué salgo?
No es un convite de amistad, me adulan.
Mas lleno de odio iré, para gastarle
Al pródigo cristiano. De la casa
Tú cuidarás, Jesica, niña mia.
Contra mi gusto voy. Sin duda alguna
Grave desdicha mi reposo amaga.
Soñé con sacos de dinero anoche.

LANZ.—Id, señor, os lo ruego. Mi joven amo tiene
impaciencia de veros.

SHYL.—Y yo de verle.

LANZ.—Y se han conjurado. Yo no os diré que veréis
una mascarada; pero si la veis, no en balde sangró mi
nariz el último lunes de Pascua de Resurrección á las
seis de la mañana, ni cuatro años ha al mediodía el
miércoles de Ceniza.

SHYL.   ¡Cómo! ¿hay mascaras? Oyeme, Jesica.
                Las puertas cierra. Si el tambor escuchas,
                Ó de una gaita de encorvado cuello
                El vil chirrido, á la ventana entonces
                No te trepes ni asomes la cabeza
                Para observar á estúpidos cristianos
                Cruzar la calle con pintados rostros.
                Tapa tú de mi casa las orejas—
                Quiero decir que cierres las ventanas—
                Y que en mi casa honrada no penetre
                El rumor de esas torpes necedades.
                ¡Por el cayado de Jacob lo juro!
                No gusto de festín ir esta noche.
                Pero iré sin embargo. Tú precede
                Para decir que iré.

LANZ.   Señor, precedo.
                (Á Jesica.)
                Asomaos, no obstante, á la ventana.
                Que un cristiano tal vez pasar podría
                Digno de una mirada de judía. (Vase.)

SHYL.   ¿Qué te ha dicho ese necio de la estirpe
                De Agar? ¿Eh?

JESICA.   Sus palabras fueron éstas:
                «Adiós, señora.» Nada más me dijo.

SHYL.   Es cariñoso á su manera el tuno,
                Pero glotón. Camina cual tortuga,
                Y cual gato montés duerme aun de día.

Zánganos no tolero en mi colmena,
Por eso dejo que se vaya, y vaya
Con uno á quien deseo yo que ayude
A que disipe pronto su prestada bolsa.
Bien. Entra ya, Jesica. Pronto acaso
A casa torne. Harás lo que te digo.
Tras tí las puertas con cuidado atranca.
«Puerta abierta, al diablo tienta.»
Refrán que el cauteloso tiene en cuenta.
                    (Vase.)

JESICA. Adiós. Si nada á mi intención resiste,
Padre perdí, cual hija tu perdiste. (Vase.)

Entran GRACIANO y SALARINO, de máscara.

GRAC.   El cobertizo, bajo el cual Lorenzo
Nos dijo le esperáramos, es éste.
SALAR. La hora casi pasó.
GRAC.   Y es maravilla
Que traspase su hora, porque gana
En su curso al reloj siempre el amante.
SALAR. Las tórtolas de Venus, ¡oh, diez veces
Más presto vuelan á sellar recientes
Ligaduras de amor, que como vuelan
Para no quebrantar la fe jurada!
GRAC.   Muy ciertö es. ¿Quién sale de un banquete
Con el mismo apetito que tenía?
¿Adónde está el caballo que desande
La carrera monótona con ese
Brío tenaz con que emprenderla supo?
Cuanto en el mundo vemos, se persigue
Con mayor energía que se goza.
¡Cómö, cual hijo pródigo, del puerto

       Nativo parte empavesado el buque!

       ¡Ráfaga meretriz lo abraza y besa!

       ¡Cómo, cual hijo pródigo, retorna

       Con borda hundida y velas destrozadas,

       De arboladura desprovisto y roto!

       ¡Ráfaga meretriz lo ha empobrecido!

SALAR. Lorenzo llega. Seguiremos luego.

Entra LORENZO.

LOREN. Mi larga ausencia disculpadme, amigos.

       Mis negocios, no yo, la causa fueron.

       Si al procurar esposas en ladrones

       Convertiros debéis, del mismo modo

       Os sabré yo aguardar. Aproximaos.

       Aquí el judío de mi suegro vive.

       ¿Ah de casa?

   (Jesica asomándose á la ventana vestida de paje.)

JESICA.   ¿Quién sois? quiero saberlo

       Para mayor certeza, aunque jurara

       Que el timbre de esa voz me es conocido.

LOREN. Lorenzo soy, tu amante.

JESICA. Lorenzo, sí, mi dulce amor sin duda.....

       Porque ¿á quién amo yo como te amo?

       ¡Pero quién, sino tú, Lorenzo, sabe

       Que yo sea tuya!

LOREN.   El cielo cual tú misma

       Testigos son de que lö eres.

JESICA.   Toma,

       Coge ese cofre. Bien la pena vale.

       Me alegro que esté obscuro y no me veas;

       Me avergüenza mi cambio de vestido.

       Pero el amor es ciego, y los amantes

Ni notan las diabluras que cometen,
Aunque á Cupido sonrojara acaso
En paje contemplarme transformada.

LOREN. Baja, que debes tu llevar mi antorcha.

JESICA. ¡Cómo! ¡Alumbrar yo misma mi vergüenza!
Harto patente á fe se ve sin eso.
¡Vaya! de esa manera me descubro,
Cuando debo ocultarme, dueño mío.

LOREN. Y lo estás, dulce prenda, en tan precioso
Atavío de paje. Pero baja,
Que huyendo va la noche fugitiva,
Y el festín de Basanio nos espera.

JESICA. A cerrar puertas voy, y á apoderarme
De más ducados, y seré contigo.

      (Vase Jesica.)

GRAC. ¡Por mi antifaz, gentil y no judía!

LOREN. ¡Voto va! Con el alma la idolatro.
Discretísima es á lo que entiendo,
Y hermosa si á derechas ven mis ojos,
Y fiel, como cual ya me lo ha probado.
Ella, pues, tan discreta y fiel y hermosa,
Ha de vivir en mi constante pecho.

      Entra JESICA.

¡Cómo! ¿aquí ya?—¿Qué hacéis aquí parados?
Esperan los demás enmascarados.

    (Vase con Jesica y Salarino.)

      Entra ANTONIO.

ANT. ¿Quién es?

GRAC.   ¡Antonio!

ANT.   ¡Tú, Graciano! ¡Vaya!

¿Dónde están los demás? Dieron las nueve
Y á tí ya esperan los demás amigos.
Esta noche no hay máscaras. El viento
Cambió, y á bordo al punto fué Basanio,
Veinte personas envié en tu busca.

GRAC.   Me alegro. Mi alma solamente anhela
Navegar esta noche á toda vela. (Vanse.)

ESCENA VI.

Belmonte.—Habitación en casa de Porcia.

Clarines.—Entran PORCIA, el PRÍNCIPE
DE MARRUECOS y acompañamiento.

PORCIA. Descorre las cortinas y que vea
El magnánimo Príncipe los cofres.
Ya podéis elegir.

MAR.   De oro el primero, esta inscripción lo adorna:
«Aquel que á mí me elija, tendrá lo que aman muchos.»
El segundo de plata esta promesa:
«Aquel que á mí me elija, tendrá lo que merece.»
Y este de tosco plomo rudo aviso:
«Aquel que á mí me elija, da y aventura todo.»
¿Cómo haré yo para escoger con tino?

PORCIA. Se halla, oh Príncipe, en uno mi retrato.
Si acertáis he de ser esposa vuestra.

MAR.   Dirija un Dios mi espíritu. ¡Pensemos!
Leeré las inscripciones nuevamente.
¿Qué dice el plúmbeo cofre?
«Aquel que á mí me elija, da y aventura todo.»
¿Dar, qué? ¿Por plomo? ¿Aventurar por plomo?

Este cofre amenaza. Quien arriesga,
Arriesga de ganar esperanzado.
Mente de oro no á lo vil se humilla,
Y nada, pues, arriesgaré por plomo.
Este de plata virginal ¿qué dice?
«Aquel que á mí me elija, tendrá lo que merece.»
¡Tendrá lo que merece! Aquí te paras,
Príncipe de Marruecos. Tu valía.
Pesa con justa mano. Si te aprecian
En lo que tú te estimas, harto vales.
Mas quizá ni aun así llegue á la dama,
Y dudar de mis méritos sería
Mi valer neciamente cercenarme.
  «¡Tendrá lo que merece!» ¡Pues! la dama.
Por mi cuna y riquezas la merezco,
Y por mi educación y por mis prendas;
Pero aun más por mi amor soy de ella digno.
¿Por qué no quedo aquí sin ir más lejos?
Leamos otra vez la áurea leyenda:
«Aquel que á mí me elija, tendrá lo que aman muchos.»
  ¡Claro! La dama. Todos la idolatran.
Desde los cuatro ámbitos acuden
A besar este altar y viva imagen.
De Hircania los desiertos; las llanuras
De la Arabia son sendas que recorren
Los príncipes en pos de Porcia bella.
Ni el fiero mar, que en faz escupe al cielo,
Barrera es que al extranjero ataja.
Todos acuden para ver á Porcia,
Y lo atraviesan cual si arroyo fuese.
Se halla su imagen celestial en uno.
¿Posible es que en el de plomo sea?
Fuera oprobio forjar tan vil concepto.

Harto indigno sería que esa tumba
Tan modesta cubriera tal sudario.
¿Y he de creer que esté enterrada en plata,
Que un décimo del oro fino vale?
¡Oh pensamiento pecador! Ni aun oro
Es digno de engarzar tan rica joya.
Tienen en Inglaterra una moneda
Donde en oro estampado vese un ángel.
Esculpido no más allí se halla;
Pero aquí dentro un ángel reposando
En áureo lecho está; Dadme la llave.
Este escojo, y ocurra lo que ocurra.

PORCIA. Tomadla, pues, oh Príncipe. Soy vuestra
Si mi imagen halláis. (Abre el cofre de oro.)

MAR.   ¡Diablos! ¿Qué miro?
¡Calavera feroz, y escrito un rollo
Su órbita hueca ostenta! He de leerlo. (Lee)
        «Harto sabido tendrás
    Que no es oro cuanto luce
    Que á la perdición conduce
    Mirarme á veces no más.
    En áurea tumba verás
    Que tiene el gusano puesto.
    Fueras, como audaz, modesto,
    De cuerpo joven, maduro
    De entendimiento, y de juro
    Que de otro modo contesto.
    Se heló tu demanda. Salud. ¡Vete presto!»
¡Se heló, sí! ¡Trabajo fué inútil el mío!
¡Adiós, pues, oh fuego! ¡Bien vengas, oh frío!
Adiós, Porcia: al partir ni hablaros oso.
Me voy cual irse debe el perdidoso.
(Vase con su acompañamiento.—Clarines.)

PORCIA. ¡Respiro! Corre las cortinas. Vente
   Que elija así quien esa tez ostenta.
    (Vanse.)

ESCENA VII.

Venecia.—Una calle.

Entran SALARINO y SOLANIO.

SALAR. ¡Hombre! He visto á Basanio, que navega
   Ya viento en popa. Va con él Graciano,
   Y Lorenzo en el buque no se halla.
SOLAN. Ese infame judío, con sus quejas,
   Del Dux logró que á acompañarle fuese
   A registrar el buque de Basanio.
SALAR. Llegó tarde. Ya el buque navegaba.
   Mas al Dux informaron que se dice
   Que han visto en una góndola reunidos
   A la amante judía y á Lorenzo.
   Hay más: Antonio al Dux ha asegurado
   Que con Basanio á bordo no se fueron.
SOLAN. No ví jamás tan embrollada pena,
   Tan rara, tan enérgica, tan varia,
   Cual la que á gritos iba por las calles
   Expresando ese perro de judío :
   «¡Ay mi hija! ¡Ay mis ducados! ¡Hija mía!
   ¡Con cristiano fugarse ! ¡Ay mis ducados!
   ¡Justicia, ley, ducados, hija mía!
   ¡Un saco con su sello ! ¡Con sus sellos
   Dos sacos de ducados, de doblones,
   Que mi hija me ha robado ! ¡Y á más joyas!

¡Dos piedras, dos! ¡ Preciosas, ricas piedras
Que mi hija me ha robado! ¡Presto! ¡Halladla!
¡Que ella las piedras lleva y los ducados!»

SALAR. ¡Vaya! Van los chicuelos de Venecia
Siguiéndole y gritando por las calles :
«¡Sus piedras, y su hija y sus ducados! »

SOLAN. Que cuide Antonio de cumplir al día,
Ó pagará por esto.

SALAR.   Bien pensaste.
Con un francés hablando ayer, me dijo
Que en el estrecho mar que se interpone
Entre Inglaterra y Francia, ha naufragado
De este país con carga rica un buque.
En Antonio pensé cuando esto dijo,
Y que no fuese el suyo ansié en silencio.

SOLAN. Debes contar á Antonio lo que oiste;
Mas no de pronto, que angustiarle puede.

SALAR. La tierra no sustenta ser más noble.
Ví á Basanio y á Antonio separarse.
Le aseguró Basanio que su vuelta
Aligerar pensaba.—«No» le dice,
»No el negocio, Basanio, por mi causa
Vayas á estropear. Quédate el tiempo
Que para madurarlo necesites.
En la fianza que otorgué al judío
No se ocupe tu mente generosa;
Alégrate. Dedica tus ideas
Á cortejar y á que tu amor se ostente
Del modo que convenga en ese sitio.»
Luego, llenos de lágrimas los ojos,
El rostro vuelto, alárgale la mano,
De espaldas, y con dulce y raro afecto
La de Basanio estrecha y se separan.

SOLAN. Sólo por él me pienso que ama al mundo.
Vamos, pues, á buscarle, te lo ruego,
Para animar su espíritu abatido
Con una distracción cualquiera.

SALAR.   Vamos.

(Vanse.)

ESCENA VIII.

Belmonte.—Habitación en casa de Porcia.

Entran NERISA y una CRIADA.

NERISA. Presto, te ruego, corre las cortinas,
Que de Aragón el Príncipe ha jurado
Y viene á la elección en este instante.

Clarines.—Entran el PRÍNCIPE DE ARAGÓN, PORCIA
y acompañamiento.

PORCIA. Ved allí, noble Príncipe, los cofres.
Si acertáis con aquel que me contiene
Nuestros ritos nupciales de seguida
Se han de solemnizar. Si no, forzoso
Es que os vayáis sin proferir palabra.

ARAG: A tres cosas me obliga el juramento:
Primero, á no decir á ser viviente
El cofre que elegí; después, si marro
Al elegir el cofre, á no casarme.
Con doncella en mi vida; y, finalmente,

Si en la elección la suerte no me ayuda,
A irme inmediatamente y á dejaros.

PORCIA. Juran cumplir estos preceptos todos
Los que persiguen mi ruín persona.

ARAG. A ello dispuesto estoy. Colma, fortuna,
Mis ansias. Oro, plata y rudo plomo.
«Aquel que á mí me elija, da y aventura todo.»
Sé más bello ó por tí ni doy ni arriesgo.
¿Qué dice el áureo cofre? Permitidme.
« Aquel que á mí me elija, tendrá lo que aman muchos.»
«Lo que aman muchos.» Ese «muchos» puede
Acaso ser la muchedumbre necia
Que con la vista escoge, y por los ojos
Espantados no más la ciencia alcanza
Que penetrar no sabe. Y cual vencejo
En la externa pared al aire anida:
Al borde mismo de los riesgos todos.
No quiero yo escoger lo que aman muchos.
Ni me uno con espíritus vulgares,
Ni me igualo á la torpe muchedumbre.
¡ Oh tú, pues, guardajoyas argentino,
Dime otra vez qué título te adorna !
«Aquel que á mí me elija, tendrá lo que merece.»
Muy bien dicho. Pues ¿quién á la fortuna
Osa engañar, ni osa alcanzar honores
Sin el sello del mérito? Ninguno
Pretenda dignidad que no merezca.
¡Ah! si reinos y títulos y empleos
La corrupción no diese, y solamente
El mérito del hombre los comprara,
¡Cuántos hoy descubiertos se cubrieran,
Cuántos hoy gobernaran que obedecen,
Qué cosecha de humilde villanaje

Los gérmenes más nobles no darían,
Y en la cizaña y ruina de este mundo
Cuánta nobleza recogida fuera
Para ostentar su brillo nuevamente!
Mas basta de esto. A mi elección ahora.
«Aquel que á mí me elija, tendrá lo que merece.»
Presumo merecer. Dadme la llave
Qué á abrir la puerta va de mi fortuna.
  (Abre el cofre de plata.)

PORCIA. Para lo que encontráis harto esperasteis.

ARAG. ¡Qué veo! De un idiota es el retrato,
Y hace muecas mostrándome un escrito.
Lo leeré. ¡Cuán distinto tú de Porcia,
De mis méritos eres y esperanzas!
«Aquel que á mí me elija, tendrá lo que merece.»
¿De un idiota merezco la cabeza?
¿Mi premio es éste? ¿Nada más merezco?

PORCIA. Ofender y juzgar son dos distintas
Funciones, y aun opuestas.

ARAG.   Mas ¿qué dice
    (Lee.)

«Fuego este cofre argentado
Ya siete veces probó,
Y juicio que nunca erró
Fué siete veces probado.
Besa una sombra el cuitado,
Pues sombra su dicha fué.
De idiotas de plata sé
Cual éste; por tanto, escoge
La mujer que se te antoje:
Yo tu cabeza seré.
Con que puedes irte. Ya te despaché.»
Y si no me marcho pronto,

Más necio he de parecer.
Aquí vine á pretender
Con la cabeza de un tonto
Y me despido con dos.
Mas cumplo mi juramento.
Sufro callado el tormento.
Quédate, Porcia, con Dios.
(Vase con su acompañamiento.)

PORCIA. La luz así quemó á la mariposa,
¡Oh necios pensadores! con frecuencia
Usan para perder su inteligencia.

NERISA. Pende, viejo refrán así lo advierte,
La horca y el matrimonio de la suerte.

PORCIA. Vamos, Nerisa, las cortinas corre.

Entra un CRIADO.

CRIAD. ¿Dónde está mi señora?
PORCIA.   Aquí se halla.
¿Qué quiere mi señor?
CRIAD.   A vuestra puerta
Un jóven veneciano se ha apeado
Que, precediendo á su señor, lo anuncia,
Ofreciéndoos tangibles homenajes
De su parte; á saber, frases corteses,
Parabienes y á más presentes ricos.
Emisario de amor no he visto nunca
Tan adecuado, ni jamás mañana
Del mes de Abril tan dulce se presenta
Anunciando al verano suntüoso
Cual ese heraldo á su señor anuncia.

PORCIA. No más, te lo suplico. Casi temo
Que me vas á decir que es deudo tuyo,

Pues que tu ingenio tan de gala vistes
Para ensalzarlo. Vamos, pues, Nerisa,
De Cupido animoso este correo
Que tan bien se presenta ver deseo.
NERISA. Por ver si es de Basanio es esta prisa.
(Vanse.)

ACTO TERCERO.

ESCENA PRIMERA.

Venecia.— Una calle.

Entran SOLANIO y SALARINO.

Solan.—Dime, ¿qué se cuenta en el Rialto?

Salar.—Pues se sigue afirmando sin contradicción que una de las naves de Antonio, con valioso cargamento, ha naufragado en el estrecho que creo llaman los Goodwins, banco peligroso y somero donde yacen sepultados los despojos de más de un buque de alto bordo. Eso dicen, si mi comadre la voz pública es mujer veraz.

Solan.—¡Ojalá mintiera en eso como la mejor roedora de pan de trigo, ó como la que hizo creer á sus vecinos que lloraba la muerte de su tercer esposo! Pero es seguro, sin ambajes ni rodeos, y sin salir del camino dreal e la verdad, que el excelente Antonio, que el honradísimo Antonio..... ¡Oh, quisiera hallar calificativo bastante bueno para unirlo á su nombre!

Salar.—Vamos al punto final.

SOLAN.—¡Ah! ¿Qué dices? Pues, en fin, que ha perdido un buque.

SALAR.—¡Ojalá sea el fin de sus pérdidas!

SOLAN.—Deja que al punto diga amén, no sea que se interponga entre mis plegarias el diablo. Aquí viene en forma de judío.

Entra SHYLOCK.

Y bien, Shylock, ¿qué noticias corren entre los mercaderes?

SHYL.—Nadie, nadie sabe mejor que vosotros sabéis la fuga de mi hija.

SALAR.—Es verdad. Yo, por mi parte, conozco al sastre que le hizo las alas para volar.

SOLAN.—Y por su parte Shylock debia saber que el pájaro tenia ya plumas, y que está en su naturaleza dejar el materno nido.

SHYL.—Condenada morirá.

SALAR.—Seguramente. Si la juzga el diablo.

SHYL.—¡Rebelarse mi propia carne, mi propia sangre!

SOLAN.—Cállate, pajarraco. ¿A tus años se rebelan?

SHYL.—Digo que mi hija es mi carne y mi sangre.

SALAR.—Más diferencia hay entre tu carne y la suya que entre el marfil y el azabache, y más diferencia entre vuestras sangres que entre el vino tinto y el vino del rhin. Pero dinos, ¿sabes si Antonio ha tenido ó no pérdidas en el mar?

SHYL.—Ved ahí otro mal negocio. Un quebrado, un pródigo que apenas se atreve á asomar las narices al Rialto. Un pordiosero que solía presentarse tan primoroso en la pública plaza. Que cumpla su escritura. Solía llamarme usurero. Que cumpla su escritura. Solía prestar dinero por cristiana complacencia. Que cumpla su escritura.

SALAR. —¡Vaya! Seguro estoy de que si no cumple no tomarás su carne. ¿De qué sirve?

SHYL. —Para cebo de peces. Ya que no sirva para otra cosa, servirá para alimentar mi venganza. Me ha avergonzado, me ha hecho perder medio millón, se ha reído de mis pérdidas, ha despreciado mi secta, se ha interpuesto en mis negocios, ha enfriado á mis amigos y ha enardecido á mis enemigos. ¿Y por qué razón? Porque soy judío. ¿No tiene un judío ojos? ¿No tiene un judío manos, órganos, cuerpo, sentidos, afectos, pasiones? ¿No lo mantiene el mismo alimento? ¿No lo hieren las mismas armas? ¿No padece las mismas enfermedades? ¿No se cura de la misma manera? ¿No se calienta y se enfría en el mismo verano y en el mismo invierno, como el cristiano? Si nos herís, ¿no damos sangre? Si nos hacéis cosquillas, ¿no reimos? Si nos envenenáis, ¿no morimos? Si nos ofendéis, ¿no hemos de vengarnos? Puesto que nos asemejamos en todo lo demás, debemos parecernos también en eso. Si un judío ofende á un cristiano, ¿cuál es la humildad del cristiano? Vengarse. Si un cristiano ofende á un judío, ¿qué debe hacer el judío, siguiendo el cristiano ejemplo? Claro es, vengarse. La infamia que me enseñáis pondré por obra, y haré cuanto pueda para ir aún más allá.

Entra un CRIADO.

CRIADO. —Señores, mi amo Antonio está en su casa, y desea hablaros á los dos.

SALAR. —Hemos andado de una parte á otra en su busca.

SOLAN.—Aqui viene otro de su tribu. De esta ralea no pueden juntarse tres, á menos que el diablo no se vuelva judío.

(Vanse Solanio, Salarino y Criado.)

Entra TÚBAL.

SHYL.—¡Hola, Túbal! ¿Qué noticias de Génova? ¿Has hallado á mi hija?

TÚBAL.—Muchas veces he oído hablar de ella; pero no la he podido hallar.

SHYL.—¡Vaya, vaya, vaya, vaya! ¡Un diamante perdido que me costó en Francfort dos mil ducados! Hasta ahora no ha caído la maldición sobre nuestra raza. Jamás la he sentido hasta ahora. ¡Dos mil ducados en eso sólo, y otras muchísimas piedras preciosas! ¡Ojalá viera á mi hija muerta á mis pies, y mis joyas en sus orejas! ¡Ojalá la viera amortajada á mis pies, y mis ducados en su ataúd! ¿Nada sabes? ¡Vaya, vaya! ¡Y qué sé yo cuánto se ha gastado en buscarla! ¡Vaya! Pérdida sobre pérdida. El ladrón roba tanto, y tanto para buscar al ladrón, y ni quedo satisfecho ni vengado. No vuela por el aire desventura que no se pose sobre mis hombros; no hay suspiro que no exhale yo, ni lágrima que no derrame.

TÚBAL.—Otros hombres también son desventurados Según oí en Génova, Antonio.....

SHYL.—¿Qué, qué, qué? ¿Desventura, desventura,

TÚBAL.—Ha perdido un bajel que venía de Trípoli.

SHYL.—¡Gracias á Dios, gracias á Dios! ¿Es cierto es cierto?

TÚBAL.—Hablé con algunos marinos que se salvaron del naufragio.

SHYL.—¡Gracias, amigo Túbal! ¡Buenas nuevas, buenas nuevas! ¡Ah, ah! ¿Dónde? ¿En Génova?

TÚBAL.—Tu hijá, según oí, gastó una noche en Génova ochenta ducados.

SHYL.—Me clavas un puñal en el corazón. Jamás volveré á ver mi dinero. ¡Ochenta ducados de un golpe! ¡Ochenta ducados!

TÚBAL.—Vinieron en mi compaña varios acreedores de Antonio que aseguran que por fuerza ha de quebrar.

SHYL.—Me alegro en el alma. Lo acosaré. Lo atormentaré. Me alegro en el alma.

TÚBAL.—Uno me enseñó un anillo que obtuvo de tu hija á cambio de una mona.

SHYL.—¡Maldita sea! Me estás martirizando, Túbal. Era mi turquesa. Me la dió Lea cuando soltero. No la hubiera dado yo por un bosque de monas.

TÚBAL.—Lo que es cierto es que Antonio está arruinado.

SHYL.—Sí, eso es verdad, la pura verdad. Túbal, vé; toma á mi servicio á un alguacil. Tenlo apalabrado con quince días de anticipación. Le sacaré el corazón si no cumple, pues no estando él en Venecia haré cuantos negocios quiera. Vé, Túbal, y búscame en la sinagoga. Vé, amigo Túbal. En la sinagoga, Túbal. (Vanse.)

ESCENA II.

Belmonte. — Habitación en casa de Porcia.

**PORCIA, NERISA, BASANIO, GRACIANO
y acompañamiento.**

PORCIA. Deteneos, os ruego, uno ó dos días,
Y pensad antes de elegir, pues pierdo,
Si acaso no acertáis, vuestra compaña.
Tened paciencia, pues. Algo me dice—
No es amor—que perderos no quisiera,
Y bien comprenderéis que de este modo
El odio nunca habló. Mas por si acaso
No me habéis comprendido—y las doncellas
No tienen más lenguaje que el deseo—
Deteneros quisiera uno ó dos meses,
Antes de que por mí corráis azares.
A elegir enseñaros desearía;
Pero faltara á un juramento entonces,
Y tal no haré. Podéis equivocaros,
Transformándome al par en pecadora,
Pues sentiré perjura no haber sido.
Culpa será de esos tiranos ojos
Que el corazón en dos me dividieron;
Es vuestra la mitad, y la otra, vuestra.
Mía dijera, pero siendo mía,
Vuestra es también: por tanto, es todo vuestro.
¡Mundo cruel, qué obstáculos coloca
Entre los dueños y lo suyo propio!

Por eso, aunque soy vuestra, no soy vuestra.
Probadlo, pues, y á los infiernos vaya
La Fortuna, no yo. De más os hablo;
Pero es que prolongar el tiempo quiero,
Aumentarlo, estirarlo hasta lo sumo,
Para que os detengáis en elegirme.

BASAN. Dejad que elija, que en el potro vivo.

PORCIA. ¿En el potro, Basanio? Pues entonces
Vuestro cariño ¿qué traición encubre?

BASAN. Únicamente la traición horrenda
De la desconfianza, que me hace
Temer que acaso vuestro amor no goce.
Con mi cariño la traición se une
Como se liga con la nieve el fuego.

PORCIA. ¡Ya! Pero temo, que en el potro suelen
Los hombres afirmar cualquiera cosa.

BASAN. Verdad diré, si me otorgáis la vida.

PORCIA. Confesad, y vivid en ese caso.

BASAN. No. «Confesad y amad», y hubiera sido
Mi entera confesión. Feliz tormento
Es éste, pues me enseña á dar respuesta
Para librarme quien me da tortura.

¡Mas á correr mi albur! ¡A ver los cofres!
(Descórrense las cortinas que ocultan los cofres.)

PORCIA. Id, pues. Si en uno me hallo yo encerrada,
Si me amáis, me hallaréis. Nerisa, todos
Retiraos. La música resuene
Al hacer su elección; de esa manera
Terminará con música cual cisne.
Y á fin que sea el símil más exacto,
Manará de mis ojos el arroyo
Que húmedo lecho le dará de muerte.
Mas si vence, ¿la música qué expresa?

Será de los clarines el estruendo
Cuando saludan súbditos leales
Al ceñirse el monarca la corona.
Será como la plácida armonía
Que al despuntar el alba en los oídos
Penetra del amante afortunado
Y lo invita al altar. Ya se adelanta
En apostura igual, pero excediendo
En puro amor al juvenil Alcides
Al redimir el virginal tributo
Que al vestiglo del mar Troya rendía.
Yo para el sacrificio me hallo pronta:
Estas son las matronas de Dardania,
Que con húmedos rostros se aproximan
A ver el resultado del conflicto.
Hércules ve. ¡Yo viviré si vives!
Con más, con mucho más pavor mirando
La lucha estoy, que tú que estás luchando.

(Música y la canción que sigue, mientras Basanio reflexiona silencioso ante los cofres.)

    ¿La ilusión en dónde está?
    ¿Por ventura en la cabeza,
    Ó en el corazón quizá?
    ¿Qué la engendra, cómo empieza?
        Dilo ya.
    En los ojos aparece,
    Con mirar se anima y crece,
    Y en la cuna que la mece
        Morirá.
    A doblar por la ilusión;
    Yo principio: dan, din, don.

Todos.   Dan, din, don.

Basan. Es brillo externo lo que menos vale,

Y al mundo con la pompa se alucina.
¿Qué causa tan manchada y tan corrupta
Habrá que ante las leyes no se eclipse
Si en párrafos magníficos se envuelve?
En religión, ¿qué error tan maldecido
Que bendecir no logre faz austera,
Y se conforme con sagrado texto
Cubriendo su fealdad de bello ornato?
No existe vicio infame que no asuma
Al exterior de la virtud la empresa.
¡Cuántos cobardes hay con corazones
Cual peldaños de leve arena falsos,
Que espesas barbas en el róstro ostentan,
Cual Hércules ó Marte tremebundos,
Que con entrañas blancas cual la leche
Presentan del valor la externa forma
Para hacerse terribles! La belleza,
Si bien notáis, comprar se suele al peso,
Y un milagro se opera de este modo
En la naturaleza; pues entonces
Son las que más se adornan más livianas.
Esos rizos de oro, que lascivos
Culebreando con el viento juegan
Sobre tez de hipotética blancura
Dote heredado son, y en el sepulcro
El cráneo yace que crecer los hizo.
Es el ornato, pues, playa de oro
De proceloso mar; es rico velo
Que el rostro cubre de belleza indiana;
Es aparente realidad, en suma,
Con que la falsa sociedad se viste
Para perder al hombre más discreto;
Y por lo tanto, á tí, brillante oro,

Duro manjar de Midas, no te busco,
Ni á tí tampoco, vil y añeja droga
Que entre los hombres medias. A tí sólo,
Plomo infeliz, á tí que me amenazas
Y nada me prometes. Tu sin brillo,
Más me conmueve que elocuencia alguna.
Te elijo, pues, y ampáreme la suerte.

PORCIA. Cual el humo disípanse recelos,
Inútil timidez, dudas atroces,
Vana desconfianza y negros celos.
¡Oh, modérate amor, templa tus goces;
No lluevas sobre mí tantos consuelos,
Ni con tamaña dicha me alboroces!
¡Tanta felicidad, amor, modera,
Y no de exceso de ventura muera!

BASAN. Mas ¿qué miro? (Abriendo el cofre de plomo.)
          De Porcia es el retrato.
¿Qué semidiós así al Criador imita?
¿Se mueven esos ojos, ó cabalgan
Por ventura en mis órbitas, y juzgo
Que moviéndose están? Se ven sus labios
Con hálito de almíbar divididos.
Con tan dulces linderos deben siempre
Tan íntimos amigos separarse.
De araña hace el pintor con sus cabellos,
Y áurea malla ha tejido, en que se enredan
Corazones humanos más á prisa
Que cínife en las redes de la araña.
Mas ¿y sus ojos? ¿cómo fueron hechos?
Hecho el uno, me pienso que al artista
Robaría veloz entrambos suyos,
Suspendida quedando su tarea.
Pero observad. Á la distancia misma

Que queda la verdad de mi alabanza,
Del valor verdadero de esta imagen,
De la verdad la imagen ésta queda.
Aquí el escrito contemplad. Se halla
El resumen en él de mi fortuna. (Lee.)
　«A quien cual tú no se deja
　Por la apariencia influir,
　Cual él acierta á elegir
　La fortuna lo proteja.
　Pues la suerte te festeja,
　No busques un más allá.
　Y si te alegra el suceso,
　Y tu dicha ves en eso,
　Vuélvete á tu dama ya
　Y ofrécele amante beso.»
Rollo gentil — como el cartel reclama,
A vos me acerco, con la venia vuestra,
A dar y á recibir, hermosa dama.
Cual paladín que lucha en la palestra,
Y duda si el clamor que al héroe aclama
Es en honor de su potente diestra
Y de la realidad no se cerciora,
Absorto, confundido y mareado;
Del mismo modo yo, bella señora,
De cuanto pasa apenas me persuado,
Y no podré creerlo, como ahora
No esté por vos suscrito y confirmado.

PORCIA. Me veis, Basanio, y lo que soy parezco.
　Aunque no ansío, en mi ambición modesta,
　Ser más de lo que soy para mí misma,
　Por vos valer cien veces más ansiara,
　Ser mil veces más bella, diez mil veces
　Más rica ser. Quisiera yo, tan sólo

Para verme crecer en vuestra estima,
Que innumerables fueran mis virtudes,
Mis encantos, mis bienes, mis amigos;
Pero la suma de mi ser es cero.
En total, una joven inexperta,
Sin educar, sin conocer el mundo;
Pero dichosa en que su edad no es tanta
Que le impida aprender; y aun más dichosa
Porque su condición no es tan obtusa
Que adelantar le vede; y, en resumen,
Dichosa sobre todo, porque humilde
Su dócil ser á vuestro ser confía
Como á jefe, señor y soberano.
Yo misma, y todo cuanto fuere mío,
A vos os pertenece y á los vuestros.
De esta bella mansión jefe era ha poco
De mis sirvientes, ama; de mí, reina;
Y en este instante ya, mansión, sirvientes,
Y esta persona, yo, señor, son vuestros.
Al darlos, recibid esta sortija:
Que de ella os separéis, ó por desgracia
La perdáis ó la deis, será presagio
De la ruina de este amor, y entonces
A reprocharos me daréis derecho.

BASAN. Me despojáis, señora, de palabras.
Sólo os habla la sangre de mis venas.
La misma confusión reina en mi mente
Que reina en turba alegre y bulliciosa,
Después de oir de un príncipe querido
El plácido discurso; cada parte
Se mezcla y se confunde, y se convierte
En un caos de nada, exceptüando
Satisfacción callada ó manifiesta.

Tocante á esta sortija, cuando salga
De este dedo, saldrá de aquí la vida.
Decid entonces que Basanio ha muerto.

NERISA. Amo y señora mía, corresponde
A quienes presenciaron esta escena
Y han visto prosperar vuestros deseos,
Daros el parabién, amo y señora.

GRAC. Basanio, y vos, gentil señora mía,
Cuanta dicha anheléis, tanta os deseo
(Pues no ha de ser de fijo á mis expensas).
Cuando solemnizar vuecencias gusten
De vuestra fe recíproca el contrato,
Os ruego yo que á mí también me casen.

BASAN. Con toda el alma, si encontraste esposa.

GRAC. Muchas gracias, señor. Me hallaste una.
Mis ojos ven, señor, como los tuyos.
Al ama viste tú, yo á la doncella.
Cual amaste, yo amé. Las dilaciones
Ni te cuadran, señor, ni á mí tampoco.
De los cofres pendía tu fortuna
Y la mía también, según parece;
Pues cortejando hasta sudar el quilo,
Y haciendo juramentos hasta el punto
De que mi paladar se me secase
Con protestas de amor, al fin—si tienen
Promesas fin—obtuve la promesa
Del amor de esta hermosa, si lograba
Tu fortuna alcanzar á su señora.

PORCIA. Nerisa, ¿es cierto?

NERISA.   Sí, si bien os place.

BASAN. ¿Obras de buena fe, díme, Graciano?

GRAC. Sí á fe, señor.

BASAN. Honrará vuestra boda nuestra fiesta.

GRAC.   (Aparte á Nerisa.)
      Apostemos con ellos mil ducados
      A quiénes lograrán primero un hijo.
      ¿Quién se acerca? Lorenzo y su judía,
      Y mi amigo Solanio el de Venecia.

      Entran LORENZO, JESICA y SOLANIO.

BASAN. ¡Oh Lorenzo y Solanio, bienvenidos!
      Si mi novel derecho en esta casa
      Me permitiese dar la bienvenida.....
      La bienvenida doy con tu permiso
      A mis amigos y paisanos, Porcia.
PORCIA. Y yo también. Muy bienvenidos sean.
LOREN. Mil gracias. Por mi parte no pensaba
      Venir aquí; mas me encontré á Solanio,
      Quien me rogó, sin admitir excusa,
      Que aquí con él viniera.
SOLAN.   Sí, por cierto.
      Y mis motivos tuve. Traigo nuevas
      De Antonio. (Dando una carta á Basanio.)
BASAN.   Díme cómo está mi amigo
      Antes de abrir su carta.
SOLAN.   No padece
      De enfermedad, como moral no sea,
      Ni bienestar, sino moral acaso.
      Sabréis su condición por esa carta.
         (Basanio lee la carta.)
GRAC.   A agasajar á aquella forastera.
      La bienvenida dale tú, Nerisa.
      Esa mano, Solanio. ¿Qué hay de nuevo
      En Venecia? ¿Qué tal el noble Antonio,
      Príncipe Mercader? A mí me consta

Que él ha de celebrar nuestra fortuna.
Ganamos, cual Jasón, el vellocino.

SOLAN.　Pluguiera á Dios que el vellocino fuese
Que él ha perdido.

PORCIA.　　　　　　　En ese escrito hay cosas
Que roban el color de la mejilla
De Basanio. La muerte de un amigo.
Sólo esa nueva trastornar podría
El ánimo de ser tan valeroso.
¡Qué! ¡de mal en peor! Con vuestra venia,
La mitad de vos mismo soy, Basanio,
Y la mitad á mí me pertenece
De lo que traiga ese papel.

BASAN.　　　　　　　　¡Oh Porcia!
Jamás mancharon el papel palabras
Cual las breves que aquí contemplo escritas.
Cuando mi amor te declaré, señora,
Te dije francamente que en mis venas
Mis riquezas corrían. Caballero
Te dije que era, y la verdad te dije;
Y no obstante, señora idolatrada,
Al rebajarme así, cuán jactancioso
Contigo me mostré verás ahora,
Al decirte que nada poseía.
Menos que nada aún debí decirte,
Pues cuanto tengo debo á un caro amigo,
Que por servirme lo pidió prestado
A un enemigo suyo. Ve la carta.
El papel es el cuerpo de mi amigo;
Cada palabra, tremebunda herida
Que mana sangre. ¿Pero di, Solanio,
Di, sus expediciones, todas, todas
Han fracasado? ¿Ni siquiera una

A buen puerto llegó? ¿La de Inglaterra,
Las de Méjico, Trípoli, Lisboa,
Ni las de Berbería, ni las Indias?
¿Buque alguno evitó el feroz contacto
De las rocas siniestras al marino?

SOLAN. Ninguno, y además, según parece,
Tuviera hoy fondos y pagar quisiera
Al judío, el judío lo rehusara.
Nunca sér conocí de humana forma
Con tanto afán, con avidez tan grande
Para perder á un hombre. Dia y noche
Al Dux suplica, y hasta pone en duda
La independencia misma del Estado,
Si justicia le niegan. Convencerlo
Han procurado veinte mercaderes,
Y aun el Dux y patricios los más nobles;
Pero de su demanda rencorosa,
«Vencimiento, justicia, mi escritura»,
Nadie lo puede separar un punto.

JESICA. Cuando estaba con él, jurar oíle
A Chus y á Túbal, sus paisanos, que antes
Carne de Antonio, én vez de veinte veces
La suma que le debe, tomaria.
Y sé, señor, que si la ley, la fuerza
Y las autoridades no lo impiden,
Mal va á pasarlo el infeliz Antonio.

PORCIA. ¿Es vuestro amigo quien se ve en tal cuita?

BASAN. El más querido, el hombre más honrado,
Más bondadoso, para hacer favores
El ser más incansable. Patentiza
Aquel honor antiguo del Romano
Más que otro alguno que en Italia alienta.

PORCIA. ¿Qué le debe al judío?

Basan. Por mí tres mil ducados.

Porcia. ¿Eso sólo?
Dadle seis mil y cancelad el trato,
O doce mil, ó triplicad la suma,
Antes que amigo de esa clase pierda
Ni un cabello por causa de Basanio.
A la iglesia venid. Llamadme esposa,
Y después partiréis para Venecia,
Y á vuestro amigo ved. Inquieta el alma,
Nunca de Porcia ocuparéis el lecho.
Para pagar la deuda veinte veces
Oro tendréis; y cuando esté pagada
Con vos traed á vuestro buen amigo.
Nerisa y yo entretanto viviremos
Como doncellas y viudas. Vamos,
Partir debéis al celebrar la boda.
A estos amigos con el alma toda
La bienvenida dad. Debéis mostraros
Jovial, y pues mi amor caro me cuesta,
Caramente también me es fuerza amaros.
Pero oigamos leer la carta ésta.

Basan. (Lee.) «Querido Basanio: Todos mis buques
han naufragado. Mis acreedores me apremian; apenas
me quedan bienes; mi escritura con el judío ha vencido, y
como para cumplirla me es imposible vivir, todas nuestras cuentas quedarían saldadas, si me fuera dado siquiera
verte antes de morir. Sin embargo, haz lo que quieras.
Si tu voluntad no, no quiero que te mueva mi carta.»

Porcia. Terminad y partid, dueño querido.

Basan. Pues que me habéis la venia concedido,
Muy pronto partiré, pero inocente
Será mi lecho de vivir ausente,
Y ni reposo mientras tanto pido. (Vanse).

ESCENA III.

Venecia.—Una calle.

Entran SHYLOCK, SALARINO, ANTONIO y ALCAIDE.

SHYL.   Ojo avizor, alcaide. Ni siquiera
         Me habléis de compasión. Este es el necio
         Que gratis su dinero colocaba.
         Ojo avizor, alcaide.
ANT.   Escucha, Shylock.
SHYL.   De mi escritura el cumplimiento exijo;
         En contra no me habléis de mi escritura,
         Que cumplir he jurado mi escritura.
         Perro me habéis llamado, cuando causa
         Para ello nunca os dí; pues bien, guardaos,
         Puesto que perro soy, de mis colmillos.
         Me hará justicia el Dux. Me maravilla
         La complacencia tuya, mal alcaide,
         Al permitir que en tu compaña salga.
ANT.   Te ruego que me escuches.
SHYL.   De mi escritura el cumplimiento exijo,
         Lo exijo. No habléis más por consiguiente.
         No me vais á ablandar; no he de apiadarme;
         Y, diciendo que no con la cabeza,
         Perdonar, suspirar, ceder en suma,
         A las intercesiones de un cristiano.
         No me sigáis. Ni una palabra escucho.
         De mi escritura el cumplimiento exijo. (Vase.)
SALAR.   ¡Perro más sin piedad no ha visto nadie!
ANT.   Déjalo ya. No más seguirle quiero

Con inútiles súplicas. Mi vida
Es lo que busca, y su razón conozco.
Libré frecuentemente de sus garras
A muchos que vinieron á llorarme,
Y por eso me odia.

SALAR.   El Dux, de fijo
Jamás permitirá cumplir tal pacto.

ANT.   Contra las leyes ir el Dux no puede.
Si las franquicias que en Venecia gozan
Los extranjeros se negaran, fuera
De injusticia el Gobierno denunciado,
Y la ciudad trafica y se enriquece
Con todas las naciones. Véte luego.
De tal modo estas pérdidas y angustias
Me han abatido, que quizá no pueda
Ni una libra de carne dar mañana
A ese acreedor ansioso de mi sangre.
Alcaide, vamos. ¡Plegue á Dios que venga
Basanio, y vea cuál mi deuda pago,
Y después no me importa lo que ocurra!
(Vanse.)

ESCENA IV.

Belmonte.—Habitación en casa de Porcia.

Entran PORCIA, NERISA, LORENZO, JESICA
y BALTASAR.

LOREN.   Lo he de decir, señora, ante vos misma.
Tenéis un alma noble y generosa—
De celestial bondad—de esa manera
Al permitir que vuestro esposo os deje.

Mas si supieseis vos cuán caballero
. Es el que honráis y socorréis, qué amante
Amigö es de vuestro dueño, acaso
De esta acción os mostrarais más ufana
Que de otras buenas obras que hayáis hecho.

PORCIA. Jamás me arrepentí del bien que hice,
Ni me he de arrepentir ahora tampoco.
Entre caros amigos, cuyas almas
Recíproco cariño se profesan,
Debe existir idéntica armonía.
Por eso considero que este Antonio,
Por ser íntimo amigo de mi dueño,
Forzosö es que cual mi dueño sea.
Y si es así, ¡con cuán escaso costo
Rescato yo la imagen de mi alma
De un estado de bárbara tortura!
Mas es esto quizá vanagloriarme.
Por lo tanto, no más. Oid, Lorenzo,
Lo que os pido. Poner en vuestras manos
El cuido y el manejo de mi casa
Hasta que torne mi señor á ella.
En cuanto á mí, callados votos hice
De vivir meditando entre oraciones,
De Nerisa tan sólo en la compaña,
Hasta la vuelta de mi esposo y dueño;
Y en un convento á retirar nos vamos,
Que distante de aquí se halla dos leguas.
No rehuséis este cargo, os lo suplico,
Que os imponen mi amor y los sucesos.

LOREN. Con toda el alma cumpliré, señora,
Cuanto ordenéis.

PORCIA.   Conoce ya mi gente
. Mi intención, y seréis obedecidos

Jesica y vos cual yo y Basanio en tanto.
Hasta la vista, pues.

LOREN. Horas felices
Sigan tras vos, y gratos pensamientos.

JESICA. Del corazón la dicha os acompañe.

PORCIA. Gracias por tu deseo; con usura
Te lo devuelvo yo. Con Dios, Jesica.
(Vanse Jesica y Lorenzo.)
Ahora bien, Baltasar.
Siempre me fuiste fiel, y en este instante
Como siempre serás. Toma esta carta,
Y con la prontitud que es dada al hombre,
A Padua ve. Dala al doctor Belario,
Mi primo. Y, oye: si papel alguno,
Ó vestidos te da, tráemelos luego
Con nunca vista rapidez al muelle
Y al barco que trafica con Venecia.
No hables palabra. Vete. Allí te espero.

BALT. Señora, voy volando. (Vase.)

PORCIA. Ven, Nerisa.
Obra traigo entre manos que aun ignoras.
Ver á nuestros esposos me propongo,
Antes de que ellos ni pensarlo puedan.

NERISA. ¿Y nos verán?

PORCIA. Nerisa, sí por cierto.
Pero en tal atavío, que de dotes
Nos creerán poseedoras que nos faltan.
Te apuesto cualquier cosa, que vestidas
De jóvenes las dos, seré el más guapo.
Llevaré mi puñal con más fiereza,
Y hablaré cual rapaz que es hombre casi,
Con voz de gaita, y dos menudos pasos
Haré se tornen varonil zancada.

Cual joven fanfarrón, de desafíos
Hablaré; narraré raras mentiras
De nobles damas que mi amor buscaron,
Y de cómo enfermaron y murieron
Por desdeñarlas yo, que no podía
Amar á tantas. Luego, arrepentido
Me mostraré, pues causa de su muerte,
No obstante, haber yo sido no quisiera;
Y veinte mentirillas de esta clase
Inventaré de modo tal, que muchos
Han de jurar que abandoné la escuela
Ha doce meses. En mi mente bullen
De necios mozalbetes jactanciosos
Raras extravagancias á millares
Que he de ostentar.

NERISA.　　　　　　　¿Nos volveremos hombres?

PORCIA. Cállate. ¡Qué pregunta, si la hicieras
Ante inmodesto intérprete! Mas vamos,
Y te diré cuál es mi plan completo,
Cuando en mi coche esté, que nos aguarda
A la puerta del parque. Date prisa,
Que hoy veinte millas caminar precisa.

(Vanse.)

ESCENA V.

Belmonte.—Un jardín.

Entran LANZAROTE y JESICA.

LANZ.—Sí, seguramente, porque, ya veis, los pecados del padre caen sobre los hijos; por lo tanto, permitid que diga que temo por vos. Siempre he sido franco, y por eso ahora digo lo que resumo del asunto. Por lo tanto, animaos, porque, francamente, creo que os condenaréis. Sólo existe una esperanza que os pueda aprovechar, y esa viene á ser una especie de esperanza bastarda.

JESICA.—Y díme, ¿qué esperanza es esa?

LANZ.—¡Voto va! Hasta cierto punto, podéis confiar en que vuestro padre no os engendró; que no sois hija del judío.

JESICA.—En verdad que sería esperanza bastardà. De ese modo los pecados de mi madre caerían sobre mí.

LANZ.—Cierto. Pues entonces condenada estáis por parte de padre ó por parte de madre. Y huyendo de Scila, vuestro padre, caigo en Caribdis, vuestra madre. Bien, perdida estáis de ambos modos.

JESICA.—Me salvaré por mi esposo, que me ha hecho cristiana.

LANZ.—¿Sí? Pues ha hecho mal. Bastantes cristianos éramos ya. Tantos cuantos podíamos vivir conjuntamente. Este hacer cristianos encarecerá el valor de los cochinos. Si nos volvemos todos tragacerdos, pronto ni por dinero alguno podremos poner á asar una lonja de tocino.

JESICA.—Lanzarote, contaré á mi marido lo que dices. Aquí llega.

Entra LORENZO.

LOREN.—Llegaré á tener pronto celos de tí, Lanzarote, si arrinconas de este modo á mi mujer.

JESICA.—No, no temas, Lorenzo. Lanzarote y yo reñíamos. Me dice rotundamente que no hay para mí piedad en el cielo, porque soy hija de judío, y que tú no

eres buen repúblico porque conviertes judios al cristia-
nismo, pues contribuyes á aumentar el precio de la carne
de cerdo.

LOREN.—Más fácil me será justificarme de eso, que
á tí de haber aumentado á la negra, que por tí, Lanzarote, está en cinta.

LANZ.—Pues tanto cuanto gana en volumen en cinta,
tanto pierde de virtud y de *sucinta*.

LOREN.—¡Como cualquier necio juega del vocablo! Me
parece que pronto la más honrosa distinción del ingenio
será el silencio, y la oratoria será loable únicamente entre
los loros. Entra. Que se preparen para comer.

LANZ.—Ya eso está. Todos tienen estómago.

LOREN.—¡Dios eterno, y qué cazachistes eres. Pues
que alisten la comida.

LANZ.—También eso está. Cúbrase la mesa, debéis
decir.

LOREN.—Pues á cubrirse.

LANZ.—Tampoco eso. Sé mi deber.

LOREN.—¿Todavía más equívocos? ¿Quieres patentizar en un instante todos los tesoros de tu ingenio? Te
ruego que entiendas á un hombre llano en su llano lenguaje. Vé y dí á tus compañeros que pongan los manteles, que sirvan la comida y que iremos á comer.

LANZ.—En cuanto á la mesa, será servida; en cuanto
á la comida, se pondrán los manteles, y en cuanto á
venir á comer, será, ¡vaya! será como mejor os cuadre
y os convenga. (Vase.)

LOREN. ¡Oh caro buen sentido! ¡De qué modo
Combina sus palabras! Ese necio
Ha logrado fijar en su memoria
Ejército de frases peregrinas;
Y á muchos otros necios yo conozco

Que más altos están, que por palabras
Con la lógica misma lanzas rompen.
¿Qué tal, Jesica? Díme, dulce prenda,
Si te agrada la esposa de Basanio.

JESICA. Más que puedo expresar. Honrada vida
Debe llevar Basanio; pues teniendo
Bendición semejante por esposa,
Ventura celestial halla en la tierra;
Y si en la tierra no la mereciese,
No deben otorgársela en el cielo.
Si jugaran dos dioses del Olimpo,
Y si su apuesta fuese dos mujeres
De la tierra, y si Porcia fuese una,
Con otra cosa diferente habrían
De compensar la apuesta, pues no hay otra
En este pobre mundo que la iguale.

LOREN. Un marido soy yo cual ella esposa.

JESICA. Pues pide mi opinión también sobre eso.

LOREN. Después lo haré; pero comamos antes.

JESICA. No, deja que te alabe yo con ganas.

LOREN. Te lo suplico. Reservarse debe
Para durante la comida. Entonces,
Entre otras cosas digerir me es dado
Cuanto digas.

JESICA.   Pues bien, quiero alabarte.
              (Vanse.)

ACTO CUARTO.

ESCENA PRIMERA.

Venecia.—Un Tribunal de justicia.

Entran el DUX, senadores, ANTONIO, BASANIO, GRA-
CIANO, SOLANIO, SALARINO y acompañamiento.

Dux. Y bien, ¿se halla aquí Antonio?
Ant. A responder, señor, pronto me hallo.
Dux. Os compadezco. Responder os toca
A enemigo de piedra, sin entrañas,
Exento de piedad, huero y vacío
De un átomo de lástima.
Ant.   Me consta
Que os habéis esforzado procurando
Templar, señor, su rigoroso empeño:
Mas, pues se obstina, y de su fiero alcance
Medio alguno legal librarme puede,
Resignación á su crueldad opongo,
Pronto á sufrir con ánima tranquila
El furor y la rabia de la suya.
Dux. Haced que al Tribunal llegue el judío.
Solan. En el portal está, señor. Ya llega.

Entra SHYLOCK.

Dux.   Apartad. Quiero verle cara á cara.
Shylock, yo pienso, como todo el mundo,
Que este rencor aparentar pretendes
Hasta el postrer momento, y se presume
Que mostrarás después misericordia,
Más rara aún que tu crueldad extraña;
Y que, en vez de exigir la pena impuesta,
Que ha ser una libra de la carne
De este angustiado mercader, no sólo
No cobrarás la multa estipulada,
Sino que, con piedad y arrepentido,
Del préstamo pretendes perdonarle
La mitad, dirigiendo compasiva
Mirada hacia las pérdidas recientes
Que han venido á caer sobre sus hombros
De modo tal, que al mercader más rico
Postrarían tal vez, arrebatando
Su situación la lástima de pechos
De pedernal, y espíritus de bronce,
De tártaros ó turcos inflexibles,
A dulces sentimientos refractarios.
Esperamos, judío, tu respuesta.
Shyl..   Ya os he dicho, señor, lo que pretendo.
Por nuestro santo sábado he jurado
Que la multa pactada en mi escritura
He de exigir. Si me negáis justicia,
Tanto peor para las leyes vuestras,
Para las libertades de este pueblo.
¿Por qué á tres mil ducados, trozo inútil
De su carne prefiero, preguntarme
Querráis tal vez? Pues bien, diré tan sólo

Que es mi capricho. ¿Vale la respuesta?
En mi hogar una rata hay que me estorba;
¡Pues me place gastar diez mil ducados
Por tan sólo el placer de envenenarla!
¿Qué? ¿No estáis contestado todavía?
A unos no agrada que les gruña un cerdo,
A otros el ver un gato los trastorna,
Y al sonido nasal de alguna gaita
Otros á corporal flaqueza ceden,
Porque el instinto, rey de las pasiones,
A su antojo los rige y los gobierna,
Según que les agrada ó desagrada.
Pues ésta es mi respuesta. Cual no puede
Nadie asignar razón que nos explique
Por qué á un cerdo grufión detesta el uno,
Y el otro á un pobre necesario gato;
Por qué una inflada gaita á aquél obliga
A acto que lo avergüenza, y ofendido
A sí mismo se ofende, yo tampoco
Puedo dar la razón, ni doy ya otra,
Mas que odio inveterado, antipatía
Que le profeso á Antonio, y que me induce
A sostener con él pleito ruinoso.
¿No os he dado respuesta?

BASAN.   Tu respuesta,
Hombre insensible, tu crueldad no excusa.

SHYL. No es fuerza que responda á vuestro gusto.

BASAN. ¿Mata cuanto detesta, díme, el hombre?

SHYL. ¿Detesta el hombre lo que no matara?

BASAN. No toda ofensa se convierte en odio.

SHYL. ¿Dos veces deseáis que os hiera el áspid?

ANT. Ve que arguyendo estás con el judío.
Pues tanto vale estar sobre la playa

Y á la marea suplicar que cese·
Cuando en creciente avanza; tanto vale
Al lobo preguntar por qué compele
A la oveja á balar por su cordero;
Y tanto vale á los silvestres pinos
Prohibir que agiten sus enhiestas copas,
Y que susurren si los mece el viento;
Y tanto el emprender lo más difícil
Cual querer ablandar·· nada hay tan duro—
Su corazón judío. Por lo tanto,
Que nada más le propongáis os ruego,
Ni más os molestéis. Incontinenti
Sentenciad, y su fin logre el judío.

BASAN. Por tus tres mil ducados seis recibe.

SHYL. Cada ducado de seis mil ducados
Partid en seis, y haced de cada parte
Un ducado, ni así los tomaría.
Exijo que se cumpla mi escritura.

DUX. ¿Cómo esperas piedad, si no la tienes?

SHYL. ¿No obrando mal, quién puede condenarme?
Esclavos poséeis que habéis comprado,
Que cual perros, cual asnos, como mulos
En tareas abyectas y serviles
Empleáis por haberlos adquirido.
Pues bien, ¿queréis que os diga: «libertadlos,
Casadlos con los seres que os heredan?
¿Porque cargados sudan? ¿Por qué causa
Cual los vuestros no son blandos sus lechos?
¿Por qué razón manjares exquisitos
No estimulan también sus paladares?»
Me diréis: nuestros son esos esclavos.
Eso os respondo yo. Cara me cuesta
Esa libra de carne que os exijo: .

Es mía y la obtendré; si no, ¡malhayan
Vuestras leyes! No tienen los decretos
De Venecia valor. Vuestra sentencia
Espero ya. Decid, ¿me haréis justicia?

Dux.   Al Tribunal suspenderé, si el docto
Doctor Belario, á quien llamé exprofeso
Para dilucidar este litigio,
Hoy no llega.

Solan.   Señor, está esperando
Un mensajero que de Padua viene
Con cartas del Doctor.

Dux.   Las cartas trae. Llama al mensajero.

Basan. ¡Ánimo, Antonio! ¡Hay esperanzas, hombre!
Al judío daré mi carne y sangre,
Mis huesos, todo; pero ni una gota
De sangre verterás por causa mía.

Ant.   Soy el manso enfermizo del rebaño,
De muerte digno. La que vale menos
Es la primera fruta que se cae;
Caiga yo, pues: y ocúpate, pues vives
Basanio, un epitafio en componerme.

Entra NERISA disfrazada de amanuense de abogado.

Dux.   ¿De Pádua? ¿Dí? ¿De parte de Belario?

Nerisa. De ambos, señor. Belario os manda afectos.
          (Entrega una carta.)

Basan. ¿Con tanto afán por qué el cuchillo afilas?

Shyl.   Para cortar lo que pagarme debe
Ese quebrado.

Grac.   Bárbaro judío,
Sobre tu corazón ya lo afilaste.
Mas ¿qué metal, ni el hacha del verdugo,
Podrá adquirir jamás el duro temple

De tu alma rencorosa? ¿No habrá ruego
Que penetrarlo pueda?

SHYL.   No, ninguno
Que vuestro ingenio imaginar consiga.

GRAC.   ¡Oh perro condenado, inexorable!
        ¡Malditas leyes que vivir te dejan!
        En mi fe á vacilar casi me obligas
        Y á creer, cual Pitágoras, que el alma
        Del bruto se introduce en cuerpo humano.
        Tu espíritu crüel era de lobo
        Que ahorcado feneció por homicida,
        Y del mismo patíbulo escapando
        Esa alma vil, mientras que tú te hallabas
        Dentro del vientre de tu madre impía,
        En tu ser se infiltró. Los apetitos
        Que ostentas son de lobo sanguinario
        Famélico y voraz.

SHYL.   Si no veis cómo
        De mi escritura cancelar el sello,
        Tan sólo lastimáis vuestros pulmones
        Tan recio hablando. Restaurad, buen joven,
        Vuestra razón, no caiga hecha rüinas
        Irreparables. Yo á la ley me atengo.

DUX.   Belario en esta carta recomienda
        A un joven, discretísimo letrado,
        Al Tribunal. Decid ¿dónde se halla?

NERISA. Para saber si lo admitís, espera
        Cerca de aquí.

DUX.   Con toda el alma mía.
        Váyanse tres ó cuatro de vosotros
        Y volveos con él. La carta escuche
        El Tribunal en tanto de Belario.

(Amanuense lee.) «Señor, debo deciros que al recibir

vuestra carta me hallaba enfermo; pero cuando llegó
vuestro emisario estaba conmigo en amistosa plática
un joven doctor en leyes de Roma llamado Baltasar.
Enteréle del litigio entre el judío y el mercader Antonio;
consultamos numerosos libros; conoce mi dictamen, y me-
jorado con su ciencia, cuya profundidad no me es dado
encomiar lo bastante, con él va, á ruegos mios, á cumplir en mi lugar vuestros déseos. Suplícoos que no sean
sus pocos años motivo para tenerle en escasa estima,
pues jamás conocí cuerpo tan de joven con cabeza tan
de viejo. Recomiéndolo, pues, á vuestra benevolencia, y
sus hechos confirmarán mis alabanzas.»

Dux.   Lo que el doctor Belario manifiesta
       Ya escuchasteis. Quien llega aquí supongo
       Que es el doctor.

     Entra PORCIA disfrazada de doctor en leyes.

                 La mano vuestra estrecho.
       ¿El anciano Belario aquí os envía?
Porcia. Sí tal, señor.
Dux.   Seáis muy bien venido.
       Sentaos. ¿Conocéis cuál es el pleito
       Que al Tribunal en este instante ocupa?
Porcia. Noticia exacta tengo de la causa.
       ¿El mercader quién es? ¿quién el judío?
Dux.   Antonio y Shylock, presentaos ambos.
Porcia. ¿Os llamáis Shylock?
Shyl.   Shylock es mi nombre.
Porcia. Un litigio seguís de índole extraña,
       Pero es tal que las leyes de Venecia
       Vuestros derechos impugnar no pueden.—
       Por causa suya peligráis, ¿no es cierto?
            (Á Antonio.)

ANT. Sí.

PORCIA. Pues entonces apiadarse debe
El judío de vos.

SHYL. ¿Cuál es la fuerza
Que ha de obligarme? Respondedme á eso.

PORCIA. El don de la clemencia no se exige.
Cual dulce lluvia de los cielos cae
Sobre el suelo; dos veces es bendita,
Pues bendice al que da y al que recibe.
Es entre poderosos poderosa,
Y al Rey mejor que su corona sienta.
Del poder terrenal el cetro regio
Emblema es. Él es el atributo
Del auge y majestad de donde emanan
Nuestro terror y miedo hacia los reyes.
Mas la clemencia sobre el cetro rige,
Halla en el corazón del rey su trono,
Es de Dios atributo, y los poderes
Terrenales á Dios más se aproximan
Si templa su justicia la clemencia.
Por lo tanto, judío, ten presente
Que aunque justa parezca tu demanda
Atendiendo tan sólo á la justicia,
Salvarnos no podríamos nosotros.
Clemencia á Dios pedimos; y ese ruego
Enseñarnos debiera á ser clementes.
Esto que digo es sólo con la idea
De templar la justicia de tu causa.
Mas si insistes, entonces es preciso
Que de Venecia el Tribunal severo
Contra ese mercader sentencia dicte.

SHYL. Caigan mis actos sobre mí. Yo exijo
El cumplimiento de la ley; la pena,

Como quedó pactado en mi escritura.

PORCIA. ¿No le puede pagar ese dinero?

BASAN. Sí. Ya ante el Tribunal dárselo quise.
Tres veces esa suma, y si no basta,
Diez veces más me obligaré á pagarle,
Ó perderé mis manos, mi cabeza,
Mi corazón; y, si tampoco basta,
Que la perversidad á la justicia
Humilla se verá de un modo claro.
Por una sola vez á vuestro antojo
Torced la ley, y haciendo un bien muy grande
Un mal pequeño haced, el albedrío
De un Lucifer cruento refrenando.

PORCIA. No es posible. Poder no hay en Venecia
Para alterar las leyes que nos rigen.
Se pudiera aducir cual precedente,
Y con ejemplo tal muchos errores
Cometiera el Estado. No es posible.

SHYL. ¡Es un Daniel el que ha venido al juicio!
¡Es un Daniel, sin duda! ¡Yo os venero,
Oh docto y joven juez!

PORCIA.   Deja que mire,
Por favor, la escritura.

SHYL.   Aquí se halla,
Doctor reverendísimo. Leedla.

PORCIA. Te han ofrecido triple suma, Shylock.

SHYL. Lo juré, lo juré. Mi juramento
Al cielo repetí. ¡Con el perjurio
Mi alma manchar! ¡Ni por Venecia entera!

PORCIA. ¡Es claro! La escritura ya ha vencido,
Y una libra de carne—y aun muy cerca
Del corazón del mercader cortarla—
Exigir por la ley puede el judío.

Sé clemente. Triplica tu dinero,
Y ordéname que rompa la escritura.

SHYL. Cuando cumplida á su tenor se halle.
Juez dignísimo sois, por lo que veo;
Vos conocéis la ley. Discretamente
La interpretáis. Requiéroos, pues, en nombre
De esa ley de que sóis columna digna,
Que sentencia dictéis. Por mi alma os juro
Que para convencerme en lengua humana
No habrá poder. Me atengo á mi escritura.

ANT. Sinceramente al Tribunal suplico
Que su sentencia dé.

PORCIA. Pues bien. es esta:
Que el pec6o presentéis á su cuchillo.....

SHYL. ¡Oh noble juez! ¡Oh joven excelente!

PORCIA. Pues la ley en su espíritu y su letra
Prescribe que la multa estipulada
En la escritura es fuerza que se pague.

SHYL. Mucha verdad. ¡Oh juez discreto y probo!
¡Cuánto más viejo sois en experiencia
De lo que indica vuestra faz!

PORCIA. Por tanto,
Desnudad vuestro pecho.

SHYL ¡Pues, su pecho!
Tal reza la escritura. ¿No lo dice,
Nobilísimo juez? Y lo más cerca
Del corazón. ¿No son estas palabras?

PORCIA. Sí tal. ¿Tienes balanza prevenida
Para pesar la carne?

SHYL. Aquí la tengo,

PORCIA. Ten ajustado á un cirujano, Shylock,
Que lo cure y no vaya á desangrarse.

SHYL. ¿Hállase estipulado en la escritura?

PORCIA. No, expresado no está; pero ¿qué importa?
Por caridad hacerse debería.

SHYL. No lo encuentro. No se halla en la escritura.

PORCIA. Mercader, ¿qué tenéis que contestarle?

ANT. Bien poco. Me hallo pronto y resignado.
Deja, Basanio, que tu diestra estreche.
Adiós, y no lamentes que me vea
Por tí en tamaño aprieto. La fortuna
Me trata con bondad inusitada,
Porque suele dejar que el desgraciado
Sobreviva á sus pérdidas, y mire
Con turbios ojos y arrugada frente
Deslizarse sus días de penuria;
Mientras que del martirio prolongado
De esta angustia, matándome, me libra.
Da mis recuerdos á tu noble esposa.
Cuéntale el fin de Antonio. Díle cuánta
Fué mi amistad. Celébrame difunto.
Y al terminar mi historia, dí que juzgue
Si alguien fué con Basanio cariñoso.
El perder á tu amigo no lamentes,
Ni él se lamenta de pagar su deuda,
Pues si el judío, cuando corte, ahonda
Lo bastante, verás cuán prontamente
Con todo el corazón la satisfago.

BASAN. Estoy casado, Antonio, con esposa
Que es para mí, como mi vida, cara;
Pues mi vida, mi esposa, el mundo entero,
No valen para mí lo que tu vida.
Y así, yo lo perdiera todo, todo—
Sí: lo sacrificara en holocausto
De este génio infernal—para salvarte.

PORCIA. Poco lo agradeciera vuestra esposa,

        Si por ventura oyese vuestra oferta.

GRAC. Esposa tengo, á quien amor profeso.

        ¡Ojalá que en el cielo se encontrara,

        Si con sus rezos desde allí pudiera

        Convencer á este bárbaro judio!

NERISA. Está bien lo digáis á espaldas suyas:

        Si no, intranquilo vuestro hogar sería.

SHYL. (Ap.) ¡Qué cristianos esposos que son éstos!

        Tengo una hija, ¡y ojalá que fuese

        Su marido cualquiera de la estirpe

        De Barrabás, y no ningún cristiano!—

        Se pierde el tiempo. Sentenciad, os ruego.

PORCIA. Tuya es una libra de la carne

        Del mercader aquel. Te la adjudica

        El Tribunal. La ley te la concede.

SHYL. ¡Oh cuán íntegro juez!

PORCIA. Y de su pecho cortarás la carne.

        Lo concede la ley; te lo adjudica

        El Tribunal.

SHYL.   ¡Oh docto juez!—¡Sentencia!

        Vamos, pues. Preparaos.

PORCIA.   Poco á poco.

        Hay algo más. Derecho la escritura

        No te da ni á partícula de sangre.

        Una libra de carne es lo que dice.

        Atente á tu escritura. Así, tu libra

        De carne toma; mas, si acaso viertes,

        Cuando la cortes, de cristiana sangre

        Tan siquiera una gota, confiscadas

        Tus tierras y tus bienes confiscados

        Quedarán al Gobierno de Venecia,

        Con arreglo á la ley.

GRAC. ¡Oh probo Juez! Judío, toma nota.

¡Oh docto Juez!

SHYL. ¿La ley prescribe eso?

PORCIA. El decreto verás; y pues que pides
Justicia, la tendrás más que sobrada.

GRAC. ¡Oh docto juez! Judío, toma nota.
¡Qué docto juez!

SHYL. Su oferta acepto entonces.
Págueme triple suma, y que se vaya
El cristiano.

BASAN. Aquí tienes el dinero.

PORCIA. Despacio.
Amplia justicia se le hará al judío.
Despacio, pues. Sin prisa. Solamente
Ha de cobrar la multa estipulada.

GRAC. ¡Oh judío! ¡Qué juez tan recto y docto!

PORCIA. Disponte, pues, y córtale la carne;
Pero sangre no viertas, ni tampoco
Cortes ni más ni menos que una libra
Justa de carne; pues si más ó menos
Te apropias, ya le falte al peso ó sobre
La veinteava parte tan siquiera
De un miserable escrúpulo—¡qué digo!—
Ya vacile en un pelo la balanza,
Pereces y tus bienes se confiscan.

GRAC. ¡Otro Daniel, otro Daniel, judío!
¡Réprobo, ahora te cogí debajo!

PORCIA. ¿Por qué, judío, te detienes? Cobra.

SHYL. Dadme mi capital y despedidme.

BASAN. Aquí lo tienes ya contado. Toma.

PORCIA. Ante este Tribunal rehusólo ha poco:
Solamente obtendrá justicia seca,
Con arreglo al tenor de su escritura.

GRAC. Es un Daniel, otro Daniel diría!

Muchas gracias, judío, por haberme
Enseñado á decir esa palabra.

SHYL. ¿No me darán mi capital siquiera?

PORCIA. Nada puedes cobrar más que la multa,
Y el cobrarla ha de ser á riesgo tuyo.

SHYL. Pues siendo así, regálesela el diablo.
No hay más que discutir.

PORCIA.   Tente, judío,
Que entre sus garras aun la ley te tiene.
De Venecia las leyes estipulan
Que si á algún extranjero se le prueba
Que á la vida atentó de un ciudadano,
Ya de directo ó de indirecto modo,
Apropiarse le es dado al ofendido
Una mitad de su caudal, el resto
Ingresando en las arcas del Estado;
Y á más pende la vida del culpable
De la piedad del Dux únicamente.
Que en esta situación estás afirmo,
Pues aparece de manera clara
Que de modo indirecto, y aun directo,
Contra la misma vida conspiraste
Del demandado, y la predicha pena
Debes sufrir. Humíllate, impetrando,
Por lo tanto, del Dux misericordia.

GRAC. Impetra su permiso para ahorcarte.
Mas siendo del Estado ya tus bienes,
Ni tendrás para cuerda, y de ese modo,
Tendrás que ahorcarte á expensas del Estado.

DUX. La diferencia ve de nuestras almas.
La vida te perdono desde luego.
La mitad de tus bienes son de Antonio;
La otra mitad son bienes del Estado,

Cuya piedad podrá trocar en multa.

PORCIA. Lo del Estado sí, no lo de Antonio.

SHYL. No. Quitadme la vida. Todo. Ni eso
Perdonadme. Mi casa echáis por tierra
Quitándole el sostén que la mantiene,
Y me quitáis de modo igual la vida
Quitándome los medios con que vivo.

PORCIA. Di ¿qué merced, Antonio, le concedes?

GRAC. Cuerda gratis, por Dios, eso tan sólo.

ANT. Si al noble Dux y al Tribunal les place
Condonar la mitad que de sus bienes
Pagar debe al Estado, satisfecho
Quedaré si ordenáis que yo posea
El resto en usufructo, para darlo
Cuando él muriere al noble que hace poco
Robó á su hija; y además, que en cambio
Del favor que le haceis, que se le impongan
Otras dos condiciones: convertirse,
Y que ante el Tribunal luego declare
Que cuantos bienes al morir posea,
De Lorenzo serán y de su hija.

DUX. Lo hará; si no, yo mi perdón retiro
Que hace poco le he dado.

PORCIA. ¿Satisfecho
Estás, dime, judío? ¿Qué respondes?

SHYL. Satisfecho, sí tal.

PORCIA. Vos, secretario,
La escritura extended de donativo.

SHYL. Dadme, os ruego, permiso para irme;
No estoy bueno. Mandadme la escritura,
Y yo la firmaré.

DUX. Vete, mas hazlo.

GRAC. Dos padrinos tendrás para el bautizo;

Diez más, siendo yo el juez, te hubiera dado
Para ir á la horca, no á la pila.

(Vase Shylock.)

Dux. Ruégoos comáis, señor, conmigo en casa.

PORCIA. Vuestro perdón humildemente os pido,
Pero á Padua marchar debo esta noche,
Y es forzoso que parta en el instante.

Dux. Lamento que os apremie el tiempo tanto.
Muéstrate á este señor agradecido,
Antonio; en mi opinión le debes mucho.

(Vanse Dux, Senadores y acompañamiento.)

BASAN. Noble señor, mi amigo y yo de graves
Consecuencias nos vemos ahora salvos,
Gracias á vuestro ingenio. En recompensa
De la atención cortés que al caso disteis,
Esos tres mil ducados que al judio
Se debían, tomad.

ANT.   Y eternamente
Además obligados quedaremos
A estimar y á serviros.

PORCIA.   Bien pagado
Se encuentra aquel que satisfecho queda.
Yo quedo, libertándoos, satisfecho,
Y bien pagado estoy con lo que hice.
Nunca mi condición fué mercenaria;
Y al vernos otra vez, rogaros quiero
Que sepáis quién soy yo. Felicidades
Os deseo, y con esto me despido.

BASAN. Caro señor, instaros me es forzoso.
Aceptad de nosotros un recuerdo,
No cual paga, señor, como un obsequio.
Concededme dos cosas, os suplico:
No despreciar mi oferta, y perdonarme.

PORCIA. Pues tanto me apremiáis, ceder es fuerza.
Usaré vuestros guantes, y en memoria
De vuestro afecto os tomo esta sortija.
No retiréis la mano, pues tan sólo
Tomar esto deseo, y de seguro
Vuestra amistad negármela no puede.

BASAN. ¡La sortija, señor! ¡Esa friolera!
No quiero sonrojarme dándoos eso.

PORCIA. Pues eso quiero y nada más, y ahora
Capricho me va dando de tenerla.

BASAN. Para mí su importancia no depende
De su valor. La más bella sortija
Os daré, que en Venecia se encontrare,
Y un pregón he de echar para encontrarla.
Mas ésta no, que me excuséis suplico.

PORCIA. Sois liberal, señor, por lo que veo,
En ofrecer. Primero me enseñasteis
A que pordioseara, y la manera
Ahora vais á enseñarme, por lo visto,
De cómo se contesta á un pordiosero.

BASAN. Caro señor, mi esposa esta sortija
Me dió, y jurar, poniéndola, me hizo
Ni venderla, ni darla, ni perderla.

PORCIA. Para evitar la dádiva, esa excusa
A muchos sirve. Como no estuviese
Demente vuestra esposa, conociendo
Lo bien que la sortija he merecido,
No podría guardar eterno enojo
Por la dádiva. Bien. Con Dios quedaos.
            (Vanse Porcia y Nerisa.)

ANT. Basanio amigo, dale la sortija.
Que no valga un mandato de tu esposa
Aun más que mi amistad y sus servicios.

BASAN. Alcánzalo, Graciano, á la carrera,
Y la sortija entrégale, y si puedes,
Tráelo á casa de Antonio. Vete. A prisa.
(Vase Graciano.)
Tú y yo de aquí saldremos ahora juntos;
Y antes que raye el alba, iremos ambos
Camino de Belmonte. Ven, Antonio.
(Vanse.)

ESCENA II.

Venecia.—Una calle.

Entran PORCIA y NERISA disfrazadas como antes.

PORCIA. Pregunta por la casa del judío.
Llévale esta escritura, y que la firme.
Partimos esta noche. En nuestra casa
Un día así podremos encontrarnos
Antes que nuestros dos esposos lleguen.
Feliz hará á Lorenzo la escritura.

Entra GRACIANO.

GRAC. Alcanzaros me alegra, caballero.
Mejor reflexionándolo, Basanio
Esta sortija os manda, y os suplica
Que comáis hoy con él.
PORCIA.   Me es imposible.
Mas la sortija acepto agradecido.
Ruego se lo digáis, y á más deseo
Que á mi escribiente le enseñéis la casa
Del viejo Shylock.

GRAC.   Y lo haré con gusto.

NERISA. Quiero, señor, una palabra hablaros.—
        (Á Porcia.) Voy á ver si consigo de mi esposo
        Esa sortija, que jurar le hice,
        Guardar eternamente.

PORCIA. (Aparte á Nerisa.)   ¡Quién lo duda
        Que lo conseguirás ! Y juramentos
        Tendremos en tropel de que eran hombres
        Los dos á quienes dieron las sortijas.
        Mas les daremos el mentís, jurando
        Hasta hacerlos callar. ¡Ea, vamos presto !
        Ya sabes dónde debes encontrarme.

NERISA. Con que, señor, ¿me enseñaréis la casa?

ACTO QUINTO.

ESCENA PRIMERA.

Entran LORENZO y JESICA.

LOREN. La luna esplendorosa resplandece
En semejante noche, cuando besa
Dulcemente á los árboles el aire,
Y ni el rumor más leve se produce;
En semejante noche, Troilo, acaso
Desde el troyano muro, en un suspiro
Lanzaba el alma al campamento griego,
Donde se hallaba Crésida esa noche.
JESICA. En semejante noche, temerosa,
Tisbe afrontó el rocío; pero viendo
Antes la sombra que al león, temblando
Huye veloz.
LOREN.   En semejante noche,
Desde la playa de la mar bravía,
Con la rama de un sauce desgajada,

Dido á su amor de que á Cartago vuelva
Hace señal.

JESICA.   En semejante noche,
Cogió Medea la hechizada hierba
Cuyas virtudes remozar debían
Al viejo Esón.

LOREN.   En semejante noche,
Jesica, el domicilio abandonando
Del judio opulento, de Venecia
Hasta Belmonte, con su pobre amante
Echó á correr.

JESICA.   En semejante noche,
Lorenzo le juró que la quería,
Y el alma le robó con numerosas
Protestas de su fe; pero ninguna
Era veraz.

LOREN.   En semejante noche,
Calumnió la lindísima Jesica
Como una bribonzuela á su adorado;
Pero él la perdonó.

JESICA.   Más que tú, ejemplos
De semejantes noches adujera
Si estuviésemos solos; pero escucha:
Oigo sonar de un hombre las pisadas.

Entra ESTEBAN.

LOREN. ¿Quién tan aprisa en el silencio llega
        De la noche?

ESTEB.   Un amigo.

LOREN.   ¿Cuál amigo?
Amigo, vuestro nombre.

ESTEB.   Soy Esteban,
        Y he venido á deciros que mi ama

Antes de amanecer llega á Belmonte.
Vase parando ante las varias cruces
Por el campo esparcidas y antë ellas
Arrodillada reza, porque alcance
Matrimoniales horas de ventura.

LOREN. ¿Quién viene acompañándola?

ESTEB.   Tan sólo
Un santo de ermitaño y la doncella.
Mas mi amo, decid, ¿no ha vuelto á casa?

LOREN. No tal, y nada de él hemos sabido.
Pero entremos, suplícote, Jesica,
Que para recibir á la señora
Alguna ceremonia es necesaria.

Entra LANZAROTE.

LANZ.- ¡Hola, hola! ¡Eh! ¡Oh! ¡Ah! ¡Hola, hola!

LOREN.—¿Quién grita?

LANZ.—¿Habéis visto al señor Lorenzo y á la señora Lorenza? ¡Hola, hola!

LOREN.--Hombre, deja esos gritos. Ven aquí.

LANZ.—¡Hola! ¿Dónde, dónde?

LOREN.—Aquí.

LANZ.—Decidle que ha venido un correo del amo, con su cuerno repleto de buenas noticias. Mi amo llegará antes del amanecer. (Vase.)

LOREN. Entremos, dulce prenda, y esperemos
A que lleguen allí. Pero ¡qué importa!
¿A qué vamos á entrar? Amigo Esteban,
En casa dí que el ama llega en breve,
Y que al aire los músicos se salgan.
                (Vase Esteban.)
De la luna la luz, ¡cuan apacible
Sobre este altillo duerme! En este sitio

Sentémonos, y acordes musicales
Penetrarán en los oidos nuestros.
Este silencio plácido, y la noche
Con melodiosa música se avienen.
Siéntate aquí, Jesica. Mira al cielo
Cuán incrustado está de lentejuelas
Dë oro brillantisimo; nï uno
De esos globos que ves, al par que gira
Cual ángel, deja de cantar de acuerdo
Con la voz de inocentes querubines.
Oye el alma inmortal esa armonía;
Pero, mientras la encierra toscamente
Esta envoltura de corrupto cieno,
No podemos nosotros entenderla.

Entran varios MÚSICOS.

Despertad á Diana con un himno,
Y el oído halagad con dulces sones
Del ama vuestra y atraedla á casa. (Música.)
JESICA. Dulce música nunca á mí me alegra.
LOREN. Porque atento tu espíritu la escucha.
La manada silvestre y juguetona,
La piara de potros indomados
Que juvenil ya salta, ya relincha,
Ya bufa recio, por razón sin duda
De la misma ardentía de su sangre,
Si el son de algún clarín escucha acaso,
O nota musical hiere su oído,
De repente se pára, y el salvaje
Brillo de aquellos ojos se convierte
En mirada pacífica de asombro,
De la música dulce á la influencia.
Y por eso el poeta pretendía

Que al árbol y á la piedra y al arroyo
A veces conmover lograba Orfeo.
Porque nada hay tan vil, tan torpe y rudo,
Ni tan salvaje, que por tiempo breve
En su esencia la música no cambie.
Quien en su sér de música esté exento,
Y á quien dulces sonidos acordados
No logren conmover, para traiciones
Y para intrigas y atropellos sirve.
La índole de su espíritu, sombrío
Como la nochë es; sus afecciones,
Como el Erebo negras; nadie fie
En hombre tal. La música escuchemos.

Entran PORCIA y NERISA.

PORCIA. Ardiendo está esa luz en el estrado:
¡Cuán lejos van los rayos de esa vela!
Brilla cual noble acción en mundo indigno.

NERISA. La luz no vimos al brillar la luna.

PORCIA. Porque el auge mayor siempre obscurece
Al menor. Así brilla un sustituto
Cual brilla el rey, mientras el rey no llega,
Cuando su pompa entonces va á perderse
Como en el Oceano pobre arroyo.
¡Música! ¡Oye!

NERISA.   Música, señora,
De casa es esa.

PORCIA.   Es cierto. Nada existe
Bueno absolutamente. Me parece
Que me suena más dulce que de día.

NERISA. Le da el silencio semejante encanto.

PORCIA. Canta el cuervo tan bien como la alondra,
Atención no prestándoles, y creo

Que si de día el ruiseñor cantara,
Cuando graznan los gansos todos juntos,
Igual estimación que el reyezuelo
Como cantor tendría. ¡Cuántas cosas
Á la oportunidad deben su encomio
Y el ser consideradas cual perfectas!
¡Chito! Con Endimión duerme la luna
Y despertar no quiere. (Cesa la música.)

LOREN.   La de Porcia
Es esa voz; ó mucho me equivoco.

PORCIA. Por la voz me conoce, cual el ciego
Conoce por su mala voz al cuco.

LOREN. Cara señora, bien venida á casa.

PORCIA. Por la felicidad hemos rezado
De nuestros dos esposos, y que sirvan
Debemos esperar nuestras plegarias.
¿De vuelta en casa están?

LOREN.   Aun no, señora;
Mas ha llegado ha poco un mensajero
Anunciando que vienen.

PORCIA.   Vé, Nerisa,
Y ordena á los criados que ni aun hablen
De que ausentes de casa hemos estado.
Y, Lorenzo, ni tú. Ni tú, Jesica.

LOREN. Es vuestro esposo. Su clarín es ése.
          (Suena un clarín.)
Nada temáis. No somos charlatanes.

PORCIA. Esta noche parece un día enfermo
Que algo pálido está. Parece dia
En que el sol queda oculto entre las nubes.

Entran BASANIO, ANTONIO, GRACIANO
y acompañamiento.

BASAN. Día cual los antípodas tendremos,
Si en ausencia del sol tú te presentas.

PORCIA. Ser siempre para tí la luz ansío,
Pero no ser de esencia tan liviana,
Pues la liviana esposa en grave esposo
A su esposo convierte, y nunca espero
Que eso tú para mí serás, Basanio.
¡Pero Dios sobre todo! Bien venido.

BASAN. Gracias mil. A mi amigo aquí saluda.
Este que ves es él. Este es Antonio,
Al que obligado estoy profundamente.

PORCIA. Estarle debes obligado, y mucho;
Pues sé que á mucho se obligó en tu obsequio.

ANT. Queda esa obligación bien cancelada.

PORCIA. Seáis á nuestra casa bien venido.
Mas esto debe ser de otra manera
Que con huecas palabras; por lo tanto,
Suprimiré ceremoniosas frases.

GRAC. (A Nerisa.) Juro por esa luna que me ultrajas;
Se la he dado del juez al escribiente.
Ojalá fuera eunuco el condenado,
Pues, mi bien, tan á pecho lo ha tomado.

PORCIA. ¿Una disputa? ¡Cómo! ¿ya? ¿qué ocurre?

GRAC. Sobre un anillo de oro, una sortija
Que me dió, cuyo lema, ¡Dios me valga!
Poética efusión de cuchillero—
Decía: «Si me amas, no me dejes.»

NERISA. ¿A qué hablas tú de su valor ó lema?
Cuando yo te la dí, que la usarías
Hasta el momento de morir juraste,

TOMO IV. 24

Y no apartarte de ella ni en la tumba.
Pues no por mí, por tus vehementes vótos
Conservarla debiste con respeto.
¡Se la diste de un juez al escribiente!
No por Dios, no tendrá barbas el rostro
Del escribiente aquel á quien la diste.

GRAC.   Pues, sí que las tendrá si llega á hombre.

NERISA. Sí tal, si una mujer llega á ser hombre.

GRAC.   ¡Por esta mano! Se la dí á un muchacho,
A un chicuelo, á un rapaz del alto tuyo,
Escribiente del juez, charlatanzuelo,
Que me la reclamó como honorarios.
No tuve corazón para negarla.

PORCIA. Hicisteis mal; seré con vos sincera.
¡Dar el primer regalo de una esposa
Con tal facilidad! ¡Lo que á ese dedo
Con juramentos adherido estaba!
¡Remachado á esa carne con un voto!
Yo regalé á mi esposo una sortija,
Y de ella me juró no separarse.
Allí lo veis. Pues bien, por él jurara
Que jamás la daría, que del dedo
Jamás la arrancaría, ni por todos
Los bienes que en el mundo se atesoran.
Francamente, Graciano, dais motivo
De justísima pena á vuestra esposa.
Si eso á mí me pasara, enloqueciera.

BASAN. (Aparta.) Pues lo mejor será que me cercene
La izquierda mano, y jure que he perdido
La sortija queriendo defenderla.

GRAC.   La sortija, Básanio, ha regalado.
Reclamósela el juez, y francamente
La merecía; y luego ese chicuelo,

Su escribiente, que algún esmero puso
En escribir, la mía pordiosea
Ni amo ni dependiente se avinieron
Otra cosa á tomar que las sortijas.

PORCIA. ¿Qué sortija, señor, le regalaste?
Que no fué aquella que te dí supongo.

BASAN. Añadiendo á una falta una mentira,
Te lo negara; pero mira el dedo:
La sortija no está. Voló.

PORCIA.   Se halla
Cual él tu corazón de fe vacio.
Tu lecho ¡vive el cielo! no comparto
Hasta ver la sortija.

NERISA.   Ni yo el tuyo
Hasta ver yo la mía.

BASAN.   Dulce Porcia,
Si supieras á quién dí la sortija,
Si supieras por quién dí la sortija,
Si supieras por qué dí la sortija,
Y cuán sin voluntad dí la sortija
A quien sólo quería la sortija,
El rigor de tu enojo se templara.

PORCIA. Supieras la virtud de la sortija,
Quién es la que te ha dado la sortija,
Tu deber con respecto á la sortija,
No hubieras regalado la sortija.
¿Quién puede haber tan poco razonable
Que sí hubieras querido defenderla
Con un poco de celo, la osadía
Tuviera de querer ir contra un rito?
Nerisa dice bien. Mi vida apuesto.
A una mujer has dado la sortija.

BASAN. No, por mi honor, por mi alma te lo juro,

No era mujer; era un doctor en leyes
Què no quiso aceptar tres mil ducados
Y la sortija me pidió. Neguéla,
Y que partiera le dejé ofendido.
Sí tal, á quien la vida de mi caro
Amigo defendió. Prenda adorada,
¿Qué quieres que te diga? De vergüenza
Lleno, sus beneficios recordando,
Se la mandé: mi honor no consentía
Que ingratitud tamaña lo manchara.
Dulce dueño, perdóname; te juro
Que, á haber estado allí, tú me pidieras.
Que al buen doctor le diera la sortija.

PORCIA. Que nunca ese doctor venga á mi casa.
    Puesto que tiene tan querida joya,
    Que me juraste conservar por siempre;
    Tan liberal seré como tú fuiste,
    Y nada le podré negar que tenga.
    Ya nos conoceremos de seguro.
    No te apartes de casa ni una noche;
    Un Argos sé; si no, quedando sola,
    Te juro por mi honor, que aun es hoy mío.
    Que ese doctor será mi compañero.

NERISA. Y el mío su escribiente; por lo tanto,
    No dejes que yo misma me proteja.

GRAC. Bien está. Pero deja que lo coja;
    Se quedará sin pluma el escribiente.

ANT. La triste causa soy de estas querellas.

PORCIA. No os aflijáis, que vos sois bien venido.

BASAN. Esta obligada falta, Porcia mía,
    Perdóname, y te juro en la presencia
    De estos amigos, y por esos ojos
    Tuyos donde me veo.....

PORCIA.   Tomen nota.
Doble se ve en mis ojos; cada uno
Una imagen refleja. Vaya, jura
Por tu doblez; creeré tu juramento.

BASAN. Escúchame, perdóname esta falta,
Y no quebrantaré, yo te lo juro,
Otra vez juramento que te hiciere.

ANT. Por él aventuré mi cuerpo ha poco,
Y hubiera fracasado á no haber sido
Por el que obtuvo la sortija vuestra.
Me atrevo á aventurar el alma mía,
Afirmando que nunca vuestro esposo
Os faltará otra vez á un juramento.

PORCIA. Pues que salis garante, dadle ésta;
Que la guarde decid más que la otra.

ANT. Ven aquí tú, Basanio. Esta sortija
Jura que guardarás.

BASAN.   ¡Viven los cielos!
Esta es la misma que al doctor he dado.

PORCIA. Perdóname, Basanio, de él la obtuve;
En mi lecho el doctor me dió el anillo.

NERISA. Perdóname también, gentil Graciano,
Porque el rapaz aquel, ese escribiente,
Esta me dió para dormir conmigo.

GRAC. Pues esto viene á ser cual si en verano
Fueran á componer las carreteras,
Cuando aun están servibles. ¿Por ventura,
Antes de merecerlo nos deshonran?

PORCIA. No habléis de esa manera. ¡Estáis absortos!
Toma esta carta. La leerás mas tarde.
De Paduä es, y del doctor Belario.
El doctor ahí veréis que Porcia era;
Su escribiente, Nerisa, Testimonio

Lorenzo puede dar de que tan presto
Como os fuisteis me fuí; de que ahora mismo
He vuelto, y que mi casa no he pisado.
Antonio, bien venido; gratas nuevas,
Cual de seguro no esperáis, os traigo.
Abrid luego esa carta, pues anuncia
Que tres bajeles vuestros de improviso
Con ricos cargamentos han llegado
Salvos á puerto. Que acertéis no es fácil
Por qué casualidad tengo esta carta.

ANT. Me hacéis enmudecer.

BASAN. ¿Conque tú eras
Ese doctor, y no te he conocido?

GRAC. ¿Conque tú eras, díme, ese escribiente
Que adornar mi cabeza pretendia?

NERISA. Sí; pero nunca pretendió tal cosa
Hasta llegar á transformarse en hombre.

BASAN. Caro doctor, serás mi compañero;
Ausente yo, tú con mi esposa duerme.

ANT. Me dais vida y fortuna, dulce dama,
Pues hallo aquí que varios buques míos
Llegaron salvos.

PORCIA. Ahora bien, Lorenzo,
Mi escribiente también buenas noticias
Debe comunicaros.

NERISA. Ciertamente;
Y las daré sin exigir derechos.
Para vos y Jesica esta escritura
De donativo os doy; por ella os lega
Ese rico judío cuantos bienes
Tenga al morir.

GRAC. Bellisima señora,
Llovéis maná sobre la gente hambrienta.

PORCIA. Cerca del alba es ya, y estoy segura
Que de estas circunstancias satisfechos
En completo no estáis. Vamos á casa;
Bajo interrogatorio examinadnos,
Y veraces serán nuestras respuestas.

GRAC. Corriente. Que interroguen á Nerisa,
Después que juramento se le tome,
Si hasta la noche de mañana quiere
Esperar, ó ir al lecho ahora prefiere,
Dos horas antes de que el sol asome.
Yo, al ver que el alba su llegada avisa,
La obscuridad prefiero de contado,
Para yacer del escribiente al lado.
Mas basta. Lo que á mí más me precisa
Es guardar el anillo de Nerisa.

FIN DEL MERCADER DE VENECIA.